ENGELSTALIGE LITERATUUR NA 1945

DEEL 3: KRITIEK, THEORIE EN ESSAY

ENGELSTALIGE LITERATUUR NA 1945

Deel 3: Kritiek, Theorie en Essay

Anneleen Masschelein & Dirk de Geest (red.)

PEETERS
2006

D. 2006/0602/13
ISBN-10 90-429-1721-0
ISBN-13 9789042917217

INHOUDSTAFEL

I. INLEIDING

ENGELSTALIGE LITERATUURWETENSCHAP NA 1945: DISCIPLINERING EN KRITIEK

Anneleen MASSCHELEIN
Dirk DE GEEST

Deze essaybundel wil, zoals de titel het aangeeft, een overzicht bieden van de recente literatuurwetenschap in de Engelstalige wereld. Daarbij komt zowel de literatuurstudie in de Verenigde Staten als die in Groot-Brittannië uitvoerig aan bod, met een zwaartepunt op het onderzoek van de jongste kwarteeuw. Als zodanig vormt dit boek een pendant van de twee bundels *Engelse literatuur*, die eerder bij dezelfde uitgever verschenen. Net zoals dat het geval is voor de creatieve literatuur vertoont ook de wetenschappelijke studie van literatuur aan beide zijden van de Atlantische Oceaan duidelijke overeenkomsten. Tegelijk geeft de eigen traditie van de discipline in bepaalde opzichten echter aanleiding tot boeiende andere accenten. Eenheid in verscheidenheid, dat is het leidmotief in deze beschouwingen.

Voor dit boek hebben wij doelbewust niet geopteerd voor een thematisch overzicht van de belangrijkste sleutelbegrippen uit de algemene literatuurwetenschap, noch voor een historische ordening volgens stromingen. Dergelijke overzichten zijn reeds ruimschoots voorhanden: onder andere Jonathan Culler (*Literary Theory. A Very Short Introduction*), Hans Bertens (*Literary Theory. The Basics*) en Terry Eagleton (*Literary Theory. An Introduction*) bieden – in stijgende orde van toegankelijkheid – klassieke inleidende handboeken op dat domein, terwijl een reader als die van Julian Wolfreys (*Introducing Literary Theories*) een methodische inleiding biedt met telkens een toepassing op dezelfde literaire tekst.

Wij hebben er veeleer naar gestreefd om hier een caleidoscopisch en wat diepgaander beeld van de actuele literatuurstudie te geven, hoewel dit boek zich niet richt tot specialisten maar bedoeld is voor een ruimer geïnteresseerd publiek. Daartoe bieden wij een aantal profielen van toonaangevende literatuurwetenschappers uit het Engelse taalgebied, gekozen omwille van hun markante, omvangrijke en invloedrijke oeuvre. In deze essays wordt ingegaan op het oeuvre van de onderzoekers en op hun specifieke plaats binnen het literatuuronderzoek: hun inzichten en hun programma, de krachtlijnen en de evolutie in hun oeuvre, hun polemische opstelling ten opzichte van voorgangers en tijdgenoten, hun invloed op anderen... Die tegelijk tekstuele en contextuele benadering zorgt ervoor dat het bestek van dit boek verder reikt dan enkel de besproken figuren; het laat ook iets zien van de netwerken die de literatuurstudie mee beheersen. Daarenboven is gepoogd om sterk uiteenlopende visies aan bod te laten komen: diverse vormen van tekstanalyse, maar ook meer sociologische en maatschappijkritische benaderingen van de literatuur, vertegenwoordigers van de zogenaamde *cultural studies*, auteurs die zich hebben laten inspireren door de filosofie, de narratologie, de psychoanalyse, de taalkunde... In die zin durven wij dan ook te hopen dat dit boek weliswaar geen exhaustief, maar toch een representatief beeld ophangt van de moderne literatuurwetenschap, met de diverse benaderingen die de afgelopen halve eeuw opgeld hebben gemaakt.

Deze inleiding schetst kort enkele krachtlijnen van de literatuurstudie in het Engelse taalgebied in de twintigste eeuw en bij het begin van de eenentwintigste eeuw. Het vormt als het ware een achtergrond en een leidraad bij de afzonderlijke hoofdstukken van dit boek. Enerzijds gaan wij in op de relatie tussen de literatuurwetenschap in de Engelstalige wereld en die op het Europese continent, en op de nauwe band tussen de actuele literatuurwetenschap en de literatuurstudie uit het begin van de twintigste eeuw. Anderzijds trachten wij ook het eigen profiel van de literatuurstudie in Groot-Brittannië en in de Verenigde Staten wat nauwer te schetsen. Uiteraard is het Angelsaksische taalgebied veel groter, maar een gedetailleerd overzicht daarvan overstijgt het opzet van dit volume en van deze inleiding, waarin we enkele oriënterende kanttekeningen willen bieden, niet een grondige geschiedenis van de discipline. Bij deze inleidende beschouwingen volgen wij in grote lijnen de opbouw van dit boek.

Van New Critics naar Old Critics

Als uit de hierna volgende bijdragen één vaststelling overduidelijk naar voren komt, dan is het wel de hechte band met het verleden. Dat uit zich aan de ene kant in het grote belang dat ook vandaag nog wordt gehecht aan de zogenaamde canon, de toonaangevende auteurs en teksten uit het eigen nationale literaire patrimonium. Een theorie heeft in de Engelstalige wereld haar validiteit slechts aangetoond, wanneer zij nuttig is gebleken bij de behandeling van het werk van grote schrijvers als Chaucer, Shakespeare, Eliot of Joyce. Aan de andere kant is er opvallend veel aandacht voor de praktische toepasbaarheid en de concrete implicaties van ieder theoretisch model, ook met het oog op de didactische bruikbaarheid in het literatuuronderwijs.

In dat opzicht verbaast het niet hoe ook de recente literatuurwetenschap zich nog steeds strategisch blijft positioneren tegenover (en zelfs schatplichtig is aan) de erfenis van de zogenaamde "New Critics", die in het begin van de twintigste eeuw de literatuurstudie in het Engelse taalgebied definitief op de kaart zetten. In tegenstelling tot eerdere benaderingen, die de literaire tekst overwegend beschouwden als een soort van historisch document, een filosofische getuigenis of als aanleiding voor allerlei oefeningen in taalgebruik, parafrase en woordenschat, poneerden de New Critics – met zo uiteenlopende figuren als I.A. Richards, Cleanth Brooks, William Empson en T.S. Eliot – een sterke autonomie van de literaire tekst. Het kwam er in de eerste plaats op aan de tekst op zich te lezen, zonder daartoe allerlei buitentekstuele informatie aan te wenden. Legendarisch is in dit verband de banvloek tegen de zogenaamde "intentional fallacy", het zich beroepen op de auteursintentie (wat heeft de auteur bedoeld?) om de betekenis van een tekst te achterhalen. Daartegenover stellen de New Critics de tekst als een autonoom universum, een soort van kristallen bol vol betekenissen en betekenisverbanden. De interne consistentie en de complexiteit van de literaire tekst wordt de ultieme maatstaf om de esthetische waarde van literatuur af te meten. Van welke stijlmiddelen maakt een tekst gebruik, en hoe dragen die bij tot de betekenis van die tekst? In hoeverre vormt elk detail en ieder element van de tekst een noodzakelijke en waardevolle bijdrage tot die formele en semantische rijkdom? Als gevolg daarvan krijgt in de praktijk de veelgelaagdheid van literatuur een hoofdrol toebedeeld: het gebruik van ambiguïteit op alle niveaus, het gebruik van ironie en paradoxen, de dramatisering als stijlprocédé... Niet verwonderlijk krijgt in dat perspectief vooral de studie van het korte lyrische gedicht de voorkeur; bij verhalende teksten is het immers veel moeilijker om voor ieder taalelement de functionele bijdrage aan het grotere geheel te demonstreren.

Die grote interesse voor de autonomie van de tekst is van cruciaal belang gebleken voor de literatuurstudie van de twintigste eeuw. Aan de ene kant vormt de blijvende aandacht voor literaire teksten (en dan vooral voor teksten uit de canon) een opmerkelijke constante. Wars van allerlei theoretische stellingnamen blijven onderzoekers zich intens bezighouden met de geduldige lectuur van toonaangevende teksten. Wie de algemeen-literatuurwetenschappelijke tijdschriften in het Engelse taalgebied erop naslaat stelt inderdaad vast hoe concrete tekstcasussen daarin onafgebroken een vooraanstaande plaats bekleden, zeker in vergelijking tot het veel geringere aantal strikt theoretische beschouwingen. Literatuurstudie blijft voor de meeste onderzoekers nog steeds allereerst een kwestie van afzonderlijke literaire teksten.

Tegelijk echter vormt de kritische afstand ten opzichte van het New Criticism – niet enkel impliciet, in de leespraktijk, maar vaak ook expliciet – evenzeer een leidmotief in de huidige literatuurstudie. Die kritiek heeft allereerst betrekking op de uitgangspunten en de veronderstellingen die ten grondslag liggen aan de leespraktijk van de New Critics en neemt zowel de vorm aan van een contextuele als een tekstuele reflectie.

Zo is de voorkeur van de New Critics voor het literaire modernisme en bepaalde tot dan vergeten groepen auteurs, zoals met name de obscure en als hermetisch afgedane "Metaphysical Poets", een belangrijk gegeven. Hun werk geniet nog steeds een grote wetenschappelijke aandacht en kan bogen op een aanzienlijke waardering. Tegelijk echter is die eenzijdige voorkeur voor een welbepaald type van literatuur van verschillende zijden bekritiseerd. Heel wat onderzoekers hebben gepleit voor een enigszins andere invulling van de canon of ageren zelfs radicaal tegen het al te elitaire en conservatieve karakter van om het even welk canonbegrip. Die kritische opinie heeft ertoe geleid dat allerlei teksten van uiteenlopende geminoriseerde groepen – onder impuls van het feminisme, de *queer* (*gay* en *lesbian*) *studies* en het postkolonialisme – in toenemende mate onder de aandacht van de literatuurstudie en het lezerspubliek zijn gebracht. Aan de New Critics wordt verweten dat zij dergelijke types literatuur systematisch veronachtzaamd hebben en daardoor ook de maatschappelijk-kritische functie van literatuur ten onrechte hebben ontkend. Diezelfde redenering heeft trouwens evenzeer aanleiding gegeven tot een steeds verdere verbreding van het onderzoeksveld binnen de zogenaamde *cultural studies*. Vooral (maar niet uitsluitend) hier gaat veel aandacht uit naar de impact van nieuwe media en naar de cultuur met kleine c: niet-gecanoniseerde teksten en genres, verdwenen en populaire cultuuruitingen.

Parallel met die kritiek op de literatuurselectie van de New Critics, die een duidelijke achterliggende (in casu modernistische) poëtica laat zien, heeft ook de methodologie van hun leespraktijk van diverse zijden bezwaren opgeroepen. Die richten zich allereerst op de premisse van de literaire tekst als een volstrekt 'autonoom' gegeven, dat men zonder enige buitentekstuele kennis zou kunnen en zelfs moeten interpreteren. Daar is tegen ingebracht dat literaire teksten altijd al verwijzen naar een wereld die verder reikt dan de loutere verwoording. Een geheel autonome tekst zou immers volkomen onbegrijpelijk zijn, aangezien de lezer in dat geval zijn talige noch zijn cognitieve en ervaringsgerichte competentie zou kunnen inzetten bij de lectuur. Aansluitend is daarenboven door tal van onderzoekers die zich inspireren op de kritische theorie gewezen op het inherent ideologische karakter van de taal in het algemeen en van de literatuur in het bijzonder. Literatuur lezen en schrijven betekent noodzakelijk ook positie innemen, zichzelf situeren als subject en als de representant van een bepaalde culturele en maatschappelijke orde. Die problematiek wordt afwisselend geanalyseerd met behulp van instrumenten uit de ideologietheorie, de vertooganalyse, de retoriek en de sociologie.

STRUCTURALISME EN POST-STRUCTURALISME

Daarnaast is geopperd dat de New Critics, in tegenstelling tot hun uitdrukkelijke didactische streven, eigenlijk nergens een algemeengeldende en bruikbare methodologie voor het lezen van literaire teksten wisten te ontwikkelen. Het lijkt er integendeel op alsof de lectuur van elke afzonderlijke tekst resulteert in een 'andere' leeservaring, in een andere benadering. Dat heeft in de jaren zestig van de vorige eeuw een aantal onderzoekers – vooral dan in de Amerikaanse instituten voor Franse literatuur en Vergelijkende Literatuurwetenschap – ertoe gebracht om inspiratie te zoeken bij het Franse structuralisme. Dat geldt in de eerste plaats voor de pogingen om de literatuurstudie sterk wetenschappelijk te onderbouwen volgens de principes van de taalkunde, die als pilootwetenschap werd beschouwd. De literatuurwetenschap wilde zich niet langer richten op de analyse van afzonderlijke teksten door middel van een essayistisch en sterk persoonlijk gekleurd betoog, laat staan op de kritische evaluatie van literatuur, maar integendeel op de afstandelijke, objectieve analyse volgens welbepaalde wetenschappelijke modellen. Enkel op die manier konden negatieve factoren als de subjectiviteit van de onderzoeker en de uniciteit van het onderzoeksobject zoveel mogelijk uitgebannen worden. In de praktijk heeft dat streven geresulteerd in een sterkere linguïstische oriëntering van de literatuurstudie en in een zeker succes van bepaalde elementen uit de Greimasiaanse semiotiek (vooral dan het semiotische vierkant en het actantiële schema). De belangrijkste doorleving van dat structuralistische ideeëngoed vormt uiteraard de narratologie, waar een coherent systeem van begrippen en onderzoeksprocedures voor de analyse van verhalende teksten ruim ingang heeft gevonden. Toch valt op hoe de oorspronkelijke Franse terminologie (van met name Gérard Genette) daarbij doorgaans niet zonder meer wordt overgenomen, maar veelal gecombineerd met de Angelsaksische traditie op het vlak van verhaalanalyse. Die wisselwerking tussen de structuralistische narratologie en de eigen onderzoekstraditie is bijzonder goed merkbaar in het werk van bijvoorbeeld Wayne C. Booth en Seymour Chatman en in de wijze waarop Peter Brooks de verhaalanalyse met inzichten uit de psychoanalyse weet te verbinden. Fredric Jameson wendt dan weer ideeën uit het structuralisme aan om ook ideologische principes en de manier waarop literatuur een werkelijkheid oproept in detail te onderzoeken.

De meest radicale kritiek op de New Critics én op het structuralistische ideeëngoed heeft echter betrekking op de grondslagen van het hermeneutische streven zelf. Wat op het eerste gezicht een neutrale academische leespraktijk heet te zijn, blijkt bij nader toezien immers een welbepaalde, normatieve esthetica. Aan de ene kant worden literaire teksten daarbij al te vlot geassocieerd met beeldspraak, meerduidigheid en complexiteit, of met een intens samengaan van vorm en betekenis; daardoor worden bepaalde types van literatuur (bijvoorbeeld omdat ze geen symboliek, geen complexiteit en geen autonome taalkunst nastreven) gemarginaliseerd of zelfs gewoonweg genegeerd. Aan de andere kant valt op hoe, ondanks die aandacht voor meerduidigheid en paradoxen, uiteindelijk de droom van een volstrekte coherentie en een geheel doorgronden van de diepste tekstbetekenis en –structuur binnen de gangbare hermeneutiek nauwelijks wordt geproblematiseerd. Meerduidigheid is eerder een surplus aan betekenis dan een fundamentele ontwrichting daarvan. Die kritiek is, met name in de deconstructie en het poststructuralisme, geradicaliseerd tot een kritiek op de basispremissen en de onderliggende taalvisie van elke literatuuropvatting. De ultieme zoektocht naar coherentie – een samenhang die daarenboven niet eens als een persoonlijk lezersconstruct maar als een 'objectieve' teksteigenschap wordt gepostuleerd – ontkent immers de retoriek zelf van de literaire tekst die een gebrokenheid, een onvolledigheid en een tegenstrijdigheid laat zien die niet volledig gerecupereerd kunnen worden in één lectuur, zelfs niet in een interpretatie die zoveel mogelijk oog heet te hebben voor deze ambivalenties en die meerzinnigheid. Vooral de wijze waarop Paul de Man die hermeneutische problematiek heeft gethematiseerd, is bijzonder invloedrijk geweest.

De invloed van zowel de Lacaniaanse psychoanalyse als de filosofie van Jacques Derrida heeft zo geresulteerd in een schrijven dat 'met twee handen' tegelijk tot stand komt, dat enerzijds een eigen lectuur wil demonstreren of bestaande interpretaties wil bekritiseren maar dat anderzijds weigert opnieuw in een definitieve duiding uit te monden. Tegenover de diepere betekenis worden bijgevolg de aporie en het betekenisuitstel geplaatst – de tekst zegt niet langer wat hij lijkt te zeggen, maar tegelijk meer en minder dan dat –, tegenover de rationele analytische lectuur staat de 'symptomale' leeswijze die de 'onbewuste' problematiek reveleert, tegenover het afgewerkte betoog de fragmentaire kanttekening, tegenover het taalsysteem de performatieve taalhandeling en de unieke gebeurtenis... Deze posthermeneutische wending heeft zo mee aanleiding gegeven tot een andere stijl, waar de neutrale, afstandelijke metataal van de literatuurwetenschap in bepaalde opzichten wordt verlaten voor de suggestieve taal van de (avant-garde) literatuur zelf. Daardoor verandert ook de rol van de onderzoeker zelf ingrijpend. Hij verschijnt niet langer als een anonieme gezaghebbende instantie, de manifestatie van het inzicht en de waarheid, maar integendeel als een versplinterd individu dat evenzeer bepaald wordt door zijn geschiedenis en zijn complexen, door zijn ambities en zijn verblinding.

Democratisering en emancipatie

Vanaf de jaren vijftig van de vorige eeuw kennen zowel het Verenigd Koninkrijk als de Verenigde Staten een massale toename van universiteitsstudenten. Dat heeft, zeker in de Verenigde Staten, te maken met verschillende reeksen oorlogen (de Tweede Wereldoorlog, Korea, Vietnam), waarbij soldaten, vaak afkomstig uit de minder gegoede, lagere midden- en arbeiderklassen of uit gediscrimineerde Afro-Amerikaanse milieus, na hun legerdienst recht krijgen op gratis universitair onderwijs. In Groot-Brittannië komt de democratisering van het onderwijssysteem iets later op gang, maar in de loop van de vorige eeuw worden ook hier een aantal nieuwe universiteiten opgericht, die vooral studenten uit de arbeidersklasse aantrekken. Gecombineerd met de emancipatie van vrouwen en etnische minderheden, krijgen zo gaandeweg veel meer mensen die tot dan toe moeilijk toegang vonden tot universitair onderwijs, de kans om te studeren. Die nieuwe situatie heeft allereerst tot gevolg dat de studentenpopulatie niet enkel groeit, maar ook veel sterker wordt gediversifieerd.

De evolutie heeft echter ook een aanzienlijke invloed op de algemene basiskennis en de brede culturele achtergrond waarmee jongeren hun studie aanvatten. Het New Criticism, met zijn pleidooi voor een tekstimmanente en ahistorische aanpak, kan beschouwd worden als een reactie tegen de als elitair beschouwde culturele en historische achtergrond die voorheen de literatuurstudie sterk bepaalde. Ook de argwaan van de New Critics tegen de heersende canon past binnen die nieuwe visie op de plaats van de literatuurstudie binnen het academische landschap.

Deze kritiek neemt, zowel theoretisch als praktisch, verschillende vormen aan; een van de meest opvallende verschijnselen in de Angelsaksische literatuurstudie in de twintigste eeuw zijn dan ook de veelvuldige pogingen om de bestaande traditionele canon te ondergraven en uit te breiden. Onder invloed van hun politieke en sociale engagement zien vele literatuurcritici de canon immers als een machtsinstrument dat de hegemonie van "dead white males" in stand heeft gehouden. Vooral vanuit feministische en Afro-Amerikaanse hoek trachten vele intellectuelen – en al snel met succes – actief in te grijpen in het proces van canonvorming; door vergeten vrouwelijke, Afro-Amerikaanse of homoseksuele auteurs te (her)ontdekken en te herwaarderen brengen zij aanzienlijk meer diversiteit in de traditionele canon. Dat resulteert in nieuwe anthologieën en in nieuwe edities van literatuurgeschiedenissen, die ernaar streven om de culturele diversiteit van de literatuur, die de "melting pot" (of "salad bowl") van met name de Amerikaanse samenleving weerspiegelt, nauwgezet in kaart te brengen. De diverse emancipatiebewegingen voeren immers – zeker in de eerste fase van hun optreden – een actieve strijd voor politieke, sociale en ook culturele gelijkwaardigheid (van man en vrouw, van etnische groepen, van mensen van verschillende geaardheid), een programma dat tot op vandaag van cruciaal belang blijft, getuige bijvoorbeeld Gayatri Spivaks vertalingen van Indische auteurs of Henry Louis Gates' popularisering van de Afro-Amerikaanse geschiedenis in een TV-serie.

De belangrijkste Amerikaanse emancipatorische bewegingen zijn het feminisme en de Afro-Amerikaanse beweging (die historisch samenhangt met de *Civil Rights-movement*, de strijd voor gelijke burgerrechten en de afschaffing van de segregatie in het Amerikaanse Zuiden). Recenter kwamen daar de *queer studies* bij, die strijd voeren voor de aanvaarding van andere vormen van seksualiteit – nog steeds een heet hangijzer in de nadagen van de liberale jaren zestig en zeventig, zeker in het licht van het sinds de jaren tachtig hoogtij vierende politieke conservatisme en het toenemende religieuze puritanisme – en het postkolonialisme. Het engagement van de vertegenwoordigers van deze stromingen in de literatuurstudie richt zich niet enkel op de canon, het doordringt ook hun theoretische geschriften en leidt ook daadwerkelijk tot het ondernemen van acties om de gelijkberechtiging in de maatschappij en in de academische wereld te realiseren. De overduidelijke politieke kleuring of stellingname van bepaalde kritische of theoretische praktijken is vaak gehekeld onder de noemer "political correctness". Deze trend, gecombineerd met pogingen tot "affirmative action" – de actieve, zij het niet altijd even succesvolle politiek van vele universiteiten om te komen tot een gelijkwaardige vertegenwoordiging van gediscrimineerde groepen en minderheden in de studentenpopulatie en het professorencorps –, leidde vaak tot protest. “Political” (en “professional”) “correctness” zijn factoren die hebben bijgedragen tot de verdeeldheid van het Amerikaanse universitaire landschap.

Schoolvorming en sterrencultus

Het is opmerkelijk dat het merendeel van de in deze bundel besproken theoretici afkomstig is uit of althans werkzaam in de Verenigde Staten. Dat heeft, los van de geografische grootte van het land, te maken met een aantal factoren zoals de immigratie of “braindrain” van intellectuelen uit Europa na de Wereldoorlog (bijvoorbeeld de Belg Paul de Man) of uit de voormalige gekoloniseerde landen (bijvoorbeeld Spivak uit India en Said uit Palestina). Toch blijft de Europese, joods-christelijke oriëntatie binnen de literatuurwetenschap prominent. Dat heeft onder andere te maken met de sterke aanwezigheid van een joodse intellectuele elite in de Amerikaanse cultuurindustrie en de universitaire wereld; dat geldt bijvoorbeeld voor een prestigieuze universiteit als Yale, waar heel wat top-literatuurwetenschappers als Harold Bloom, Geoffrey Hartman en Shoshana Felman in hun werk op uiteenlopende manieren omgaan met hun joodse achtergrond en cultuur. Bij onderzoekers als Northrop Frye en Frank Kermode speelt dan weer de rol mee van de christelijke traditie, met het model van de bijbelhermeneutiek als hermeneutisch kader.

In het liberale economische klimaat van de Verenigde Staten staan Amerikaanse universiteiten vaak economisch sterker dan in andere landen, waar het onderwijssysteem meer gecontroleerd wordt door de staat. Dat resulteerde, ook in de *Humanities*, in een soort van sterrensysteem waarbij universiteiten (zeker de meest prestigieuze, zogeheten Ivy-League universiteiten) met elkaar concurreren om grote namen aan te trekken. Die academische sterren moeten mee het prestige van de universiteit in de buitenwereld verhogen. Ze krijgen daartoe uitgebreide middelen en faciliteiten voor hun onderzoek en worden ook nadrukkelijk aangemoedigd in hun functie als publieke intellectuele iconen. In sommige gevallen resulteert dat in een duidelijke schoolvorming, een cultussysteem van leermeesters en volgelingen. Het bekendste voorbeeld van deze trend is wellicht de "Yale School", waar de collega's en volgelingen van Paul de Man in de jaren tachtig naar voren werden geschoven als de Amerikaanse tegenhangers van de Franse deconstructie. Aan het begin van deze eeuw ligt een zwaartepunt van de postkoloniale studies dan weer in Columbia University, waar zowel Gayatri Spivak als Edward Said (tot aan zijn dood) actief zijn.

In Groot-Brittannië ligt de situatie enigszins anders. Naast de eeuwenoude, traditionele, vrij conservatieve instellingen van Oxford en Cambridge zijn er in de loop van de twintigste eeuw een aantal nieuwe universiteiten opgericht in middelgrote Britse steden als Brighton, Exeter, Hull en Cardiff. De instroom van studenten uit de arbeidersklasse is daar beduidend groter, en er ontstaat een nieuwe dynamiek waarbij veelbelovende jonge talenten zich kunnen ontplooien. Elementen uit de klassieke literatuurstudie worden hier geconfronteerd met inzichten uit de kritische theorie en de continentale filosofie. Daarvan getuigt het werk van zo uiteenlopende figuren als Stuart Hall in Birmingham, Geoffrey Bennington en Nicholas Royle in Sussex, of Catherine Belsey in Cardiff. Onder invloed van de Britse samenleving, waar het klassenbewustzijn ook vandaag nog merkbaar is, is het politieke bewustzijn binnen de literatuurwetenschap sterk marxistisch geïnspireerd. De marxistische inspiratie van onderzoekers als Terry Eagleton of Raymond Williams blijft, net als bij de Amerikaanse emancipatorische bewegingen, niet louter beperkt tot de theorie. Binnen het domein van de *English studies* – Shakespeare en de Bijbel blijven dé onderwerpen waaraan elke zichzelf respecterende Angelsaksische literatuurwetenschapper zich ooit moet wagen – pleiten ze voor een fundamentele uitbreiding van het onderzoeksdomein. In het geval van Raymond Williams' toonaangevende *cultural materialism* gaat het om de cultuur in het algemeen en de populaire cultuur in het bijzonder, wat later leidt tot het ontstaan en de bloei van de *cultural studies* als aparte discipline. Ook vanuit andere geesteswetenschappen komt, onder impuls van het structuralisme en het marxisme, een tendens op gang naar interdisciplinariteit en een dialoog met de literatuur- en cultuurwetenschap; in dit verband denken wij onder meer aan de socioloog Stuart Hall en de historicus Hayden White.

Daarnaast heeft ook de koloniale erfenis van het oude Empire diepe sporen nagelaten in de hedendaagse Britse literatuurwetenschap.

Vaak zijn postkoloniale onderzoekers, zoals de Brit Homi Bhabha of de Amerikaanse Gayatri Spivak, afkomstig uit ex-Commonwealth-landen, waar ze een typisch Britse opvoeding genoten. Net zoals andere emancipatorische vertogen richt het postkolonialisme zich enerzijds op de deconstructie van het dominante koloniale discours, terwijl het anderzijds programmatisch nieuwe generaties van postkoloniale schrijvers onder de aandacht wil brengen. Het spreekt voor zich dat al deze maatschappelijk betrokken tendensen binnen de literatuurwetenschap geenszins beperkt zijn gebleven tot Groot-Brittannië. Hoewel hun peet- of stamvaders vaak hun werk begonnen in het Britse universiteitssysteem, verspreidden deze recente stromingen zich onder invloed van de globalisering razendsnel naar de Verenigde Staten en over de hele wereld.

Theory

In de tweede helft van de twintigste eeuw bestaat er meer en meer een tendens om de klassieke hermeneutiek en het adagium "kunst om de kunst" of "literatuur om de literatuur" los te laten. Die houding neemt verschillende vormen aan. Sinds de late jaren zestig is het *bon ton* voor intellectuelen over heel de wereld om politiek stelling te nemen. Het is opvallend – en soms nogal paradoxaal – dat de "sterren" aan het academische firmament radicale, progressieve standpunten innemen, zelfs wanneer hun theorieën in sommige opzichten haaks lijken te staan op hun concrete praktijk. Bovendien wordt de combinatie van politiek en retorisch geweld met de moeilijke, soms gewild obscuur geformuleerde theorieën lang niet door iedereen gesmaakt. De opkomst van de "Theory" is een hoofdzakelijk Amerikaans fenomeen, dat zijn oorsprong vond in departementen Franse en vergelijkende literatuurstudie. Die legden zich in de tweede helft van de vorige eeuw sterk toe op de studie en vertaling van twintigsteeeuwse continentale filosofie en psychoanalyse, die ze in Amerika trachten te introduceren en verder uit te werken. Het tijdschrift *Yale French Studies* is zo een van de belangrijkste kanalen voor de verspreiding en de theoretische articulatie van het Franse gedachtegoed in de jaren zeventig en tachtig. Vaak gebaseerd op een typische mix van Europese filosofie, poststructuralisme, psychoanalyse en marxistisch geïnspireerde kritische theorie wil de "Theory" de literaire praktijk zo al niet verwetenschappelijken, dan toch een serieuzer filosofisch aanzien geven.

Vanaf de jaren tachtig van de vorige eeuw wordt die "Theory" overigens meer en meer een discipline op zich, die in sommige gevallen nog maar weinig uitstaans lijkt te hebben met de traditionele literatuurstudie en die vanuit een eclectisch theoretisch kader uitspraken doet over zowat alles. Gaandeweg groeit er dan ook een duidelijke kloof tussen enerzijds de "Theory"-adepten en anderzijds de meer traditionele of praktijkgerichte literaire critici en literatuurhistorici. Die tegenstelling van theorie en praktijk loopt bovendien vaak parallel met een filosofische tegenstelling Europees versus Amerikaans. Het overwicht van de pragmatische traditie binnen de Angelsaksische taalkunde en de analytische filosofie leidt er immers toe dat in veel universiteiten de continentale filosofie (gaande van Kant en Hegel tot Heidegger, Derrida, Foucault, Lacan) uit het filosofische curriculum wordt gedreven om vervolgens, in het nieuwe kleedje van de "Theory", opgenomen te worden binnen de literaire theorie, soms zelfs ten koste van de studie van de literatuur in de klassieke zin.

Anderzijds is er sinds de jaren tachtig opnieuw meer aandacht voor de ethische dimensie van de literatuur en de literatuurstudie. Meer specifiek trachten veel vertegenwoordigers van de deconstructie, na het schandaal over het oorlogsverleden van Paul de Man, de verwijten van ahistoricisme, relativisme en zelfs fascisme te counteren door zich expliciet te buigen over tal van ethische vraagstukken. Zo is de "traumatheorie" een succesvolle interdisciplinaire strekking binnen de literatuurstudie, de geschiedeniswetenschap en de rechtenstudie, die zich intens bezighoudt met ethische kwesties zoals trauma en herinnering. De vertegenwoordigers ervan, Shoshana Felman, Dominick LaCapra en Geoffrey Hartman, buigen zich vanuit hun joodse achtergrond uiteraard over de erfenis van de Holocaust, maar het bereik van de traumastudies is momenteel veel breder dan dat. Tegelijk kent ook de interesse van de moraalfilosofie voor de literatuur een opmerkelijke heropleving, eveneens vanuit een specifiek Angelsaksische, pragmatische achtergrond, waarbij figuren als Richard Rorty, Martha Nussbaum en Stanley Cavell zich sterk weten te profileren.

Institutionalisering

Voor een deel hangt de tegenstelling tussen theorie en praktijk ook samen met de sterkere institutionalisering van de literatuurwetenschap, vooral in de Verenigde Staten. Het academische leven is er vrij snel geprofessionaliseerd en onderworpen aan de wetten van de vrije markt, vooral door toedoen van de MLA, de *Modern Language Association*, een soort "vakvereniging" voor literatuurwetenschappers. Deze organisatie (die reeds werd opgericht in 1889) wordt geleid door prominente academici en groepeert tal van Amerikaanse en buitenlandse letterenprofessoren en -studenten. In het door haar uitgegeven tijdschrift worden, naast gewone academische artikelen over taal en literatuur, ook regelmatig bijdragen opgenomen over "the profession", waarin institutionele kwesties worden toegelicht en soms ook twisten worden beslecht. Voorts organiseert de MLA jaarlijks een massacolloquium dat tevens dienst doet als een gigantische "job market" voor academische posities, met alle voor- en nadelen vandien. De jongste decennia nam de kritiek op deze professionele organisatie toe, onder meer omwille van het overwicht van de "Theory" en de soms overdreven drang naar "political correctness".

In de laatste decennia van de vorige eeuw werd een aantal intellectuele schandalen, die voor verhitte debatten en stellingnamen zorgden, gretig door de pers opgepikt. Enerzijds zijn er de politieke kwesties, zoals de vermeende collaboratie van Paul de Man en het politieke activisme van academici als Noam Chomsky en Edward Said. Anderzijds worden de zelfbestendigende arrogantie van sommige intellectuelen en instituties, het sofistische relativisme en het onnodige jargon bekritiseerd. Ophefmakend in dit verband was de zogenaamde Sokal-affaire, waarbij de wetenschappers Sokal en Briquemont een bijzonder modieus maar eigenlijk nonsensicaal artikel indienden bij het prestigieuze Theory-tijdschrift *Social Text*, waar het tot hun eigen verbazing werd aanvaard; op die manier stelden zij de naïviteit van (bepaalde) academische tijdschriften genadeloos aan de kaak. De bekende auteur–journalist Tom Wolfe neemt in zijn boek *A Man in Full* dan weer de dandy-professor Stanley Fish ironisch op de korrel.

Sinds de jaren tachtig wordt dan ook meer aandacht besteed aan die institutionalisering van de literaire professie binnen het academische onderzoek zelf. Gerald Graff heeft bijvoorbeeld de ontwikkelingen binnen de Amerikaanse literatuurstudie uitvoerig in kaart gebracht. Tegelijk zijn er ook meer en meer intellectuelen die de universiteit bewust de rug toekeren en een immense populariteit verwerven als zelfstandige literatuur- en cultuurcritici. Het duidelijkste voorbeeld daarvan vormt Susan Sontag, die internationaal wordt gerespecteerd als een van de belangrijkste Amerikaanse intellectuelen, hoewel ze al vroeg in haar carrière de academie had verlaten om te schrijven voor Amerikaanse tijdschriften als *The New Yorker*, *Harper's Bazaar* en *Vanity Fair*. In Groot-Brittannië is het Amerikaanse sterrensysteem, net zoals de dominantie van de "Theory", minder uitgesproken. De kloof tussen de universiteiten en het bredere cultuurpubliek lijkt er ook niet zo groot. Zo wordt het recenseren in literaire bladen nog steeds als een respectvolle bezigheid voor literatuurprofessoren aanzien.

Veel literatuur- en filosofieprofessoren zijn ook als creatief auteur actief. Omgekeerd begeven heel wat auteurs zich met essays en recensies ook op het domein van de literatuurkritiek en de poëtica. In die wisselwerking kadert ook een opmerkelijke tendens in het gehele Angelsaksische taalgebied, met name de explosie van cursussen en zelfs volwaardige vierjarige opleidingen in "Creative Writing" binnen het universitaire curriculum. Deze cursussen worden vaak gedoceerd door gerenommeerde schrijvers en vormen, zowel in Amerika als in Groot-Brittannië, een bijzonder vruchtbare voedingsbodem voor jong literair talent.

Tot slot is ook het fenomeen van de zogenaamde "campus novel" kenmerkend voor die intense wisselwerking tussen literatuurstudie op academisch niveau enerzijds en de grote waardering voor de creatieve literatuurbeoefening anderzijds. Dat literatuurprofessoren ook literair actief zijn is een oud en universeel gegeven. Vrij typisch voor het Angelsaksische taalgebied zijn evenwel de immens populaire *campus novels*, waarin het wel en wee van de academische wereld al dan niet op satirische wijze wordt geëvoceerd. Meestal worden deze romans geschreven door gezaghebbende literatuurprofessoren, zoals David Lodge of Malcolm Bradbury, of door auteurs van wie de professionele werkzaamheden binnen de universiteit misschien minder bekend zijn bij het grote publiek, zoals Kingsley Amis, J. M. Coetzee, Michael Chabon of Vladimir Nabokov.

BEKNOPTE BIBLIOGRAFIE

BERTENS, Hans. *Literary Theory: The Basics*. London: Routledge, 2001 (diverse herdrukken).

CULLER, Jonathan. *Literary Theory: A Very Short Introduction*. Oxford: Oxford UP, 1997 (diverse herdrukken).

CUSSET, François. *French Theory*. Parijs: La Découverte, 2003.

EAGLETON, Terry. *Literary Theory: An Introduction*. Oxford: Blackwell, 1983 (diverse herdrukken).

GRAFF, Gerald. *Professing Literature: An Institutional History*. Chicago: University of Chicago Press, 1987.

GREENBLATT, Stephen, en Giles GUNN (red.). *Redrawing the Boundaries: The Transformation of English and American Literary Studies*. New York: The Modern Language Association of America, 1992.

KNELLWOLF, Christa, en Christopher NORRIS (red.). *The Cambridge History of Literary Criticism. Volume 9: Twentieth Century Historical, Philosophical and Psychological Perspectives*. Cambridge: Cambridge UP, 2001.

LOTRINGE, Sylvere en Sande COHEN (red.). *French Theory in America*. New York: Routledge, 2002.

SELDEN, Raman (red.). *The Cambridge History of Literary Criticism. Volume 8: From Formalism to Post-Structuralism*. Cambridge: Cambridge UP, 1995.

SHOWALTER, Elaine. *Faculty Towers: The Academic Novel and its Discontents*. Philadelphia: U of Pennsylvania Press, 2005.

SPIVAK, Gayatri Chakravorti. *Death of a Discipline*. New York: Columbia UP, 2003.

II. LITERATUUR EN (POST-)HERMENEUTIEK: ETHIEK, DECONSTRUCTIE, PSYCHOANALYSE

NORTHROP FRYE
(1912-1990)

Paul PELCKMANS

Northrop Frye vertelde graag dat zijn eerste boek, *Fearful Symmetry: A Study of William Blake* (1947), de vijfde versie was van een manuscript waarmee hij al jaren worstelde. Het was alleszins de wat late start van iemand die qua afkomst en achtergrond zeker niet voorbestemd was voor een academische carrière. Northrop Frye groeide op in het provinciestadje Moncton (New Brunswick), waar zijn vader, na het failliet van een eigen bedrijfje, zich in zijn betere dagen handelsreiziger en op sombere momenten eerder leurder noemde. Op zijn zestiende werd Frye junior door zijn handelsschool geselecteerd – en dus gesubsidieerd – voor een tikwedstrijd in Toronto. Het was een eerste contact met een bredere wereld, waar de begaafde jongen van bescheiden komaf zich eerst alleen een toekomst kon voorstellen als dominee van de *United Church*. De overstap naar het literatuuronderwijs volgde, zo te zien zonder overmatige existentiële of sociale complicaties, toen de jongeman tot het besef kwam dat hij het strenge geloof van zijn kinderjaren niet meer kon belijden. Hij schreef op dat ogenblik aan een vriend dat hij beslist had "to take only what [he] could use from religion" (*Northrop Frye in Conversation*, p. 49). De toekomst zou uitwijzen dat dat nog bijzonder veel was. De jonge Frye werd geen dominee, maar bleef een trouw lid van de *United Church*, waar hij behalve het strakke dogma – als men althans Fryes duiding van de bijbel volgt – ongeveer alles kon blijven 'gebruiken'.

Wetenschapssociologen zouden allicht een verband leggen tussen die kansarme start en de brede oriëntering van het oeuvre dat daarop volgde. Northrop Frye was alleszins geen evidente erfgenaam, die zich vlot op zijn gemak voelde met een patrimonium dat hij met soevereine nonchalance zou contesteren. Hij was veeleer een culturele *selfmade man*, die zichzelf voortdurend moest bewijzen en die ook graag de nadruk legde op de stabiliteit van een traditie die voor hem altijd imposant bleef. Achteraf gezien oogt zijn curriculum nochtans als een bijzonder vlotte carrière; Northrop Frye kreeg in 1939 zijn eerste aanstelling in Toronto, waar hij zijn hele verdere leven zou doceren en zelfs voor twee termijnen, van 1959 tot 1967, *principal* werd van Victoria College. Die hoge functie, noch de vele andere daarvoor en daarna, belette hem in die gezegende tijden niet druk te blijven publiceren.

Het oeuvre dat Frye bij elkaar schreef, bespeelt zowat alle registers van de academische literaire kritiek. Hij schreef monografieën over Blake, Milton, Shakespeare, Yeats en de Canadese dichter Wallace Stevens. Hij publiceerde ook een driehonderdtal artikels, waarvan hij de belangrijkste naar goed gebruik geregeld bundelde. Het boek dat hem beroemd maakte, *Anatomy of Criticism* (1957), was een meer programmatisch essay, dat de hele fictieliteratuur systematisch in kaart brengt; *The Secular Scripture* (1976) deed die onderneming in kort bestek over. Andere essays waagden zich op het publieke forum en bevragen onder meer de rol van de media of de specifieke identiteit van Canada. Zijn twee laatste grote werken, *The Great Code* (1982) en *Words with Power* (1990), die beide ingingen op de verhouding tussen bijbel en literatuur, bereikten het ruimste publiek en kregen ook buiten de academische wereld een onverwacht brede weerklank. Het succes was goed voor een allerlaatste publicatie, *The Double Vision*, die postuum verscheen; hierin probeerde Frye zijn eigenzinnige visie op de bijbel voor een nog breder gehoor te vulgariseren.

Brede immanentie

Wie het hele oeuvre van Frye doorneemt, ontdekt een veelvoud aan belangwekkende en alert geformuleerde ideeën, die enerzijds duidelijk op allerlei manieren samenhangen, maar die anderzijds nooit uitlopen op een definitieve, echt voldragen en sluitende synthese. Northrop Frye, die vaak begroet werd als de meest invloedrijke Engelstalige criticus van zijn generatie, liet de literatuurwetenschap geen eigen theorie – en welbeschouwd zelfs geen enkele nieuwe vakterm – na.

Aan de kwaliteit van zijn oeuvre doet zo'n vaststelling uiteraard niets af. Ongeveer elke bladzijde van Northrop Frye blijft, twee of meer decennia later, het overdenken waard. De vraag blijft echter waarom zijn oeuvre zonder meer toonaangevend werd; volgehouden niveau is daarvoor allicht een noodzakelijke, maar even evident geen voldoende voorwaarde. Het gedachtengoed van Northrop Frye voldeed blijkbaar aan een behoefte. Het academische landschap waarbinnen hij gehoor vond, was gedomineerd door de intussen stevig gevestigde traditie van het New Criticism, dat zijn veldslagen met de traditionele literatuurgeschiedenis al in de vorige generatie uitgevochten had, maar dat alleen daardoor al veel van zijn elan, en vooral van zijn samenhang, dreigde te verliezen. Het bekende principe van de tekstimmanentie stipuleerde dat men literaire teksten het best op zich, dus afzonderlijk en los van elk verband, kon bestuderen. Een consequente toepassing van die stelregel dreigde evenwel uit te lopen op een compleet atomistische aanpak, die eigenlijk alleen kon leiden tot een oeverloze, maar evenmin af te ronden verzameling van telkens opnieuw aparte tekstanalyses.

Northrop Frye wees in die optiek een uitweg aan die geen stap terug was, omdat hij integendeel de door de New Critics geclaimde autonomie van de literatuur hooghield. Verbanden met auteursbiografieën, sociale achtergronden en dergelijke bleven vooralsnog onbespreekbaar. *Anatomy of Criticism* suggereerde dat de afzonderlijke werken minstens te plaatsen waren binnen het bredere verband van de literatuur als geheel. We lezen er dat ze altijd, met uiteindelijk al bij al oppervlakkige variaties, terugvallen op een beperkte set elementaire scenario's, een klein corpus mythen en archetypes, dat, door de eeuwen heen, de meest centrale inspiratiebron van de literatuur is blijven vormen. De deur naar de traditionele literatuurgeschiedenis bleef daarmee goed vergrendeld. De auteurs heetten te schrijven vanuit een aloud en nagenoeg onveranderlijk patrimonium, dat hoogstens een aantal gestandaardiseerde fases doorliep – van het heroïsche naar het ironische –, maar dat nauwelijks beïnvloed werd door *incentives* uit hun omgeving of door enige persoonlijke idiosyncrasie. Tegelijk werd het toch opnieuw mogelijk een panoramisch perspectief uit te werken, dat iets meer en substantieel anders te bieden had dan een nooit af te sluiten reeks *close readings*. Op de inventaris van de basismythen en de precieze definities van de quasi ideaaltypische stadia die ze zouden doorlopen, hoeven we hier niet nader in te gaan. De onderneming was zo omvattend, dat ze onvermijdelijk essayistisch bleef. Frye heeft dat ambitieuze project in de loop van zijn carrière trouwens meer dan eens bijgesteld. Naarmate zijn reputatie groeide, koketteerde hij er graag mee dat hij, anders dan andere beroemde collega's, bachelor-colleges bleef doceren. Hij beweerde zelfs dat hij dat het liefste deed en dat hij vooral "teacher's manuals" geschreven had, "concerned more with establishing perspectives than with adding specifically to knowledge" (*The Great Code*, p. XIV). Die bescheidenheid paste perfect bij een *leadership* dat het minder moest hebben van een welomschreven nieuw programma dan van een uitzicht op integratie: alle detailkritiek was meteen onderschept, of zelfs afgescheept.

De integratie klonk overigens des te aantrekkelijker, omdat ze op haar manier 'gewaagd' was. De New Critics hadden, misschien meer dan welke andere richting in de literatuurwetenschap ook, hun grote teksten op een voetstuk geplaatst en ze bewierookt als een opperste uiting van de menselijke geest. Frye herhaalde geregeld dat hij als wetenschapper geen waardeoordelen wilde uitspreken. Op zich lijkt dat een wat kleurloze, positivistische voorzorg. Zijn praktijk oogde radicaler omdat hij de literaire fictie verankerde in de mythe, waardoor ze terug aansluiting vond bij een opzichtig archaïsche belevings- en verbeeldingswereld, die misschien doordrenkt was van een aloude wijsheid, maar die tegelijk verwant bleef aan veel bijgeloof of aan een al even naïeve hoop op onwaarschijnlijke gunstige ontwikkelingen. Het is in die zin treffend dat Fryes meest succesvolle Shakespeare-publicatie een "natural perspective" aanreikt op diens late, romaneske komedies. Het gaat daarbij om theaterstukken die de traditionele Shakespeare-kritiek zowat tot wanhoop brachten. De critici – goedbedoelende bewonderaars die ze waren – sloofden zich uit om er een subtiele psychologie of een onvermoed diepe boodschap te ontdekken. Northrop Frye durfde zien en zeggen dat we hier te maken krijgen met conventionele personages en onwaarschijnlijke intriges, die, zonder veel hoge of diepe ambities, een zoveelste reprise bezorgen van een onheuglijke populair-folkloristische stof.

De bijbel als ideale casus

Met zijn drie boekpublicaties over Shakespeare voldeed Northrop Frye aan een ongeschreven wet. In de wereld van de Engelstalige literaire kritiek klinkt een nieuwe boodschap immers pas echt geloofwaardig als ze ook past bij haar meest eminente auteur. Het was minder voorspelbaar dat Frye zijn oeuvre zou bekronen met drie publicaties over de bijbel. Echt verrassend was die stofkeuze nochtans niet. Northrop Frye had in zijn vorige werken altijd al benadrukt dat de bijbel, naast de antieke mythologie, ongetwijfeld de belangrijkste en meest duurzame inspiratiebron van de hele westerse literatuurgeschiedenis geweest was. Dat geldt in het bijzonder voor de Engelse literatuur, die, gezien haar protestantse signatuur, bijbelvaster bleef dan de meer katholieke Romaanse letteren. De eerste auteurs die Frye uitvoerig bestudeerde, William Blake en John Milton, waren zelfs binnen die traditie bijzonder bijbels georiënteerd. Frye ontleende de titel van zijn eerste – volgens velen zijn meest geslaagde – bijbelboek aan een aantekening van William Blake, die stelde dat het Oude en het Nieuwe Testament samen *The Great Code of Art* vormen.

In zijn inleiding vertelt Northrop Frye dat hij jarenlang over die uitspraak nadacht, voor hij ze in haar volle draagwijdte vatte. Naar goede gewoonte voegt hij eraan toe dat ook zijn bijbelboeken nauw aansloten bij zijn colleges, in casu zelfs bij een cursus die hij ongeveer zijn hele leven gedoceerd had. Als jonge docent in Toronto merkte hij dat zijn studenten minder en minder vertrouwd waren met de bijbel en daardoor niet eens in staat waren om het netwerk van bijbelallusies op te merken in de teksten die hij hun wilde uitleggen. Hij besloot dus een inleidende cursus over de bijbel aan te bieden en kreeg – naar we mogen aannemen, tot zijn eigen verrassing – niet alleen zijn eigen studenten, maar ook tal van toehoorders uit de sociale, zelfs de positieve wetenschappen over de vloer. De boekpublicatie, die voor de hand lag, werd jaar na jaar uitgesteld omdat Frye vreesde niet over de nodige "scholarly competence in the primary fields" (*The Great Code*, p. XIV) te beschikken. Toen hij het er eindelijk op waagde, werd *The Great Code* zijn grootste succes, een succes dat zich, in navolging van de cursus, evenmin beperkte tot een publiek van literatuurwetenschappers; zes jaar later vermeldde de flaptekst van *Words with Power* dat het vorige bijbelboek intussen in tweeëntwintig talen vertaald was.

Beide boeken – en het overzichtswerkje *The Double Vision* dat de trilogie afsluit – bezorgen zeker geen doordeweekse inleiding op de bijbel, en zijn dus ook geen aanrader voor studenten die het Boek moeten leren kennen. De informatieve realia waarmee ook Northrop Frye zijn cursussen allicht begon, komen er gewoon niet aan bod. We vernemen enkel zijn bijzondere visie op de bijbel, een visie die eigenlijk alleen maar te volgen en te smaken is voor wie minstens elementair vertrouwd is met het Oude en het Nieuwe Testament en met de gangbare manieren om er tegenaan te kijken. De vraag is dus ook hier wat juist deze eigenzinnige kijk op de bijbel voor zoveel lezers aantrekkelijk maakte. In de inleiding van *The Great Code* maakt Frye een vaak geciteerde opmerking die ons een eind op weg zet: "Many formulations of critical theory seem to me more defendable when applied to the Bible than they are when applied elsewhere" (*The Great Code*, p. XIX). De "formulations" waar Frye op doelt, betreffen de centrale zekerheid die hij onverminderd van het New Criticism overnam: de betekenis van teksten heeft weinig of niets te maken met de details van hun genese of met de bedoelingen van hun auteurs, maar enkel met de eigen betekenis en samenhang van de woorden zoals die in de voorliggende versie vervat ligt. De bijbel is dan ook een absolute remedie tegen elke *intentional fallacy*. Het gaat om een heterogene verzameling teksten, die vrijwel nooit het werk van hun traditionele auteurs, en doorgaans zelfs niet eens het werk van één auteur, zijn. De erudiete kritiek onderscheidt overal verschillende tekstlagen. Nagenoeg alle bijbelboeken zijn montages, die hun heterogene materiaal zonder veel respect voor de oorspronkelijke eigenheid manipuleren. Northrop Frye constateert dat het resultaat de eeuwen heeft weten te trotseren en suggereert dat de bijbeltekst juist zo levendig en origineel klinkt omdat hij alle persoonlijke timbres schrapt:

> It is futile also to try to distinguish what is "original" in the Bible, the authentic voice of its great prophetic and poetic geniuses, from the later accretions and corruptions sometimes alleged to surround them. The editors are too much for us: they have pulverized the Bible until almost all sense of individuality has been stamped out of it. [...] We are so possessed by the modern notion that all the qualities we admire in literature conform the individuality of an author that it is hard to realize that this relentless smashing of individuality could produce greater vividness and originality rather than less. But it seems to be. (*The Great Code*, pp. 203-204)

De bijbel blijkt erg geschikt voor een spectaculaire demonstratie van het bekende principe van de tekstimmanentie. Frye herhaalt onophoudelijk dat hij "the end product [...] in its own right" (*The Great Code*, p. XVII) wil bevragen en kondigt even nadrukkelijk aan dat hij daarbij gebruik zal maken van de meest gezaghebbende Engelse vertaling, de *Authorised Version* die bekend staat als de 'King James-bijbel'. Die keuze voor een vertaling, in plaats van voor de oorspronkelijke tekst, ligt misschien wel voor de hand bij een studie over de doorwerking van de bijbel in de moderne letteren. We vernemen op de koop toe dat lezers die exemplarisch immanente variant van de Boodschap kunnen appreciëren zonder zich tot welke orthodoxie of religie ook te hoeven bekennen.

VRIJBLIJVEND EN VERRASSEND

The Great Code begint en eindigt met een hoofdstuk over taal. *Words with Power* besteedt zijn hele eerste helft aan taalproblemen. In beide gevallen wordt geargumenteerd dat descriptief taalgebruik – zeg maar 'de' wetenschapstaal die vooral ambieert een externe werkelijkheid zakelijk te transcriberen – een bijzonder recente onderneming is. De bijbel zou andere en oudere registers opentrekken. Zonder hier in detail in te gaan op de belangwekkende verschillen tussen wat Frye definieert als metaforisch, metonymisch, retorisch, kerygmatisch... taalgebruik, kunnen we stellen dat de woorden in deze 'centripetale' regimes een eigen leven leiden, een creatieve oproep uitspreken zonder zich over iets anders uit te spreken. Het hele probleem van de historische, feitelijke betrouwbaarheid van de bijbel verdampt tot een ijdele zorg, waardoor alleen prozaïsche geesten zich laten afleiden. Theologie hoeft evenmin; zelfs de vraag naar het bestaan van God zou oneigenlijk overstappen naar een discursief register waar de bijbel absoluut geen behoefte aan had. God is daar vooral een taalkundig gebeuren, een 'Woord in den beginne', dat de garantie en de hoeksteen vormt van de hele tekstverzameling.

Northrop Frye is vanzelfsprekend niet de eerste die de bijbel niet te feitelijk wil duiden. Ongeveer al wie in de twintigste eeuw, zeker sinds het *aggiornamento* van de Kerken, geprobeerd heeft gehoor te vinden voor het oude Boek, heeft getracht allerlei, al dan niet vergoelijkend, te verklaren als beeldspraak, legendarische vertekening... Het verschil is dat wat elders klinkt als een toegeving, hier bijzonder triomfantelijk gebeurt. Frye zoekt in de bijbel taal en alleen maar taal, en hij weet als specialist honderduit te vertellen over de diverse taalvariëteiten die daarbij aan bod komen. Zo voltrekt hij, in het verre kielzog van de filosofen en de historici, een exegetische *linguistic turn*, die elke schijn van lichtgelovigheid achter zich laat en zijn commentaren juist daardoor erg geloofwaardig doet klinken.

Uiteraard is vrijblijvendheid alleen niet voldoende voor een breed succes; de voorgestelde boodschap mag bovendien niet banaal klinken. Voor Frye begint de eigenlijke geschiedenis van Israel met het boek *Exodus*, waar God, nog voor Hij Zijn Thora dicteert, eerst optreedt "in a highly partisan role, taking sides with the oppressed Hebrews against the Egyptian establishment" (*The Great Code*, p. 114). De hele verdere traditie blijft doordesemd met een "revolutionary and prophetic element of confrontation with society" (*The Great Code*, p. 133). Die visie is niet direct een verrassende start. Als Frye die toonzetting zijn hele dyptiek lang volgehouden had, was hij een late vertegenwoordiger geworden van de bevrijdingstheologie. Naarmate de analyses vorderen, krijgt de hier aangekondigde bevrijding dan ook een ander, minder 'links'-politiek profiel. Het heet dat de bijbel geschreven is in het vooruitzicht van een absolute en bruuske ommekeer van alle dingen, die het meest radicaal verbeeld zou worden in de *Apocalyps*. Dezelfde ommekeer is al aan de orde in elke oproep tot bekering. Hij voltrekt zich volledig op Paasmorgen; de Verrijzenis be-tekent een overwinning op de dood, maar ook op de tijdelijkheid, "a leap out of time altogether" (*The Great Code*, p. 99), en op alle beknellende coördinaten waaraan mensenlevens vastzitten.

Ook in de concrete details van zijn analyses gaat Frye uitvoerig in op die abrupte kanten van de bijbel. Allerlei uitspraken worden gelezen als metaforen, die ons zouden terugvoeren naar een wereld waar nog geen onderscheid bestaat tussen subject en object of tussen enkeling en collectiviteit. De twee registers vallen samen in wat Frye graag de koninklijke metafoor noemt; de koning is tegelijk een concreet individu én de incarnatie van zijn volk. Fryes analyses kiezen ook nadrukkelijk voor een typologische aanpak. De belangrijkste bijbelfeiten vormen hier samen een complex netwerk van voorafbeeldingen en vervullingen, die uiteindelijk alle verwijzen naar de ultieme mutatie in de *Apocalyps*. Frye herneemt zo een benadering die – van de kerkvaders tot de barok – wellicht de meest invloedrijke visie is geweest, maar die sindsdien dermate in onbruik geraakte dat ze voor de moderne lezer hoogstens nog exotisch klinkt.

Een opportune boodschap

The Great Code en *Words with Power* bieden, met andere woorden, geen dwingende en al evenmin een banale exegese. Het merkwaardige is dat de belangrijkste lessen die Frye uit het Woord 'opleest' tegelijk aansluiting vinden bij de aspiraties van zijn (post)moderne publiek. Ze klinken zelden of nooit voorspelbaar, omdat ze hier vanuit een onverwachte, voor veel lezers vrij verdachte hoek aangereikt worden. Fryes studies over de bijbel brengen – om een wat overdreven formulering te gebruiken – nieuwe wijn in oude zakken, of, nog drastischer, ontdekken die daar.

De *Apocalyps* is voor de moderne lezer beslist niet het meest toegankelijke deel van de bijbel. De afsluiter van het Nieuwe Testament zit naar onze smaak, op enkele veel geciteerde passages na, vol bizarre beelden, die aan elkaar geknoopt zijn tot een gratuite millenaristische fantasie. Northrop Frye stelt dat die gangbare lectuur een ongelukkige rationalisatie is. *Apocalyps* mag dan al het einde der tijden vertellen, het is geen toekomstvisioen omdat het, zoals alles in de bijbel, uiteindelijk verwijst naar een epifanie die alle tijdelijkheid overstijgt. Die epifanie openbaart vooral een nieuwe, onvermoede rijkdom van het *hic et nunc*:

> In ordinary experience, "now" continually vanishes between the no longer and the not yet [...]. In the "kingdom" the eternal and infinite are not time and space made endless (they are endless already) but are the now and the here made real, an actual present and an actual presence [...]. Space vanishes when we are told [...] that the kingdom is entos hymon (Luke 17: 21), which may mean among you or in you, but in either case means here, no there. (*The Great Code*, p. 130)

De bekende uitspraak van Jezus dat hij "de weg, de waarheid en het leven" (Joh, 14: 6) is, wordt in dezelfde zin uitgelegd; de disgenoten op het Laatste Avondmaal moeten begrijpen dat het cruciale niet ver weg, maar net binnen handbereik ligt. Northrop Frye voegt eraan toe dat juist dat inzicht voor de apostelen kennelijk de moeilijkste kern van Jezus' boodschap vormde:

> Philip asks to be shown the Father, and gets the same type of answer: there is nothing there; everything you need is here [...]. Nothing Jesus says seems to have been more difficult for his followers to grasp than this principle of the hereness of here. (*Words with Power*, p. 95)

Die bijzondere moeilijkheidsgraad verklaart misschien waarom deze les in de bijbel zelden expliciet voorkomt. Anderzijds is het geen toeval dat Frye ze zelf het kernachtigst samenvat met de woorden van een tijdgenoot, de dichter e.e. cummings: "Listen, there is a hell of a good universe next door" (geciteerd in *Words with Power*, p. 112). Het actualisme dat hieruit spreekt, schrapt niet alleen elke verwijzing naar een hiernamaals of een volstrekt 'andere' bovennatuur, maar ook alle moeizaam na te streven lange-termijn-projecten; ze worden ingeruild voor een overgave aan de ongeziene pracht van het onmiddellijk beschikbare, dat zich plots openbaart als "a more abundant life" (*Words with Power*, p. 116).

De bijbel is evident een Groot Verhaal; hij vormt zelfs de matrix en het paradigma van de hele verzameling die door Lyotard en anderen gekarakteriseerd wordt als de 'grote verhalen' van de moderniteit. Ook Frye suggereert terloops dat de typologische lectuur van de bijbel – met haar oproep om overal voorafspiegelingen van een komende, vollere werkelijkheid te onderkennen – aan de basis zou liggen van "our modern confidence in the historical process" (*The Great Code*, p. 81). Hijzelf deelt die "confidence" blijkbaar niet meer en kan het moeiteloos zonder stellen. Zijn bijbellectuur nodigt veeleer uit om in te stemmen met een prachtig heden, dat geen streefdoel wordt en geen volgehouden inspanningen vergt omdat het volstaat erin te geloven:

> Here [in the Bible] is not any human hero who achieves a quest: the hero, Israel, is merely granted a promise. (*The Great Code*, p. 186)

De ambitie om de wereld gericht te verbeteren of naar zijn hand te zetten, wordt dus opgegeven ten voordele van een soort extatisch quiëtisme. Poëzie en gebed horen samen, omdat beide een intransitief gejubel orchestreren, "praise without praising anything or anyone" (*Words with Power*, p. 303). Elke opmars wordt daarom beter afgebroken voor een dans: "Where the ladder of progressive steps ends the dance of liberated movement begins" (*Words with Power*, p. 206). Het beeld verrast omdat dansen in de regel behoorlijk gestructureerd zijn en dus niet echt een 'bevrijdende beweging' te zien geven. Elders verwijst Frye naar het onbezorgde bestaan van een kudde schapen die nergens naartoe hoeven, omdat ze zich onder het wakend oog van de Goede Herder overal thuis voelen:

> The idealized image of free movement in the Bible is that of the wandering sheep of the twenty-third Psalm, for whom everywhere is home. (*Words with Power*, p. 185)

De meest verrassende commentaar betreft de slotbladzijden van *Job*. Het oudtestamentische boek *Job* wordt doorgaans gelezen als een poëtische reflectie over het mysterie van het onverdiende lijden. Jobs vrienden zijn ten onrechte ervan overtuigd dat hij zijn ellende door een verborgen misstap wel verdiend moet hebben, Job zelf blijft daarentegen bladzijdenlang koppig onschuldig pleiten. Uiteindelijk legt God het dispuut stil door te verwijzen naar Zijn opperste wijsheid, en Hij herstelt Job in zijn vroegere rijkdom. Zowel de dooddoener als het *happy end* klinken voor veel moderne lezers nogal ondermaats. Frye stelt dat het laatste een meer spirituele 'verlossing' symboliseert en dat Gods repliek helemaal geen antwoord is, maar veeleer een uitnodiging om het niveau waarop de vraag gesteld wordt, te overstijgen. God spreekt van de wonderen van Zijn schepping, die reikt van de harmonie der sferen tot de al even imposante gruwel van Behemoth en Leviathan; als Job die pracht mee leert aanschouwen, verliest zijn ellende, ook al verandert er feitelijk helemaal niets aan, alle reëel belang. Job blijft gewoon "a beggar on a dunhill. But he has seen something that we have not seen and known something that we don't know." (*Northrop Frye in Conversation*, p. 199).

Words without Power

Northrop Frye ontdekt een bijbel zonder verre toekomstperspectieven en zonder verbeten inspanningen, waar de nieuwe hemel en de nieuwe aarde altijd onvermoed vlakbij lagen en onmiddellijk toegankelijk zijn voor wie zich niet naar schimmige verten vergaloppeert. Zijn oproep sluit naadloos aan bij een set breed verbreide attitudes die doorgaans als 'postmodern' te boek staan. We zegden al hoe Frye ongeveer zijn hele carrière lang aarzelde voor hij aan zijn bijbeltrilogie begon. Het vermoeden dringt zich op dat hij er tenslotte mee startte omdat hij aanvoelde dat zijn interpretaties intussen bij een nieuwe conjunctuur pasten. Dat hijzelf die *adaequatio* in interviews nooit als zodanig formuleerde, ligt voor de hand. De trilogie zelf verwijst hoogstens met enige regelmaat naar diverse oosterse renaissances en maakt herhaaldelijk bijna zelfgenoegzaam de kanttekening dat bevlogen adepten het gezochte dichter bij huis hadden kunnen vinden...

Words with Power vult die les aan met andere herkenbare echo's. Sinds de jaren zeventig werkte Frye met een onderscheid tussen primaire en secundaire interessesferen, *primary* en *secondary concerns*. Het heette dat roman en mythe aanpikken bij de primaire sfeer, de behoefte aan vrijheid, voedsel, erotiek en bezit. Het secundaire niveau zou dan vooral aan bod komen in ideologieën, die, ondanks hun afgeleid karakter, in het verleden vaak zwaarder doorwogen dan de elementaire noden. De tallozen die bereid waren voor hun vaderland te sterven, gaven hun patriottisme de voorrang op de instinctieve overlevingsdrang. In de twintigste eeuw wordt een dergelijke omkering evenwel te gevaarlijk:

> All through history secondary concerns have taken precedence over primary ones [...]. The twentieth century, with its nuclear weaponry and its pollution that threatens the supply of air to breathe and water to drink, may be the first time in history when it is really obvious that primary concerns must become primary, or else. (*Words with Power*, p. 43)

Het klavertje-vier van de *primary concerns* bleef in *The Great Code* onvermeld; *Words with Power* gebruikt het als stramien voor een nieuwe inventaris van de bijbelse beeldtaal, waarbij de vier *concerns* goed blijken voor evenveel trajecten langs de *axis mundi*. Deze trajecten vertonen ook de nodige parallellen: we hebben telkens te maken met drie varianten, "an authentic myth, an ideological adaptation of the myth to a form of social ascendency, and a demonic parody" (*Words with Power*, p. 184).

Frye demonstreert zo een laatste maal zijn virtuositeit als tekstimmanente systeemdenker; het zou te ver voeren gedetailleerd te tonen dat sommige schakels zwak of geforceerd uitvallen. Ik volsta dus met de vaststelling dat Frye meteen de kans grijpt de bijbel af te stemmen op erg eigentijdse gevoeligheden. Sinds de implosie van het communisme concentreert de contestatie in de 'Eerste Wereld' zich goeddeels rond thema's als ecologie en feminisme. De bijbel breekt hiervoor geregeld een lans. De door de profeten beloofde verlossing kijkt zo uit naar een irenische natuur, waar de wolf naast het lam rust (*Jesaja* 11: 6) in een teruggevonden paradijselijke harmonie:

> Myth, concentrating as it does on the primary concerns that human beings share with animals and even plants, is more closely linked to man's genuine kinship with nature. The Bible speaks continually of the alienation of man from God and of man's eventual redemption or reconciliation with God. This latter movement [...] cannot be achieved without a corresponding redemption and reconciliation of nature, something that moves in the direction of restoring the original paradisal environment. (*Words with Power*, pp. 140-41)

De zondeval die de mens uit het Paradijs verbant, is initieel het werk van Eva. Op het eerste gezicht lijkt die interpretatie een sterk staaltje van patriarchale verbeelding; Frye tekent integendeel aan dat het oude verhaal de patriarchale orde eerder diskwalificeert, omdat ze bij nader toezien deel uitmaakt van de straf die God over Eva uitspreekt: "patriarchal societies are explicitly said to be the consequence of sin" (*Words with Power*, p. 192). De eindvoltooiing liquideert dus ook die horror. Frye verwijst in dit verband onder meer naar de liefdeslyriek in het *Hooglied* en naar de nadrukkelijke vrouwelijke stoffering van Paasmorgen. Voor één keer gebruikt hij hier een teksthistorisch argument; het vierde Evangelie is het enige dat op Pasen twee mannenrollen opvoert, maar de betrokken passus is waarschijnlijk een interpolatie:

> The four accounts of the Resurrection all speak only of women as gathering at the Tomb on the first Easter morning as the seed, in our previous image, of the later community as the Bride. (*Words with Power*, p. 209)

De voorstelling van de gelovige gemeenschap als een geestelijke bruid van Christus klinkt voor de moderne lezer volstrekt gedateerd. Ze krijgt echter een nieuwe resonantie als men erin leest dat het kerygma kennelijk oproept tot een in wezen vrouwelijke respons.

The Great Code en, in iets mindere mate, *Words with Power* hebben ook buiten de academie hun weg gevonden. Het brede succes van deze werken zal – naar een voor bestsellers niet ongebruikelijk recept – berusten op een mix van herkenning en verrassing. De bijbel gaat er, vanuit Fryes 'linguïstische' invalshoek, weer verrassend uitzien en blijkt in die nieuwe outfit ook nog eens een boodschap te verkondigen die opmerkelijk actueel klinkt. Alle secularisatie ten spijt blijft het kennelijk een fascinerende gedachte dat het drukst bevraagde citatenbestand aller tijden ook een postmoderne codex kan ophoesten.

Beknopte bibliografie

Primaire literatuur

Fearfull Symmetry: A Study of William Blake. Princeton: Princeton UP, 1947.

Anatomy of Criticism. Princeton: Princeton UP, 1957.

A Natural Perspective: The Development of Shakespeare's Comedy and Romance. Columbia: Columbia UP, 1965.

Fools of Time: Studies in Shakespearean Tragedy. Toronto: University of Toronto Press, 1967

The Critical Path: An Essay on the Social Context of Literary Criticism. Bloomington: Indiana UP, 1971

The Secular Scripture: A Study of the Structure of Romance. Cambridge: Harvard UP, 1976.

Divisions on a Ground: Essays on Canadian Culture. Toronto: Anansi, 1982.

The Great Code: The Bible and Literature. San Diego: Harcourt, Brace and Jovanovitch, 1982.

Myth and Metaphor: Selected Essays 1974-1988. Charlottesville: University of Virginia Press, 1990.

Words with Power: Being a Second Study of "The Bible and Literature". San Diego: Harcourt, Brace and Jovanovitch, 1990.

The Double Vision: Language and Meaning in Religion. Toronto: University of Toronto Press, 1991.

Collected Works of Northrop Frye. Toronto: University of Toronto Press, 1996–.

Secundaire literatuur

AYRE, John. *Northrop Frye: A Biography.* Princeton: Princeton UP, 1984.

BELFOUR, Ian. *Northrop Frye.* Boston: Twayne, 1988.

CAYLEY, David. *Northrop Frye in Conversation.* Toronto: Anansi, 1992.

COTRUPI, Caterina Nella. *Northrop Frye and the Poetic of Process.* Toronto: University of Toronto Press, 2000.

DENHAM, Robert. *Northrop Frye and Critical Method.* University Park/London: The Pennsylvania State UP, 1978.

HAMILTON, A.C. *Northrop Frye: An Anatomy of His Criticism.* Toronto: University of Toronto Press, 1990.

LEE, Alvin A. en Robert D. DENHAM (red). *The Legacy of Northrop Frye.* Toronto: University of Toronto Press, 1994.

RICOEUR, Paul, "Anatomy of Criticism or the Order of Paradigms", in: *Center and Labyrinth: Essays in Honor of Northrop Frye.* Toronto: University of Toronto Press, 1983, pp. 1-13.

TODOROV, Tzvetan, "Connaissance et engagement (Northrop Frye)", in: Tzvetan Todorov, *Critique de la critique: Un roman d'apprentissage.* Paris: Seuil, 1984, pp. 105-123.

WAYNE C. BOOTH
(1921-2005)

Hendrik VAN GORP

OPLEIDING EN ACADEMISCHE LOOPBAAN

De Amerikaanse literatuurwetenschapper Wayne Clayson Booth werd in 1921 geboren in Utah, het land van de Mormonen. Zijn religieuze opvoeding had een grote impact op zijn verdere leven en werk, en de spanning tussen kunst en geloof, literatuur en moraal heeft ook zijn fundamentele houding tegenover de studie van de literatuur bepaald. Het werk van Booth vertrekt steeds vanuit een verlangen om de wereld te verbeteren via een retorische aanpak. Booths interesse ging aanvankelijk uit naar scheikunde en filosofie, maar tijdens zijn undergraduate studies aan Brigham Young University maakte hij, beïnvloed door enkele docenten, een soort Paulinische bekering mee die hem resoluut deed kiezen voor een major in English. Aanvankelijk was het zijn bedoeling om leraar te worden, maar die studiekeuze werd het begin van een briljante academische loopbaan in de Humanities. Booth ontmoette, naar eigen zeggen, tijdens zijn graduate studies aan de Universiteit van Chicago een aantal professoren die hem op weg hebben gezet. Onder hen vooral Ronald S. Crane, die zijn mentor werd en hem een zeer brede kijk gaf op literatuur vanuit een neo-Aristoteliaanse achtergrond. De zogenaamde Chicago School in het algemeen (met Crane, Elder Olson en Richard McKeon) heeft, in haar reactie op het toen bloeiende New Criticism, een stempel gedrukt op Booths literatuuropleiding.

Van 1950 tot 1953 was hij wetenschappelijk medewerker Engels in Haverford College. Vervolgens werd hij (tot 1962) professor en voorzitter van het English Department in Earlham College. In die periode kreeg hij een eerste Guggenheim fellowship, die hem in staat stelde zijn beroemde *The Rhetoric of Fiction*, gepubliceerd in 1961, te concipiëren. Dat heeft hem geen windeieren gelegd, want in 1962 werd hij uitgenodigd om aan 'zijn' universiteit van Chicago George M. Pullman Professor of English te worden. Daar werd hij al vlug decaan van de Faculteit tijdens de woelige jaren zestig. De toenmalige hevige conflicten en misverstanden tussen staf en studenten liggen mee aan de basis van een volgend werk, *Modern Dogma and the Rhetoric of Assent* (1974). Na zijn decanaat kreeg Booth ondertussen een tweede Guggenheim Fellowship en werd hij benoemd tot Distinguished Service Professor aan de universiteit van Chicago (1970). Daarnaast was hij voorzitter van een "Committee on Ideas and Methods" (1972-1975). Het hoeft dan ook niet te verwonderen dat hij in de volgende jaren door vele andere universiteiten als visiting scholar werd uitgenodigd om er prestigieuze seminaries en lezingen te geven en dat hij tal van fellowships en eredoctoraten kreeg toegekend.

Ook zijn inspanningen vanaf de jaren zeventig om de literatuurwetenschap te promoten via tijdschriften en wetenschappelijke verenigingen droegen bij tot zijn wetenschappelijke reputatie. Samen met Sheldon Sacks, een van zijn geliefde collega's, was hij stichter en co-editor van het invloedrijke tijdschrift *Critical Inquiry* en lid van de adviesraden van periodieken als *Novel, Philosophy and Rhetoric, Rhetorica* en *Philosophy and Literature*. De titels van deze tijdschriften geven al een beeld van het brede onderzoeksdomein van Wayne Booth. Ten slotte was hij ook lid, vice-voorzitter en voorzitter van gerenommeerde genootschappen als de Modern Language Association of America (MLA). Zijn betrokkenheid bij de commissie die zich over de toekomst van de Humanities boog, met als resultaat een "Report on the Future of the Profession" (*PMLA*, nov. 1982), is opnieuw typerend voor zijn persoonlijkheid. Het 'beroep' van literatuurwetenschapper heeft niet alleen betrekking op wetenschappelijk onderzoek, maar ook, en in Booths ogen vooral, op het doceren op een hoog academisch niveau. Booth was in de eerste plaats steeds een docent, die zijn ideeën zo overtuigend mogelijk aan jonge mensen probeerde over te brengen. Zijn publicaties, vooral de baanbrekende studie *The Rhetoric of Fiction*, waarmee hij zijn academische carrière begonnen is, zijn dan ook steeds vanuit die docent-student-situatie geboren en uitgewerkt. Dat het woord 'retoriek' uit de titel, in de positieve betekenis van het woord, hierbij een leidraad was, hoeft ons niet te verwonderen.

THE RHETORIC OF FICTION (1961)

Booths reputatie in de academische wereld gaat (nog steeds) terug op deze omvattende studie van de manier(en) waarop auteurs, via hun vertellers (techniek van het vertellen), hun boodschap aan de lezer trachten over te brengen (uitwisseling van visie en waarden). "My goal is", zo schrijft hij in het voorbericht, "to free both readers and novelists from the constraints of abstract rules about what novelists must do, by reminding them in a systematic way of what good novelists have in fact done". Het werk is opgedeeld in drie delen, die elk een aantal aspecten van die dubbele aanpak, verteltechniek en inhoudelijke boodschap, rond de zogenaamde 'objectiviteit van het vertellen' behandelen. In het eerste deel, "Artistic Purity and the Rhetoric of Fiction", probeert Booth een aantal technische claims en abstracte regels zoals die in toenmalige handboeken over narratologie – vooral onder invloed van de geschriften van Henry James – aan schrijvers en critici/lezers als het ware werden opgelegd ("True Novels Must Be Realistic"; "All Authors Should Be Objective"; "True Art Ignores the Audience"...) te weerleggen. In de plaats daarvan opteert hij voor een meer flexibele visie op de relatie tussen verteltechniek en verhaalinhoud. Zijn reactie tegen elke vorm van dogmatisme was daarbij ingegeven zowel door zijn Aristotelisme (de universiteit van Chicago was niet voor niets de bakermat van de *Neo-Aristotelians*), als door zijn fundamentele visie op fictie als retoriek: "The author cannot choose whether to use rhetorical heightening. His only choice is of the kind of rhetoric he will use". (*The Rhetoric of Fiction*, p. 116).

In deel twee, "The Author's Voice in Fiction", introduceert hij de inspirerende onderscheidingen tussen enerzijds de reële auteur (van vlees en bloed), de 'geïmpliceerde' auteur en de verteller en anderzijds tussen 'betrouwbare' en 'onbetrouwbare' vertellers. Ook hier worden de diverse manieren van vertellen telkens geïllustreerd aan de hand van (soms erg diepgaande) analyses van romans uit de wereldliteratuur. In een derde deel, getiteld "Impersonal narration", laat hij zich wat verder drijven op zijn aanvankelijke afkeer van zogenaamde objectiviteit en realisme door uit te weiden over de mogelijke gevaren van een (al te) onpersoonlijke verteltrant, die de lezer in verwarring en morele ontreddering kan achterlaten. Vooral het hoofdstuk over "The Morality of Impersonal Narration" kwam in de latere kritiek nogal negatief over. Booth heeft trouwens achteraf toegegeven dat hij dat onderwerp niet genuanceerd genoeg had behandeld, hoewel het inherent was aan zijn visie op fictie als retoriek.

In de jaren daarop werd Booth achtervolgd door deze kwestie. Hij zag zich dan ook genoodzaakt een aantal nuances bij zijn opvattingen aan te brengen. Dat leidde tot een stand van zaken in het eerste nummer van het tijdschrift *Novel* (1968: 105-117), onder de titel "*The Rhetoric of Fiction* and the Poetics of Fictions". Daarin antwoordt hij op enkele polemische reacties op zijn studie en tracht hij zijn positie terzake en zijn visie op retoriek te verduidelijken. Het gebruik van het meervoud 'fictions' is reeds significant, want voor hem is "[a]ny novel, good or bad, 'really' many different things, and no critical language can engage it in its totality" ("*The Rhetoric of Fiction* and the Poetics of Fictions", p. 158). De term 'poetics' refereert dan weer aan Aristoteles, die in hoofdstuk negentien van zijn *Poëtica* gedachte en verwoording op elkaar had betrokken met voor het eerst een expliciete verwijzing naar zijn *Rhetorica*. Essentieel voor literaire fictie is en blijft volgens Booth "an action that authors and readers perform together" ("*The Rhetoric of Fiction* and the Poetics of Fictions", p. 162). Het gaat bij echte objectiviteit niet louter om "being", maar ook en vooral om "doing" (intentions and effects). Van daaruit is overigens zijn weerstand te verklaren tegen een al te eenzijdig 'objectivistische' opvatting van het literaire werk, die naar zijn mening verkeerdelijk op Aristoteles teruggevoerd werd, met banbliksems tegen al wat 'rond' of 'achter' het werk gelegen is, zoals auteurs, lezers en overtuigingen (*intentional fallacy, affective fallacy, didactic heresy*). In *The Rhetoric of Fiction* zag Booth het als zijn plicht om tegen die verengende literatuuropvatting in te gaan. Daardoor was hij, naar eigen zeggen, misschien al te zeer geneigd om het slachtoffer van die autonomistische visie, namelijk de openlijke commentaar van de verteller, in bescherming te nemen.

The Rhetoric of Fiction bis (1983)

Vijftien jaar na deze eerste nuancering zou Booth, bij de tweede editie van *The Rhetoric of Fiction* (1983), dan ook een aantal pagina's toevoegen, "about two or three of the main developments since 1961".

Het werd een lijvig nawoord van bijna 60 bladzijden (pp. 401-457), dat hij de titel meegaf: "The Rhetoric in Fiction and Fiction as Rhetoric: Twenty-One Years Later". De ontwikkelingen waarvan sprake zijn zowel accentverschuivingen binnen het globale veld van de literatuurwetenschap, als persoonlijke evoluties in zijn eigen appreciatie van literatuur en cultuur. Een ervan is zijn grotere aandacht voor "pluralism", waarover hij in 1979 een aparte studie had gepubliceerd. Een andere lacune die hij opmerkt, zijn de topics "language and style" die, zacht uitgedrukt, wat ondervertegenwoordigd waren. Booth wijst er in dit verband op dat het lezen van onder meer Genette en Bakhtin hem ondertussen een aantal dingen anders heeft leren zien.

Met betrekking tot Genette bekent Booth uitdrukkelijk: "If one could by some magical stroke incorporate the virtues of other books into one's own, [one] that would be most helpful [is] Gérard Genette's *Narrative Discourse*" (*The Rhetoric of Fiction* (1983), p. 438). Tegelijk verwijt hij Genette dat die, zoals de meeste narratologen, te zeer opgaat in wetenschappelijke en theoretische kwesties en daardoor nogal onpraktisch is. Verhaalonderzoek moet tot iets leiden, stelt Booth: "Rhetorical study is study of use, of purposes pursued, targets hit or missed, practises illuminated for the sake not of pure knowledge but of further (and improved) practice. [...] We want to know *why* one story or technique works better than another" (*The Rhetoric of Fiction* (1983), p. 441). De appreciatie voor het werk van Bakhtin is begrijpelijk in het licht van Booths sterke interesse voor kwesties die een zekere vorm van 'dubbelstemmigheid' impliceren, zoals (on)betrouwbaarheid van de verteller en ironie in de roman. De leeservaring is voor Booth wezenlijk een "implied dialogue among author, narrator, the other characters, and the reader". In 1961 voegde hij daar reeds aan toe: "Each of the four can range, in relation to each of the others, from identification to complete opposition, on any axis of value, moral, intellectual, aesthetic, and even physical" (*The Rhetoric of Fiction* (1961), p. 155). Vanuit een bepaalde invalshoek loopt Booths werk dus parallel met dat van Bakhtin, met name in de aanname dat de totale structuur van een roman 'werkt' als een ideologisch middel. Het was dan ook niet te verwonderen dat hij, niet enkel in het nawoord bij de tweede editie van zijn *The Rhetoric of Fiction* (1983), maar ook in een inleiding op de tweede vertaling van Bakhtins *Problems of Dostoievsky's Poetics* (1984) en in een opstel over "Bakhtin and the Challenge of Feminist Criticism" (1982) zijn belangstelling voor diens ideologisch getinte literaire kritiek duidelijk liet blijken en meteen ook zijn afkeer van een zuiver vormelijke of technische benadering.

In deze en andere publicaties geeft Booth openlijk toe dat Bakhtins werk, in het bijzonder de problematiek van de zogenaamde meerstemmigheid in de roman, hem sinds de jaren zestig sterk had beïnvloed. Zo schrijft hij: "Reading works like Bakhtin's *Problems of Dostoievsky's Poetics* has since taught me just how many types and shadings of double-voicings we had all concealed under various highly general terms" (*The Rhetoric of Fiction* (1983), p. 409). En wat verder prijst hij Bakhtins soepelheid: "I have been especially impressed by the skill with which Mikhail Bakhtin crosses boundaries that my book seems to erect" (*The Rhetoric of Fiction* (1983), p. 415) en geeft hij toe dat zijn eigen onderscheid tussen reële en impliciete auteurs, en tussen de verschillende lezers die wij worden bij het lezen, misschien te radicaal was. Hij besluit zijn confrontatie met Bakhtin, in een soort apologie, als volgt: "The important point here is that, to meet Bakhtin, I am required to underline what I said about Lawrence [nl. in 1961]: the problem of objectivity is not, finally, a problem of particular techniques but of how all techniques are marshaled to convey a given vision of a world" (*The Rhetoric of Fiction* (1983), p. 417).

Toch is Booth het niet volledig eens met Bakhtin. Het grootste bezwaar dat hij tegen hem uit, afgezien van het feit dat Bakhtin bepaalde ideologische stemmen (b.v. de feministische) in romans als die van Dostojevski veeleer verdoezelde, is dat er in het werk van Bakhtin geen sprake is van hiërarchie in die stemmen. Volgens Booth, en hier komt weer de retorische interesse van de literatuurdocent naar boven, is een individu meer dan de neerslag van vertogen en stemmen gesproken door anderen. Het individu is steeds ook een persoonlijkheid met een "hierarchy of languages" (*The Freedom of Interpretation*, p. 51). Op dit cruciaal punt wijkt Booths standpunt duidelijk af van Bakhtin. In Booths optiek wordt ideologie in laatste instantie steeds 'eenstemmig' en 'hiërarchisch' ge(re)presenteerd, omdat verhaalkunst volgens hem essentieel retorisch is. Een verhaal wordt als geheel gelezen en in een bepaalde richting geïnterpreteerd. Terwijl hij zich aan het einde van zijn nawoord bij de tweede editie van *The Rhetoric of Fiction* verontschuldigt voor zijn overtrokken morele attitude in verband met fictie, blijft

Booth ervan overtuigd – en de latere evolutie zou hem gelijk geven – "that ethical criticism belongs to the subject" (*The Rhetoric of Fiction* (1983), p. 456). Ook betreurt hij dat hij in zijn studie van 1961 te weinig aandacht heeft besteed aan de genreproblematiek en de daarmee verbonden specifieke schrijvers- en lezersverwachtingen, normen en verhaalschema's, en aan cultuur- en tijdsverschillen die mee de schrijf- en leesact bepalen.

Pluralisme en *Critical Understanding* (1979)

Booth deed in de jaren zeventig meer dan zich buigen over de weerklank die zijn *The Rhetoric of Fiction* had opgeroepen. In 1974 was van zijn hand een andere 'retorische' studie verschenen, *A Rhetoric of Irony*. Hierin vertrekt hij van de vraagstelling die hem ook tevoren reeds bezighield: wat is het wezen van ironie, en hoe raken schrijvers en lezers er beiden in betrokken? Op die vragen probeert hij een antwoord te vinden door verschillende soorten van ironie te onderscheiden (stabiele en instabiele) en door het belang te onderstrepen van een door auteur en lezer gedeeld genrebewustzijn om (vooral stabiele) ironie te smaken. Zo komt hij weer bij de centrale stelling van zijn retorische project, de wederzijdse verstandhouding van schrijver en lezer. Ook hier is het laatste hoofdstuk, gewijd aan instabiele ironie, echter enigszins teleurstellend, omdat deze vorm van ironie blijkbaar botst met die voor hem zo belangrijke verstandhouding.

Enkele jaren later publiceert Booth een studie onder de titel *Critical Understanding* (1979), waarin hij, zoals de ondertitel aangeeft, "the powers and limits of pluralism" aan een onderzoek onderwerpt. Het is een poging om zijn ideeën over een retoriek van verstandhouding toe te passen op de wereld van de literaire kritiek, die in die tijd gekenmerkt werd door polemieken en conflicten. Zijn bedoeling was de heersende gewoonte van negatieve kritiek om te vormen tot een productieve dialoog. De sleutel daartoe vond hij in het begrip 'pluralisme': het aanvaarden van diverse legitieme benaderingswijzen, zonder ze daarom alle als evenwaardig te beschouwen. Zo bepleit hij tegen de achtergrond van het opkomende receptie-onderzoek het recht van de lezer om vragen aan een tekst te stellen en benaderingswijzen te hanteren die daaraan oneigen of vreemd zouden zijn (*overstanding*).

Daarmee loopt hij vooruit op de discussie die door Umberto Eco's *The Limits of Interpretation* (1990) opnieuw actueel is geworden, en hij stelt opvallend gelijkaardige criteria voor als grens aan de interpretatie en als dam tegen onverschillig relativisme: coherentie, correspondentie en veelomvattendheid.

Zoals in Booths vroegere werk wordt het belang van individuele interesses van lezers sterk onderstreept, tegen monistische interpretaties in: "rather Babel than a passive monotony" (*Critical Understanding*, p. 5). Maar dat impliceert geen chaos, zoals hij tracht te demonstreren aan de hand van uitvoerige commentaren op de 'pluralistische' opvattingen van Ronald Crane, Kenneth Burke en M.H. Abrams. Booths visie is dat literatuur als een "human achievement" moet worden beschouwd, die op verschillende manieren kan worden verstaan (*critical understanding*); dat moet dan aanleiding geven tot een reflectie over dat verstaan. Blijvende werken insisteren, volgens Booth, tegelijk op een verscheidenheid van vragen en op de verschillende antwoorden daarop: "ja, maar ook nog dit, en dat, en dat...". Toch blijft ook voor Booth de centrale kwestie dat niet alle vragen even 'relevant' zijn voor tekst en lezer. De spanning tussen *understanding* en *overstanding*, tussen reductionisme en het uitwaaieren van betekenissen, blijft aanwezig. Zijn globale standpunt is dat kritische benaderingswijzen niet beschouwd moeten worden als te verdedigen posities, maar veeleer als te exploreren 'locaties' (loci, topoi) of perspectieven. Men moet aantonen dat de keuze van een bepaalde topic zinvol is voor verder onderzoek, een plaats (topos) waar 'plaats' is voor kritische interpretaties. Dat is wat Booth "topical pluralism" noemt. Niet teveel stemmen, zoals bij Bakhtin, want die kunnen het werk en de lezer verstoren; maar evenmin een te vroege afsluiting van dé betekenis. Kortom, Booth pleit voor een relativisme met perspectief, met als doel: "the reduction of meaningless controversy, of unjustified critical killing – which is to say an *increase* in the kind of debate that yields critical understanding" (*Critical Understanding*, p. 345).

An Ethics of Criticism (1988)

De reacties op dit werk waren in eerste instantie niet bijzonder positief. Booth werd verweten nogal confuus te schipperen tussen twee extremen in, vanuit een al te enge morele houding. Zijn afwijzing van wetenschappelijke argumentatievormen werd hem evenmin in dank afgenomen. Anderzijds heeft het werk zijn doel niet gemist, getuige de vele kritische reacties erop in de jaren die volgden en die als het ware het voorspel uitmaakten van een intense belangstelling binnen de literatuurstudie voor wat nu Ethical Criticism wordt genoemd. Booth zelf leverde zijn bijdrage tot dat debat met zijn *The Company We Keep. An Ethics of Fiction* (1988), waarin hij ervoor pleit om ethiek opnieuw in het centrum van de literatuurstudie te plaatsen.

In een eerste hoofdstuk probeert Booth uit te leggen hoe het zover gekomen is dat ethiek uit dat centrum is verdwenen. Enerzijds dacht men (verkeerdelijk) dat over waarden niet gediscussieerd kon worden; anderzijds gingen heel wat ethische critici al te reductionistisch moraliserend en zelfs dogmatisch te werk. Met zijn "ethics" wil Booth terug naar de oorspronkelijke betekenis van het woord, meer bepaald de belangstelling van de criticus voor het *ethos,* het totale 'karakter' en de kwaliteit van vertellers en lezers. Zoals hij het recent nog uitdrukte: "The essential issue for critics [...] is not whether some part of a given story violates this or that moral code; rather, it is the overall effect on the *ethos*, the *character*, of the listener" ("Why Ethical Criticism Can Never be Simple", p. 353). Ethische kritiek gaat daarom de kwaliteit van particuliere ervaringen/ontmoetingen met particuliere teksten niet uit de weg. Integendeel, ze wil een gesprek op gang brengen over zovele persoonlijke en sociale waarden die door verhalen worden opgeroepen of tenietgedaan. De kernvragen worden dan: wat gebeurt er met ons als wij een verhaal lezen? Wie zijn wij tijdens dat leesproces? Wat is de kwaliteit van het leven dat ik leid in het gezelschap (*the company*) van deze zogeheten vrienden (van geïmpliceerde auteurs en personages)? Zoals in zijn *The Rhetoric of Fiction* and *A Rhetoric of Irony* illustreert hij zijn visie met indringende analyses van het ethisch gehalte en de mogelijk ermee verbonden gevaren in klassiekers van Rabelais, D.H. Lawrence, Jane Austen en Mark Twain.

Inhoudelijk kan *The Company We Keep* beschouwd worden als een vervolg op en een uitbreiding van Booths beschouwingen over interpretatie, meningsverschillen en overeenstemming, zoals ze ingezet waren met *Modern Dogma and the Rhetoric of Assent* (1974) en voortgezet in *Critical Understanding* (1979). In zijn recente geschriften (zie b.v. 1998) heeft hij deze problematiek steeds weer opgenomen en verder uitgewerkt, genuanceerd en gesynthetiseerd. Zo vat hij, in een artikel met de significante titel "Why Ethical Criticism Can Never be Simple" (1998), zijn standpunt nog eens samen:

> To underline my point once again: no one who has thought about it for long can deny that we are at least partly constructed, in our most fundamental moral character, by the stories we have heard, or read, or viewed, or acted out in amateur theatricals: the stories we have really listened to. Their authors built successful stories by creating characters, characters exhibiting an ethos that could be thought of as a collection of virtues and vices, presented as admirable or contemptible. ("Why Ethical Criticism Can Never be Simple", p. 353)

In de voorgaande bladzijden is herhaaldelijk gewezen op de invloeden die Booth van anderen ondergaan heeft; denken we maar aan zijn leermeesters van de Chicago School en aan onderzoekers als Gérard Genette, Mikhail Bakhtin en Sheldon Sacks. Tevens kan men wijzen op de invloed die hijzelf ontegensprekelijk heeft uitgeoefend op de (Amerikaanse) literatuurstudie van de tweede helft van de twintigste eeuw. Het betreft hier zowel een directe invloed op het werk van afzonderlijke critici, waaronder een aantal van zijn leerlingen, als een meer indirecte invloed op recente stromingen en tendensen in de literatuurwetenschap. Globaal kan men stellen dat die invloed voortkomt uit een coherente visie op literatuur gebaseerd op de vraag hoe mensen gebruikmaken van literaire fictie in de brede zin van het woord om zin te geven aan hun wereld. Met die visie heeft Booth, vaak vroeger dan de stichters van het receptie-onderzoek – Wolfgang Isers eerste concept van *implied reader* lijkt duidelijk geïnspireerd door Booths *implied author* –, een aanzet gegeven om een aantal dogma's van esthetische distantie en objectiviteit ernstig in twijfel te trekken. Die invloed is nog duidelijker in het domein van de *Ethics of Culture*, dat in de jaren negentig een echte doorbraak heeft gekend. In de inleiding op zijn *The Company We Keep: An Ethics of Fiction* wees Booth, tevoren al sterk ethisch betrokken in zijn literaire analyses, erop dat Ethical Criticism in de lift zit. Hij refereerde daarbij expliciet aan een aantal recente kritische stromingen zoals de feministische kritiek en de *black critics*, die andere vragen aan literaire werken gingen stellen. Die vragen hebben te maken met de canon en tradities, met opinies, verwachtingen, levens- en wereldbeschouwingen, precies die dingen waarop hij van bij het begin, tegen alle formalisme in, had gehamerd... Dat Booth in het interpreteren van sommige auteurs wel eens naar veler smaak te 'moraliserend' tewerk is gegaan, mag hem dan ook niet te zwaar worden aangerekend.

Beknopte bibliografie

Primaire literatuur

"The Self-Conscious Narrator in Comic Fiction before *Tristram Shandy*", *PMLA* (1952), pp. 163-185.

The Rhetoric of Fiction. Chicago: University of Chicago Press, 1961; vermeerderde uitgave 1983.

Now Don't Try to reason with Me: Essays and Ironies for a Credulous Age. Chicago: University of Chicago Press, 1970. Daarin (pp. 151-169): "*The Rhetoric of Fiction* and the Poetics of Fictions", oorspronkelijk verschenen in *Novel* (1968).

A Rhetoric of Irony. Chicago: University of Chicago Press, 1974.

Modern Dogma and the Rhetoric of Assent. Notre Dame: Notre Dame UP, 1974.

"Metaphor as Rhetoric: The Problem of Evaluation", *Critical Inquiry* (1978), 49-72 en pp. 175-76.

Critical Understanding: The Power and Limits of Pluralism. Chicago: University of Chicago Press, 1979.

"Freedom of Interpretation: Bakhtin and the Challenge of Feminist Criticism", *Critical Inquiry* (1982), pp. 45-76.

Mikhail Bakhtin. *Problems of Dostoievsky's Poetics*. Voorwoord door W. Booth. Minneapolis: University of Minnesota Press, 1984.

The Company We Keep: An Ethics of Fiction. Berkeley: University of California Press, 1988.

"Why Banning Ethical Criticism is a Serious Mistake", *Philosophy and Literature* (1998), pp. 366-393.

"Why Ethical Criticism Can Never Be Simple", *Style* (1998), pp. 351-364.

For the Love of It: Amateuring and its Rivals. Chicago: University of Chicago Press, 1999.

The Rethoric of Rethoric: The Quest for Effective Communication. Oxford: Blackwell, 2004.

Secundaire literatuur

BIALOSTOSKY, Don. "Booth's Rhetoric, Bakhtin's Dialogics, and the Future of Novel Criticism", *Novel* (1985), pp. 209-216.

GORP, Hendrik van. "Polyfonie in de roman. Bakhtin vs Westerse narratologie", in: Hendrik van Gorp (red.), *Dialogeren met Bakhtin: De uitdaging van het vreemde woord.* Leuven: ALW-Cahier, 1986, pp. 40-55.

PHELAN, James. "Pluralism and Its Powers, Metapluralism and Its Problems", *College English* (1984), pp. 63-73.

—. "Wayne C. Booth", in: *Dictionary of Literary Biography*, vol. 67, Ann Arbor: Gale Research Company, 1988, pp. 49-66.

RICHTER, David. "The Second Flight of the Phoenix: Neo-Aritotelianism Since Crane", *Eighteenth Century* (1982), pp. 27-48.

FRANK KERMODE
(1919-)

Jan BAETENS

Men kan stellen dat Frank Kermode een sleutelrol heeft gespeeld in de uitbouw van de literatuurwetenschappelijke studie van de Angelsaksische literatuur. Eerst was hij werkzaam in Londen, waar hij mee aan de basis lag van de introductie van allerlei 'continentale' theorieën, later in Cambridge, waar hij heeft meegewerkt aan het *aggiornamento* van een Victoriaanse instelling, en tenslotte steeds meer en meer in de Verenigde Staten (waar hij als gastdocent in Columbia en Harvard sinds de jaren zestig actief was). Zijn carrière loopt zo parallel met de grote vernieuwing die de literatuurstudie na de Tweede Wereldoorlog heeft gekend. In de Verenigde Staten liep deze ontwikkeling aanvankelijk in de sporen van de New Critics, waarvan het 'patriottische', dit wil zeggen anti-Europese en anti-elitaire, element doorgaans onvoldoende wordt beklemtoond. Zoals J. Hillis Miller het anno 2000 beknopt stelt:

> At the time [...] you had all these students coming back from World War II, who got into college through the GI Bill. They were a new kind of students, middle-class and working-class, who for the first time had the money to go to college and were far less aware of cultural history than the people who used to go. Now my first instinct would have been wrong, which would have been to give them a crash course in the Western tradition. That is not what Brooks and Warren did. Just the reverse. They said "Don't worry that you don't know anything. Let's just look at the poem itself". ("Interview with J. Hillis Miller", p. 225).

Hoewel steeds bijzonder tekst- en stijlgevoelig is de criticus Kermode niet meteen schatplichtig aan de revolutie van de New Critics: de aandacht voor de historische inbedding van de literatuur én zijn overtuiging dat elke literatuur een transnationale en niet louter hedendaagse canon nodig heeft, verklaren de behoedzaamheid waarmee hij de literatuur altijd heeft benaderd. Ook later, bij de massale doorbraak van het poststructuralisme in de Verenigde Staten, zal hij voor een deel een outsider blijven, die weliswaar met veel sympathie maar toch ook met een zekere afstand de overgang van New Criticism naar deconstructie zal meemaken. In het Verenigd Koninkrijk lag het accent veeleer op het geleidelijk afgooien van het juk van de Lansoniaanse geschiedschrijving, waar het 'oeuvre' werd gereduceerd tot een illustratie van de biografie van de 'auteur'. Lang voor er sprake was van welke beïnvloeding dan ook door de 'antidisciplinaire' *cultural studies*, heeft de Britse literatuurstudie zich reeds in die jaren opengesteld voor een meer interdisciplinaire benadering.

In zijn autobiografie *Not Entitled* merkt Kermode dan ook op dat vele Britse onderzoekers het werk van Roland Barthes en de andere structuralistische literatuurtheoretici aanvankelijk methodologisch 'achterhaald' vonden. De situatie wijzigde echter snel, van zodra de Franse onderzoekers het traditionele structuralisme achter zich lieten en radicale poststructuralistische hypotheses en modellen gingen uitbouwen die in de Angelsaksische wereld de naam van 'Theory' zouden krijgen. Kermode zal, nog steeds in zijn autobiografie, zijn eigen werk, en dan met name één van zijn sleutelteksten, *The Sense of An Ending* (1966), omschrijven als een soort theorie, nog voor er van theorie sprake was: "It was, in fact, an example of literary theory as it was before it was absorbed into Theory" (*Not Entitled*, p. 220). Dit is geen slechte definitie, op voorwaarde dat men oog heeft voor wat Kermodes eigen aanzet tot theorie scheidt van de latere Theorie. Toon en stijl van Kermode hebben immers weinig te maken met de soms hermetische en apodictische stijl van bepaalde uitwassen van deconstructie en *cultural studies*.

Als theoreticus en als criticus is het ideaal van Kermode dat van de *honnête homme*, die conversatiegewijs (de grote teksten van Kermode zijn in de eerste plaats de neerslag van lezingen) met een breder publiek van gedachten wil wisselen over fundamentele problemen. Dit neemt niet weg dat Kermode, op de keper beschouwd, een radicaal denker is, die, weliswaar op discrete en omfloerste manier, gedurfde stellingen inneemt over zaken als betekenis en interpretatie. Het is op dit laatste aspect, fundamenteel voor het hele werk van Kermode, dat ik me in deze bijdrage wil concentreren. Ik zal me om die reden ook hoofdzakelijk toeleggen op zijn tweekoppig opus magnum: *The Sense of an*

Ending (1966) en *The Genesis of Secrecy* (1979); in mijn ogen gaat het in beide werken immers over hetzelfde hermeneutische project. Ik doe hiermee zeker onrecht aan de diversiteit van Kermodes oeuvre, die vele tientallen boeken (weliswaar meestal essaybundels) op zijn naam heeft staan en bijvoorbeeld als lezer van Wallace Stevens wereldfaam geniet. Toch kan men stellen dat 'heel' Kermode in deze dubbele lezingenreeks zit, en dat men van daaruit de belangrijkste krachtlijnen van zijn denken over literatuur kan blootleggen.

Interpretatie en fictie als noodzaak

Literatuur is voor Frank Kermode allesbehalve een gratuite bezigheid, noch voor de schrijver, noch voor de lezer. Teksten bieden immers de kans tot zingeving: het is dankzij de literatuur (en Kermode verstaat hieronder belangrijke literatuur) dat wij in staat zijn een verband te leggen tussen onszelf en de wereld, dit wil zeggen tussen ons eigen beperkte en eindige bestaan en de onbeperktheid en oneindigheid van het leven. In *The Sense of an Ending*, dat op het eerste gezicht over apocalyptische en millenaristische literatuur gaat, poneert Kermode de stelling dat literatuur een dergelijke tussenschakel kan vormen, soms punctueel (in de lijn van de poëzie, met haar aandacht voor metafoor of epifanie), soms op narratieve wijze (in de lijn van het proza en de roman, waar metafoor en epifanie ondergeschikt zijn aan een andere logica). Centraal in *The Sense of an Ending* staat de overtuiging dat de mens verhalen schept met een begin en (vooral) een einde, om op die manier het ogenschijnlijk amorfe doorlopen van de tijd te structureren en tezelfdertijd een betekenis toe te kennen aan de eigen geboorte en de eigen dood. Zonder verhalen, die een structurele overeenkomst bewerkstelligen tussen begin en einde van een mensenleven en begin en einde van de kosmos, kan de mens in zekere zin niet 'menselijk' leven. Literatuur vervult, met andere woorden, een bijna darwinistische functie, die de mens met de eindigheid van zijn bestaan kan verzoenen door de projectie van een fictieve structuur – het fictionele karakter van verhalen en literatuur wordt door Kermode steevast beklemtoond – op een groter geheel waarvan de mens dan een microkosmische weerspiegeling is. Het verband met het werk van Paul Ricoeur (*Temps et récit*) ligt hier voor de hand, zonder dat er echter van directe wederzijdse beïnvloeding sprake kan zijn.

Uiteraard is literatuur niet de enige manier van zingeving waarover de mens beschikt. Ook de mythe staat hem bijvoorbeeld ter beschikking. Toch zijn de interne logica en vooral het gebruik van literatuur totaal anders, met heel andere gevolgen, onder meer op het vlak van de politiek. Literatuur is immers fictie, waarmee Kermode vooral bedoelt dat een literaire tekst steeds gepercipieerd wordt als het resultaat van een menselijke interpretatie, die op haar beurt openstaat voor interpretatie en dus voor verandering. (De meest actieve of radicale verandering is natuurlijk die van het herschrijven van teksten, of liever gezegd van het toevoegen van nieuwe teksten aan het bestaande geheel van teksten.) De mythe daarentegen is een fictie die niet meer als dusdanig wordt gelezen; het is een 'gestolde' fictie met een opgelegde betekenis, die zich tegen interpretatie verzet. Mythe en literatuur verhouden zich, volgens Kermode, op een complexe en problematische manier. De mythe als structuur is immers voor de hedendaagse hermeneutische activiteit niet langer aanvaardbaar; de spanning tussen wat de mythe leert en wat we zelf van de wereld kennen is nu eenmaal te groot geworden, zodat we verplicht zijn nieuwe en fictieve verhalen te componeren. Anderzijds is de verleiding van de mythe nog steeds zeer groot, misschien net zoals de menselijke behoefte eraan; om die reden kunnen verhalen steeds 'regressief' als mythen worden gelezen of aangebracht.

Meerdere passages van *The Sense of an Ending* dienen zich dan ook, weliswaar steeds nogal omfloerst, aan als een weerlegging van de 'mythische' literatuurinterpretatie die vooral binnen het Angelsaksische modernisme opgeld heeft gemaakt, met aan de ene kant auteurs als Pound, Yeats, Eliot en Wyndham Lewis (maar niet Joyce, en Kermode maakt hier een sterk punt van), en aan de andere kant een aantal theoretici die pleiten voor een kijk op literatuur als *spatial form* (in plaats van als verhaal, wat voor Kermode toch een prioritair gegeven is). In beide gevallen is er, volgens Kermode, sprake van een mythische regressie. Langs de kant van de auteurs is er het streven naar een nieuwe taal, die radicaal breekt met de gecorrumpeerde taal van de vorige generaties (zoniet van de maatschappij in het algemeen), een verlangen dat structureel gelijk staat met het pleidooi voor een autoritaire politiek, waar eveneens komaf wordt gemaakt met de verdorvenheden van het heden. Gezien het existentiële belang dat Kermode aan literatuur toekent, heeft het gebruik van een bepaalde literatuur dan ook onvermijdelijk politieke consequenties. Excessieve vernieuwingsdrift sluit dikwijls aan bij totalitair, dit wil zeggen mythisch denken, en het is juist hiervan dat literatuur ons zou moeten bevrijden. Vandaar het belang van een blijvende omgang met de canon, die ons niet in het verleden klemzet, maar ons integendeel de kans geeft om via oneindige interpretatie van elke mythische verstarring los te komen. Vandaar ook het belang van het aanvaarden van de 'gewone' taal, waarvan het gebruik eveneens een buffer inbouwt tegen totalitaire en mythische verleidingen. Met name Joyce, tenminste tot en met *Ulysses* (*Finnegans Wake* maakt geen deel meer uit van het 'moderne' tijdsgewricht), onderscheidt zich hierin van sommige andere modernisten. Voor Kermode zelf betekent dit onder meer dat in heel zijn werk de zin voor traditie, zowel literair als linguïstisch, zeer uitgesproken blijft. Sterker nog: taal en literatuur zijn geen eigendom van de schrijver, ze hebben een rol te spelen in de gemeenschap, met alle gevolgen vandien voor de opstelling die verwacht mag worden van zowel auteurs en critici als lezers.

Het is zeker geen toeval dat Kermode zich heel zijn leven lang zeer actief heeft geëngageerd als recensent en hierbij vooral een breed publiek op het oog had. Het is evenmin een toeval dat hij zich altijd kordaat heeft verzet tegen onzuiver of onscherp taalgebruik en niet heeft nagelaten dit open en bloot in zijn recensies aan de kaak te stellen. Zelfs beroemde en onaantastbaar geachte collega's zijn door Kermode soms heel direct aangepakt. Het is dan ook logisch dat Kermode niet alleen bepaalde uitwassen van avant-garde schrijvers aanklaagt, van welke periode ook, maar zich ook zeer kritisch uitlaat tegenover elke vorm van mythische literatuurkritiek en -theorie, waarvan de ideeën rond literatuur als *spatial form* voor hem een schoolvoorbeeld blijven. Het voorstellen van een tekst als een simultaan toegankelijke ruimte, die de menselijke tijd opheft om toegang te geven tot een mythische gelijktijdigheid, is voor hem een gevaarlijke manier van lezen, die het eigene van literatuur, namelijk het fictieve verband tussen leven en wereld, in feite ontkent. Net zoals het streven naar een volledig nieuwe taal geen exclusieve eigenschap is van het modernisme van de jaren 1920-1930, zijn de opvattingen over *spatial form* niet enkel kenmerkend voor de teksten van Joseph Frank (herontdekt door de poststructuralisten in de jaren '80 en ook populair bij cyberspace-goeroes). De lokale en verhulde polemiek met Frank in *The Sense of an Ending* kan dan ook gerust gelezen worden als een neuralgisch punt in het hele denken van Kermode over literatuur.

Interpretatie als fictie, fictie als interpretatie

Frank Kermode is veel te bescheiden wanneer hij *The Sense of an Ending* opent met de volgende, vaak geciteerde stellingname: "It is not expected of critics as it is of poets that they should help us to make sense of our lives; they are bound only to attempt the lesser feat of making sense of the ways we try to make sense of our lives." (*The Sense of an Ending*, p. 3) Natuurlijk is het zo, in tegenstelling tot sommige latere vormen van deconstructie, dat Kermode zich nooit de plaats van de schrijver wil toe-eigenen door te doen alsof er geen verschil zou zijn tussen schrijven en schrijven over schrijven. De helderheid die hij in zijn kritisch en theoretisch oeuvre nastreeft, kan nergens aanleiding geven tot een dergelijke verwarring. Anderzijds is het toch zo dat literaire kritiek en literaire interpretatie geen marginale fenomenen zijn. Niet omdat we sinds Derrida wel weten hoe centraal de marge is, maar ook en vooral omdat er voor Kermode niet zoiets bestaat als een 'tekst'. Elke tekst krijgt immers maar betekenis via een lectuur, en deze lectuur is onvermijdelijk een interpretatie: aan de ene kant omdat we te maken hebben met literatuur (van een tekst die mythisch wordt gelezen, kan men beweren dat hij een betekenis heeft, maar een literaire tekst komt pas tot leven als de lezer hem gebruikt in zijn streven naar zingeving), aan de andere kant omdat elke tekst zich onvermijdelijk van ons verwijdert (literaire communicatie is geen 'directe' communicatie, en de afstand tussen tekst en lezer wordt, gezien de tijdelijkheid van alles, steeds groter). Om al deze redenen kunnen we niet anders dan steeds maar interpreteren, en vooral steeds maar opnieuw interpreteren. Een interpretatie legt de betekenis van de tekst niet vast, het is hoogstens een tijdelijke positiebepaling, die bovendien ook de perceptie van de 'oorspronkelijke' tekst verandert.

Deze ideeën zijn natuurlijk niet nieuw (dat de betekenis van een tekst de geschiedenis van de interpretaties van deze tekst is, kan bezwaarlijk als een revolutionaire stelling worden gezien), maar de manier waarop Kermode dit rustig maar koppig doorheen zijn hele oeuvre heeft verdedigd, maakt hem tot een heel bijzondere vertegenwoordiger van een literatuuropvatting die een bijna onvindbaar evenwicht zoekt tussen lezer en tekst. Kermode is zeker geen pleitbezorger voor een té sterk doorgedreven *reader-response-criticism* (zoals we dat terugvinden bij de latere Stanley Fish); daarvoor is zijn respect voor de vraag die de tekst aan ons stelt, veel te groot. Evenmin is hij een aanhanger van een platte literatuursociologische kijk op de receptie van literatuur; daarvoor is zijn voorkeur voor de creatieve interpretatie veel te groot. Bovendien, en dit is een interessante nuance bij de algemene opvatting dat elke tekst een lezer nodig heeft, stelt Kermode ook dat interpreteren niet enkel de activiteit van het lezen typeert, maar evenzeer aan de basis ligt van elk schrijven. Interpreteren hoeft niet noodzakelijk de vorm aan te nemen van een nieuwe tekst, maar elke nieuwe tekst kan (en moet, volgens Kermode) beschouwd worden als een poging om de onvolkomenheden van bestaande teksten, dit wil zeggen bestaande interpretaties van teksten, op te vangen en te reduceren, om op die manier opnieuw te komen tot teksten en interpretaties van teksten die bevredigende vormen van zingeving toelaten. Uit het vorige is echter duidelijk gebleken dat dit niet alleen utopisch is, maar ook utopisch moet blijven. Het gevaar van mythologische regressie ligt immers steeds op de loer.

HOTI/HINA

Kermode komt op deze ideeën terug in vrijwel al zijn publicaties. Het meest indrukwekkend en het meest coherent gebeurt dit in *The Genesis of Secrecy*, waar hij zijn opvattingen over verhaaltheorie en interpretatie toetst aan een heel bijzonder corpus, dat van de vier evangelies. De voorliefde van Kermode voor 'sacrale' teksten en het belang dat hij hecht aan de bijbelstudie als typevoorbeeld van een hermeneutische gemeenschap waar interpretaties zowel opgeroepen als tegengewerkt worden, illustreren minder de religieuze inslag van zijn werk – dat eerder dat van een nostalgische agnosticus is – dan wel de cruciale rol die de relatie tussen mythe en fictie in zijn denken speelt. Door de evangelies als uitgangspunt te nemen wil Kermode vooral aantonen hoe een tekst die voor sommige lezers een 'mythische' dimensie bezit, in feite gestructureerd wordt door mechanismen die in niets verschillen van de manier waarop fictie en de interpretatie van fictie tot stand komen. De evangelies zijn immers geen 'oorspronkelijke' werken, maar teksten die in de eerste plaats én de traditie én elkaar herschrijven – dit wil zeggen, interpreteren – en die daarbij een hermeneutische spiraal op gang brengen die per definitie nooit tot een einde kan komen. Het bijzondere aan de evangelies is niet dat het gaat om mythische teksten die bij nader inzien in niets van fictieteksten lijken te verschillen, maar wel dat ze een aantal structuren aan de oppervlakte brengen die een veel universeler inslag hebben dan men op het eerste gezicht zou denken. In de eerste plaats laten de evangelies – of, liever gezegd, de christelijke traditie die door de evangelies wordt verankerd – mooi zien hoe ver interpretatie cultuurhistorisch wel kan gaan. Het is immers via het Nieuwe Testament dat er vorm is gegeven aan het Oude Testament.

Binnen de joodse traditie is een radicale transformatie gerealiseerd waarbij een bestaand corpus een heel nieuw statuut en een heel nieuwe betekenis heeft gekregen; de belangrijkste joodse teksten worden binnen de christelijke traditie gebundeld tot een nieuw geheel (het 'Oude' Testament), dat *en bloc* geduid wordt als een voorafspiegeling van het 'Nieuwe' Testament, het verhaal van Christus als Messias dat – in de termen van *The Sense of an Ending* – het eindpunt van de geschiedenis herijkt en bijgevolg al het voorgaande in dat licht herinterpreteert en betekenis geeft. Kermode, die in *The Genesis of Secrecy* blijk geeft van een grondige kennis van de toenmalige bijbelexegese, toont overtuigend hoe de diverse evangelisten hebben geworsteld met het herinterpreteren van de joodse traditie, en hij onderstreept hierbij systematisch, onder meer via talloze vergelijkingen met hedendaagse teksten, dat deze worsteling in niets verschilt van de manier waarop ook vandaag herinterpreterend wordt herschreven, maar dan in teksten die louter literair, dit wil zeggen fictief, worden gelezen.

Hoogst fascinerend is het belang dat *The Genesis of Secrecy* in de hele discussie rond de opname van de ene cultuur in de andere – want daar gaat het tenslotte om in het geval van de evangelies, die de joodse traditie tot een deel van een nieuw geheel omvormen – toekent aan de rol van de materiële context van literatuur, een dimensie die in de rest van Kermodes werk niet echt aan bod komt. Kermode poneert namelijk dat het herlezen van de joodse traditie als voorspelling van de christelijke onlosmakelijk verbonden is met de overgang van de 'rol' naar de 'codex'. Deze nieuwe boekvorm laat immers toe een lange tekst snel te doorbladeren, zodat kruisverwijzingen mogelijk worden, wat met het vroegere 'rolmodel' veel moeilijker was. Dat het boek als codex ook samengaat met een opvatting over geschiedenis en tijd die is 'afgerond' (na de evangelies komt de *Apocalyps* die de wereldlijke tijd tot een einde brengt), terwijl het boek als rol gebruikt wordt in een traditie waar de komst van de Messias eeuwig op zich laat wachten, kadert binnen een manier van denken over ideologie en schrift die bij Kermode niet altijd even expliciet aanwezig is (misschien omdat de auteur ook hier een afstand wil bewaren, in dit geval tegenover Marshall McLuhan, wiens ideeën door Kermode steeds met enige scepsis zijn benaderd), maar die in latere literatuur- en tekstopvattingen, bijvoorbeeld bij de opkomst van de cybercultuur, zeer populair zullen worden.

Daarnaast zijn de evangelies ook een ideale casus om verder na te denken over wat ook in *The Sense of an Ending* sterk op de voorgrond kwam, namelijk de interpretatiedwang die blijkbaar eigen is aan de mens, althans aan de literair ingestelde mens. In *The Genesis of Secrecy* wordt deze hermeneutische drift gekoppeld aan het bijna universele geloof in het verschil tussen een letterlijke en een figuurlijke betekenis. Wij zijn allemaal gedwongen tot interpretatie, omdat we dit verschil als vanzelfsprekend aannemen en het telkens inzetten zodra de letterlijke betekenis van een tekst ons geen voldoening meer schenkt. Hiermee beweert Kermode evenwel niet dat enkel teksten met een onduidelijke letterlijke betekenis de interpretatiecyclus in gang zetten. Hij gaat in feite veel verder, want voor hem is de letterlijke betekenis van een tekst nooit gegeven of bewaard; de communicatie is immers nooit direct, en elke lezer bevindt zich willens nillens op een afstand van de oorspronkelijke tekst. Bovendien schuift elke tekst van ons weg in de tijd, zodat het steeds moeilijker wordt om de teksten van vroeger op een bevredigende wijze een plaats te geven in ons leven van nu. Om al deze redenen is interpretatie onvermijdelijk; het voorbeeld van de evangelies illustreert treffend dat deze interpretatie gestructureerd en dus onderhouden en versterkt wordt door de splitsing tussen 'binnen' en 'buiten', of nog, op het niveau van de lezers, tussen 'insiders' en 'outsiders'.

De fundamentele bijdrage van *The Genesis of Secrecy* aan dit hele debat, dat op zich natuurlijk niet wereldschokkend nieuw is, heeft te maken met een bijzondere kijk op de relatie tussen een letterlijke en een figuurlijke betekenis, waarvan Kermode stelt dat ze per definitie ambigu is. De lezers zelf, 'insiders' of 'outsiders', raken immers niet wijs uit de vraag waarom er überhaupt iets nodig is als de verborgen betekenis: als datgene wat telt de verborgen betekenis is, waarom dan het risico lopen deze diepere betekenis te verhullen door het gebruik van een letterlijke, misschien verleidelijke maar in elk geval oppervlakkige en bedrieglijke betekenis? Volgens de enen is de figuurlijke betekenis er om outsiders uit te sluiten en hen te vervloeken (Deze positie wordt, naar aanleiding van een bekende discussie uit de bijbelexegese, door Kermode aangeduid met het Griekse voegwoord 'hina', 'opdat'). De scheiding tussen een letterlijke en een figuurlijke betekenis laat dan toe een scheiding te maken tussen enerzijds zij die lezen of horen zonder te begrijpen, en anderzijds zij die niet alleen lezen of horen maar ook begrijpen. Volgens de anderen, en deze visie is rationalistischer dan de eerste, is ze er omdat de figuurlijke betekenis sowieso niet begrepen kan worden door de outsiders, terwijl ze voor de insiders geen probleem oplevert (Deze positie wordt aangeduid met het Griekse voegwoord 'hoti', 'omdat'). De parabel van de Poortwachter uit *Het Proces* van Kafka laat beide visies met elkaar botsen: de 'hina' van de tekst zelf en de rationaliserende 'hoti'-exegese van de priester produceren er op geen enkele manier een synthese die de interpretatieve beweging tot stilstand brengt.

The Genesis of Secrecy radicaliseert ongetwijfeld de standpunten uit *The Sense of an Ending*, maar het boek is allesbehalve iconoclastisch (zelfs al blijft een iconoclastische interpretatie ervan vanzelfsprekend mogelijk). Zo wordt bijvoorbeeld sterk gehamerd op het belang van de canon. Het is immers niet zo, dat om het even welke tekst zich leent tot de hermeneutische strijd waarvan de evangelies de sporen dragen. Enkel en alleen die teksten die binnen een bepaalde traditie van groot belang worden geacht, komen in aanmerking voor de diepgaande herinterpretatie waarvan *The Genesis of Secrecy* ons een aantal voorbeelden geeft. Wanneer hetzelfde hermeneutische geweld wordt losgelaten op teksten van een mindere orde, komt dit in feite neer op een nuloperatie; de andere lezers zullen geen interesse hebben voor de manier waarop onbelangrijk geachte teksten worden herlezen. Of, anders gezegd: het radicaal in vraag stellen van de betekenis van bepaalde teksten kan alleen maar plaatsvinden wanneer een literatuur een bepaalde canon heeft. Daarnaast is elke interpretatie ook nog eens canonbevestigend, niet in de zin dat ze de plaats van teksten binnen de canon voor eeuwig en altijd vastspijkert, wel doordat hermeneutiek zelf de noodzaak van de canon veronderstelt en blijvend herbevestigt. Het afwijzen van de canon – los van de manier waarop die canon gestalte en inhoud krijgt – is dan ook volgens Kermode een contraproductief gegeven. Zonder dit met zoveel woorden te zeggen, laat zijn hele werk uitschijnen dat wij ons niet van de canon moeten bevrijden, maar dat de canon ons integendeel bevrijdt, en wel door de interpretatieve ruimte te scheppen waarbinnen zingeving mogelijk wordt.

Tenslotte herbevestigt *The Genesis of Secrecy* ook de bijzonder voorzichtige positie die Kermode inneemt tegenover de meer radicale vormen van hermeneutiek die in die jaren aan een sterke opmars waren begonnen. In *The Sense of an Ending* richtte de auteur zijn pijlen nog voornamelijk op een literatuuropvatting die naar een recent verleden verwees en door haar directe of indirecte relaties met het fascisme in opspraak was geraakt: het modernisme van vooral Pound en Wyndham Lewis. De speldenprikjes die er links en rechts worden uitgedeeld naar auteurs van die tijd – vooral de beatnicks Jack Kerouac en Allan Ginsberg worden geviseerd – blijven vriendelijk, omdat Kermode deze schrijvers manifest niet ernstig neemt. De historische situatie van *The Genesis of Secrecy* is anders. Kermode voelt duidelijk de hete adem van een veel radicalere tak van de hermeneutiek, met name de deconstructie, waartegen hij zijn eigen literatuurbenadering duidelijk afzet, zonder dat hij evenwel het project van de deconstructie als dusdanig aanvalt; hij beseft ongetwijfeld dat de systematische twijfel die hij verdedigt, best veel directere en exuberantere vormen kan aannemen dan in zijn rustig en vriendelijk proza. Wel laat hij nooit na te beklemtonen dat de deconstructie wat al te makkelijk abstractie maakt van een aantal aspecten die onze interpretatieve gemeenschappen nu eenmaal kenmerken, al was het maar het bestaan van deze gemeenschappen (en van de canons waarrond ze zijn gestructureerd) of onze neiging tot het zoeken naar (en dus het scheppen van) coherentie, een punt dat vanaf de eerste pagina's van *The Sense of an Ending* prominent aanwezig is.

'LE MÉTÈQUE'?

Kermode noemt zichzelf graag een buitenstaander, een eenzaat, een 'non-belonger', een 'outsider', een 'métèque'. Al deze termen moeten natuurlijk met een korreltje zout worden genomen. Toch is het zo dat de auteur voor een deel tussen twee stoelen valt: hij is te postmodern voor de klassieken, te klassiek voor de postmodernen. Kermode is vooral geen polemist. Er is over hem veel gesproken maar relatief weinig geschreven, en wanneer zijn werk in detail tegen het licht wordt gehouden, is zijn eigen eerste reactie steeds zijn opponent gelijk te geven; zijn tussenkomst in de bundel *Adressing Frank Kermode*, waar hij de kans kreeg in te gaan op de soms kritische bedenkingen van een aantal collega's, is zeer typerend voor zijn manier van werken en denken, die een *denken-met* is, nooit een *denken-tegen*.

Ongetwijfeld is hij zelf bij momenten geschrokken van de manier waarop de deconstructie met zijn werk aan de haal is gegaan, om te doen waarvoor hij zelf terugschrok: niet de ambivalentie of de openheid, maar de fundamentele onbeslisbaarheid, zoniet de betekenisloosheid van de tekst naar voren halen. Het is allicht interessant in dit verband enkele van zijn 'leerlingen' te noemen: Stephen Heath, Christopher Norris, Shlomith Rimmon, Christine Brooke-Rose en Jacqueline Rose. Kermodes pleidooi voor het behoud van de canon, zijn voorliefde voor literatuurgeschiedenis, zijn verbluffende maar nooit verpletterende eruditie, zijn afwijzing van jargon en modieuze metaforiek, zijn streven naar leesbaarheid en dialoog met een publiek van niet-specialisten, het zijn allemaal tekens die wijzen in de richting van een positief omgaan met de twijfel. Hij is in die zin misschien wel te vergelijken met een auteur als Stanley Cavell, die eveneens op zoek is naar een niet-naïef doorbreken van een fundamentele scepsis, hier dan minder via de (Europese?) dialoog met het verleden dan via het (Amerikaanse?) inspelen op het gewone, het alledaagse, het eenvoudige.

Kermode twijfelt weliswaar aan de mogelijkheid van de lezer om een afdoende interpretatie te vinden en aan de mogelijkheid van de tekst om een definitieve zingeving voor te stellen, maar geenszins aan de mogelijkheid van het interpreteren zelf, noch aan die tot zingeving door middel van literatuur. De liefdevolle manier waarop hij zo graag Stevens citeert, is het beste bewijs van dit geloof in wat teksten en lezen van teksten ons te bieden hebben. Ook de overtuiging dat de belangrijkste taak van een literatuurprofessor erin bestaat de liefde voor het lezen bij zowel studenten als een breed publiek levend te houden, spreekt in dit opzicht boekdelen ("The Men on the Dump: a Response", p. 103), net als het voorstel om poëzie-onderwijs niet alleen te koppelen aan het lezen maar ook aan het schrijven van teksten (*Not Entitled*, p. 197).

BEKNOPTE BIBLIOGRAFIE

Primaire Literatuur

Romantic Image. London: Routledge and Kegan Paul, 1957.

The Sense of an Ending: Studies in the Theory of Fiction. Oxford: Oxford UP, 1966. (Nieuwe uitgave, met epiloog: 2000.)

Forms of Attention. Chicago: Chicago UP, 1985.

The Genesis of Secrecy: On the interpretation of Narrative. Cambridge: Harvard UP, 1979.

The Uses of Error. London: Collins, 1990.

"The Men on the Dump: A Response", in: Margaret Tudeau-Clayton en Martin Warner (red.). *Addressing Frank Kermode: Essays in Criticism and Interpretation*. Urbana: University of Illinois Press, 1991, pp. 89-106.

Not Entitled. New York: Farrar, Strauss and Giroux, 1995.

Pleasing Myself: From Beowulf to Philip Roth. London/New York: Penguin, 2001.

Pieces of My Mind: Essays and Criticism 1958-2002. New York: Farrar, Straus and Giroux, 2003.

The Age of Shakespeare. New York: Modern Library, 2004.

Secundaire Literatuur

ALTER, Robert. *Pleasure and Change: The Aesthetic Canon / Frank Kermode*. Oxford/New York, Oxford UP, 2004.

FRANK, Joseph. *The Idea of Spatial Form in Literature*. Ithaca: Cornell UP, 1991.

HALL, Donald E. "Interview with J. Hillis Miller", in Donald E. Hall. *Professions: Conversations on the Future of Literary and Cultural Studies*. Urbana: University of Illinois Press, 2000, pp. 224-235.

TUDEAU-CLAYTON, Margaret en Martin WARNER (red). *Addressing Frank Kermode: Essays in Criticism and Interpretation*. Urbana: University of Illinois Press, 1991.

PAUL DE MAN
(1919-1983)

Ortwin DE GRAEF

Bij zijn overlijden in 1983 stond Paul de Man bekend als één van de meest vooraanstaande literatuurtheoretici van de twintigste eeuw. Hij werd mateloos bewonderd voor zijn genadeloze deconstructie van literaire en filosofische teksten als radicaal aberrante constructies die de westerse wereld van waarden en waren tegelijkertijd produceren en uithollen. En hij werd zo mogelijk nog hartstochtelijker verketterd als peetvader van wat dan gladjes de 'deconstructieve maffia' werd genoemd. In de Mans werk werd naar verluidt alles wat voorheen geredelijk schoon, subliem, bevrijdend of waarachtig werd genoemd, herleid tot een steriele machinerie van teksten; zijn 'nihilistische' theorie bedreigde zo tegelijkertijd de grondvesten van de humanistische traditie en de basisprincipes van alle alternatieve emancipatoire projecten. Zijn zogenaamde verbeten reductie van alle zingevende praktijken tot onbeheersbare retorische processen werd door 'links' én 'rechts' verguisd als een moreel verwerpelijke vlucht voor de 'echte' problemen van geschiedenis, politiek, macht en rechtvaardigheid.

De Man zelf dateerde zijn retorische wending rond het eind van de jaren zestig, maar voegde daar meteen ironisch aan toe dat het nog maar de vraag was of deze wending meer was dan een herformulering van zijn "earlier and unresolved obsessions" (*Blindness and Insight*, p. xii). Een sluitend antwoord op die vraag is niet nodig, maar dat zijn eerdere obsessies zijn latere en meest invloedrijke werk doorspookten lijdt geen twijfel. Die obsessies betreffend uiteraard net die 'echte' problemen waarvoor zijn critici hem zagen vluchten, en het is de onbestemdheid waarmee ze in zijn latere werk verschijnen die zowel de bewondering als de afschuw voor zijn nalatenschap goeddeels verklaart.

ANTWERPEN-NEW HAVEN

Paul de Man groeit op in de gegoede en cultuurminnende Antwerpse burgerij. In 1937 begint hij zijn studies voor burgerlijk ingenieur aan de Université Libre de Bruxelles, de daaropvolgende jaren studeert hij met meer succes scheikunde, en in 1940 kiest hij tenslotte voor de sociale wetenschappen. Kort daarop maakt de sluiting van de universiteit een voorlopig eind aan zijn academische opleiding. Gedurende deze periode is de Man actief in de centrum-linkse studentenorganisatie *Le Cercle du Libre Examen*, en in de bladen van deze beweging schrijft hij een paar korte artikelen over literatuur en over de oorlogsdreiging, waarbij hij het Duitse imperialisme veroordeelt maar niettemin pleit voor Belgische neutraliteit. Bij de Duitse inval in mei 1940 tracht hij via Spanje te vluchten, maar die poging mislukt. Na zijn terugkeer belandt hij in de zogenaamde gematigde collaboratie en begint hij een carrière als recensent en cultuurpolitiek journalist. Op Kerstmis 1940 verschijnt het eerste van de bijna 300 artikelen en signalementen die de Man tijdens de eerste oorlogsjaren in door de bezetter gecontroleerde kanalen publiceert. In vergelijking met de collaborerende journalistiek in het algemeen zijn de Mans artikelen erg gematigd, op enkele veelbesproken antisemitische uitspraken na. In de herfst van 1942 stoppen om vooralsnog onduidelijke redenen zijn bijdragen aan de collaborerende dagbladpers, en in maart 1943 komt er ook een eind aan zijn bibliografische bezigheden in de collaborerende boekdistributie.

Over de Mans leven in de rest van de jaren veertig is verder weinig bekend. Tussen onduidelijke commerciële transacties met een uitgeverij van kunstboeken, een handvol vertaalopdrachten (onder meer Melvilles *Moby Dick*), gerechtelijke perikelen en huwelijksproblemen door trekt hij uiteindelijk naar Amerika. Van 1951 tot 1960 studeert hij literatuurwetenschap in Harvard, waar hij promoveert op een proefschrift over Mallarmé en Yeats. Intussen publiceert hij essays, voornamelijk in de Franse tijdschriften *Critique* en *Monde Nouveau*, over Romantische en Symbolistische poëzie en over de crisis van het moderne bewustzijn. In 1960 wordt hij Associate Professor in Cornell University; verder doceert hij nog aan de Johns Hopkins universiteit en in Zürich, tot hij tenslotte in 1970 een vaste aanstelling krijgt in Yale.

Gedurende de jaren zestig blijft de Man in het Frans schrijven, maar hij begint zich ook meer en meer te profileren in de Amerikaanse context. Hij publiceert vooral essays over de canonicale Europese Romantici (Rousseau, Hölderlin, Wordsworth) en over de contemporaine literatuurkritiek, en vat het plan op voor een boek over de twintigste-eeuwse moderniteit en haar symptomatische onbegrip voor het Romantische denken. Dat werk – postuum uitgegeven als *Romanticism and Contemporary Criticism* – blijft echter onvoltooid, al komen fragmenten ervan wel terecht in zijn doorbraakessay "The Rhetoric of Temporality" (1969) en in zijn eerste boek, *Blindness and Insight: Essays in the Rhetoric of Contemporary Criticism* (1971; in de tweede editie in 1983 werd ook "The Rhetoric of Temporality" opgenomen). Het laatste, lange essay in *Blindness and Insight*, eerder een bundel thematisch en methodologisch verwante essays dan een echte monografie, is gewijd aan de Rousseau-lectuur van Jacques Derrida, met wie de Man een hechte vriendschap sluit die een cruciaal hoofdstuk vormt voor de deconstructie in Amerika.

In Yale vindt de Man ook aansluiting bij J. Hillis Miller, Geoffrey Hartman en Harold Bloom. Samen met Derrida publiceren zij de collectieve bundel *Deconstruction and Criticism* (1979), een verzameling die begrijpelijkerwijs maar niettemin wat misleidend ontvangen wordt als het deconstructieve manifesto van de 'Yale School'. Wat precies deze 'school' (en *a fortiori* 'de deconstructie in Amerika') samenhoudt, is hoegenaamd niet duidelijk, maar dat er een krachtige institutionele invloed van uitgaat staat buiten kijf. Die invloed is voor een belangrijk deel te danken aan het werk van de Man, die vanaf de vroege jaren zeventig zijn meest distinctieve werk schrijft. Wanneer hij in 1983 overlijdt, laat de Man een fragmentarisch en bijzonder veelbesproken oeuvre achter, dat enkele jaren later opnieuw in het centrum van literatuurwetenschappelijke en meer algemene polemieken komt te staan naar aanleiding van de ontdekking van zijn journalistieke bedrijvigheid tijdens de bezetting. De Mans werk tijdens de jaren zeventig en tachtig heeft een ongemeen sterke invloed gehad in het veld van de literatuurwetenschap en ook wel daarbuiten, maar de precieze grond van die invloed blijft even omstreden als zijn persoonlijke geschiedenis.

COLLABORATIE ALS CYNISCH REALISME

Een centrale bekommernis in de Mans eerste geschriften is het probleem van de verhouding tussen de potentieel rivaliserende waarheidsaanspraken van de natuurwetenschappen, de sociale wetenschappen en de kunsten (met name de literatuur). Alleen al daarom kunnen deze vroege artikelen niet zonder meer geklasseerd worden als opportunistische jeugdzonden. De Mans aanvankelijke natuurwetenschappelijke scholing is hier een belangrijke factor: hij is duidelijk gefascineerd door de gedachte van een absoluut primaat van de natuurwetenschappelijke waarheid. De kunst en de sociale wetenschappen hebben beide hun bijzondere verdiensten, maar uiteindelijk geldt de natuurwetenschappelijke objectiviteit als waarheidsnorm. Dit heeft verstrekkende gevolgen voor zijn eerste literatuuropvattingen en voor zijn maatschappelijke visie uit die tijd. Kunst is de productie van schoonheid waarvan de eventuele waarheid enkel rechtmatig beoordeeld kan worden door de wetenschappelijk gedisciplineerde criticus; en de maatschappij is een complex bestel van conflicten en (vaak onvoldoende bewuste) actoren waarvan de ware dynamiek enkel door de wetenschappelijke blik ontsloten kan worden. Dit haastige sciëntisme voedt zowel de Mans verzet tegen een ideologiseren van de literatuur (ongeacht vanuit welke hoek) als zijn concrete politieke positiebepalingen. Vóór de Duitse inval verdedigt hij de Belgische neutraliteit als het enige adequate, want niet-ideologische antwoord op een concreet probleem (*Wartime Journalism*, p. 9); na de invasie verdedigt hij de collaboratie om precies dezelfde redenen (*Wartime Journalism*, p. 253). Met een zelfde koelbloedige zelfverzekerdheid veroordeelt hij in 1941 aan de ene kant de antisemitische propaganda die de hele Europese cultuur als verziekt want verjoodst afschildert, maar voegt daar aan de andere kant cynisch aan toe dat, gezien het 'feit' dat de joodse invloed eigenlijk vrij onbetekenend is, Europa er niet erg onder zou leiden wanneer het "problème juif" zou worden opgelost door "la création d'une colonie juive isolée de l'Europe" (*Wartime Journalism*, p. 45).

In de tweede helft van 1942 begint de Man, onder invloed van het werk van Ernst Jünger, een alternatief, vaag-sociologisch perspectief uit te tekenen, maar kort daarop staakt hij zijn journalistieke bezigheden.

De algemene teneur van zijn artikelen en essays uit deze periode blijft dus die van de schijnbaar niet-ideologische ideologie van de harde objectiviteit; een cynisch pragmatisme dat zowel ideologisch enthousiasme als cultuurpessimistisch scepticisme arrogant verwerpt. Vanaf de vroege jaren vijftig begint de Man aan een volgehouden herdenking van die dubbele verwerping in een ongemakkelijke uiteenzetting tussen residueel idealisme en radicale scepsis. Zijn eerste na-oorlogse publicatie, "Montaigne et la transcendance" (1953; nu in *Critical Writings*), stileert Montaigne als de belichaming van een sereen-ironische wijsheid die elk geloof in de maakbaarheid van de wereld ver achter zich heeft gelaten. Daarmee ontstijgt de Mans Montaigne ook aan de literatuur, die zichzelf als esthetische praktijk nog te ernstig neemt.

CRISIS EN POËZIE

De Mans literatuurwetenschappelijke werk in de jaren vijftig is gericht op een begrijpen van de moderne poëzie als een cruciaal symptoom van de meer algemene crisis van de moderniteit. Vervreemd van zichzelf en van zijn leefwereld is de mens in het midden van de twintigste eeuw de trieste belichaming van het ongelukkige bewustzijn zoals Hegel dat anderhalve eeuw eerder in zijn *Phänomenologie des Geistes* beschreef. Gevangen in de contradictie tussen het bewustzijn van de veranderlijkheid van de onafhankelijke objectieve werkelijkheid en het bewustzijn van het eigen zelf als persistente maar irrelevante vrijheid, is het ongelukkige bewustzijn bij Hegel slechts één negatief stadium op weg naar de triomf van de Absolute Geest. Maar in de troosteloze tijd van de twintigste-eeuwse moderniteit is deze komische verhaallijn, die de tragische teneur van Hegels werk overstemt, afgebroken en toont de vervreemding zich radikaal onverteerbaar. De Man, wiens diagnose duidelijk schatplichtig is aan de in die tijd bijzonder invloedrijke Franse Hegel-interpretatie rond Alexandre Kojève en Jean Hyppolite, is minder begaan met de nauwkeurige analyse van die onverteerbare vervreemding dan met de manieren waarop de poëzie deze crisis bemiddelt – of beter: met de manieren waarop de poëzie ingeroepen wordt als respons op de afgrondelijke vertwijfeling van de moderniteit.

Het schema dat hij hierbij hanteert, is vrij eenvoudig. Enerzijds is er een poëzie van het zijn (de substantie, de permanentie), die tracht het verlies van de zingevende zekerheden (God, de menselijke rede, de vooruitgang) te vergeten in een anti-historische overgave aan de Natuur. Anderzijds is er een poëzie van het worden, die zich precies richt op een volledige erkenning van de moeilijke opdracht voor de mens die zijn historische vervreemding moet dragen. De poëtica van het zijn huldigt de ontologische superioriteit van het natuurlijke object en is gericht op de oplossing van het bewustzijn in de natuur. De poëtica van het worden rebelleert tegen die ontologische hiërarchie, zonder evenwel aanspraak te kunnen maken op de zekerheid van een ontologische superioriteit voor het subject zelf. Uiteindelijk gaat het hierbij niet zozeer om twee streng van elkaar gescheiden soorten poëzie, maar om twee benaderingen van een zelfde cultuurcrisis die precies in de poëzie het scherpst tot uitdrukking komt. De reden die de Man hiervoor geeft, is meteen een indicatie van de expliciet taalfilosofische ambitie die zijn werk typeert: het is de taal die de in de vervreemding verloren zekerheden waarnaar het moderne bewustzijn blijvend verlangt, bemiddelt. Daarom ook is het de taal die de onmiddellijke ervaring van die zekerheden uitstelt en zo de vervreemding effectief installeert. Van een bij uitstek talige praktijk als het dichten valt dus geen verlossing uit de vervreemding te verwachten. Toch is dat voor de Man net de reden waarom de poëzie zo nadrukkelijk dienst doet als vertoog van de verlossing. Wanneer, bijvoorbeeld, Heidegger de poëzie van Hölderlin wel lauwert als een reddend spreken waarin een onmiddellijke ervaring van voltooide aanwezigheid plaatsgrijpt, is die foutieve interpretatie volgens de Man precies te wijten aan de intensiteit waarmee Hölderlins taal de verlossing uit de vervreemding voortdurend bemiddelt en net in die bemiddeling eindeloos uitstelt (zie "Les exégèses de Hölderlin par Martin Heidegger", 1956; nu in *Blindness and Insight*).

Overigens is ook de taktiek van deze meta-kritische correctie op Heidegger typerend voor de Mans werk. De argumenten waarmee hij Heidegger tot de orde roept, ontleent hij in eerste instantie aan Heideggers eigen vertoog. Een versie van deze aanpak zal later de aanleiding vormen voor de titel van zijn eerste bundel, *Blindness and Insight*, waarin hij in de lectuur van een aantal contemporaine critici een 'paradoxale discrepantie' aantoont tussen hun algemene methodologische uitspraken en de eigenlijke resultaten van hun interpretaties. De critici zelf blijven blind voor die contradictie; meer nog, hun beste inzichten ontlenen zij aan de algemene vooronderstellingen die door die inzichten ontkracht worden. Volgens de Man is dit patroon "een constitutief kenmerk van de literaire taal in het algemeen" (*Blindness and Insight*, p. ix). In zijn latere werk wordt dit patroon geformaliseerd als tekstuele auto-deconstructie: teksten worden niet gedeconstrueerd door ideeën van buitenaf, maar genereren hun eigen deconstructie. In een kort voor zijn dood afgenomen interview herformuleert hij de schatplichtigheid van zijn eigen leespraktijk aan zelf-deconstructieve teksten als een symptoom van ideeënarmoede: "I do need them very badly, because I never had an idea of my own" (*Resistance to Theory*, p. 118). Het werk dat aan deze ironische dooddoener voorafgaat, getuigt ondertussen wel van de volgehouden ambitie om een uiteindelijk Kantiaanse kritiek van de ideeënarmoede te articuleren.

Een historische poëtica van de post-Romantische conditie

De Man is van bij het begin uitdrukkelijk begaan met meta-kritische vragen over de inzet van de literaire interpretatie. Kop van jut zijn daarbij allerlei vormen van conservatisme die de literatuur inpalmen als sensualistisch tijdverdrijf of als een laatste surrogaat voor onkritische verlossingsideologieën, maar ook progressieve ideologieën als het marxisme, die hij historisch ongeduld aanwrijft. De historische poëtica waarvoor hij pleit, is een kritische discipline, die zich engageert in de tragische dialectiek van het moderne bewustzijn. Dat engagement heeft een uitgesproken politieke ambitie: de Man suggereert zelfs dat de enige manier om werkelijk om te gaan met de malaise van het moderne de historische poëtica is. Het gaat hierbij niet enkel om een conceptie van de poëzie en haar interpretatie als geprivilegieerde historische praktijken, maar ook om de geschiedenis van onze moderniteit als een geschiedenis van haar poëzie. Dit verklaart waarom de Man, die in de jaren vijftig vooral begaan was met de grondige lectuur van Symbolistische auteurs (met name Baudelaire, Mallarmé, Yeats en in mindere mate Stefan George), gaandeweg meer en meer aandacht begint te besteden aan hun Romantische voorgangers. Aanvankelijk dreigt die accentverschuiving ook een verdwijnen van de kritisch-historische inzet van de Mans literatuuropvatting met zich mee te brengen. Gedeeltelijk als reactie op de potentieel steriele obsessie met de onoplosbare aliënatie van het ongelukkige moderne bewustzijn worden de vroege Romantici (min of meer naar het model van de Mans Montaigne) opgehemeld als exponenten van een subliem onthechte, zelfgenoegzame poëtische verbeelding die de crisis van de latere moderniteit ver beneden zich hebben gelaten. In de loop van de jaren zestig wordt die oppervlakkige projectie aanzienlijk verdiept en vooral historisch verrijkt.

Het woord 'Romantiek' wordt vaak gebruikt als een handige kritische verzamelterm voor allerlei te demystifiëren gedweep: wereldvreemde dromerijen in een idyllisch landschap, of gratuïte visioenen over een betere wereld. De Mans opzet in de jaren zestig kan kort samengevat worden als een poging om die demystificatie op haar beurt te demystifiëren. Hieraan lag niet enkel een literatuurwetenschappelijke bekommernis ten grondslag, maar zeer expliciet de overtuiging dat een correct begrip van de Romantiek onontbeerlijk is voor een correct begrip van onze eigen historische conditie. In een reeks diepgaande interpretaties van Romantische auteurs en moderne critici tracht de Man te argumenteren dat de Romantische periode de bloeitijd is van een voorheen nooit geziene, maar in de loop van de negentiende eeuw gaandeweg vergeten, luciditeit met betrekking tot de relatie tussen het zelf en de wereld. In het werk van Rousseau, Hölderlin en Wordsworth – drie auteurs die niet toevallig elk een bijzondere band hebben met de Franse Revolutie – vindt de Man voorbeeldige articulaties van de spanning tussen actie en reflectie die de grond is van elke historische dynamiek. Dit heeft in eerste instantie te maken met een authentieke houding tegenover de temporaliteit in het Romantische denken. Die houding wordt gestuurd door een inzicht dat aan gene zijde van de verlammende dichotomie tussen subject en object ligt. Wat precies de substantiële inhoud van dit inzicht is, valt, aldus de Man, bijzonder moeilijk te articuleren, om de eenvoudige reden dat het om een wijsheid gaat waarvan wij de taal niet langer begrijpen. De oorzaak van dit onbegrip voor de Romantische wijsheid heeft te maken met de door de natuurwetenschappelijke triomfen van onze tijd gemotiveerde mechanisering en objectivering van het wereldbeeld. De enige mogelijke redding ligt dan ook in een verzaken aan dit misplaatste sciëntisme.

Dit verzaken kan concreet vorm krijgen in een ascese van de geest, waarbij zowel de nostalgie naar een sensualistische harmonie als het ongeduldige verlangen naar de verwerkelijking van idealen streng gedisciplineerd worden. De centrale opdracht voor deze oefening in kritische onthechting is de volgehouden interpretatie van de grote werken uit de Romantische literatuur, een interpretatie die zich polemisch afzet tegen wat de Man als het dominante anti-Romantisme van de contemporaine kritiek beschouwt. Tegen het naïeve formalisme en het wetenschappelijke structuralisme brengt hij een radicale ontologische hermeneutiek in stelling, die in laatste instantie enkel de afgrondelijke negativiteit van de menselijke uitlevering aan tijd en eindigheid te lezen geeft. De Man insisteert dat deze lezing van literatuur als bemiddeling van het niets niet nihilistisch is, maar zijn suggestie dat de radicale ontologische ascese een ontontbeerlijk moment is voor het verwerven van een positieve historische betekenis blijft niettemin raadselachtig.

Ook naar het eind van de jaren zestig blijven de Mans strikt interpretatie-theoretische opvattingen uiteindelijk onbevredigend want al te haastig opgenomen in een wat dogmatische negatieve hermeneutiek. Toch vertoont zijn nauwgezette meta-kritische commentaar bij auteurs als René Girard, Claude Levi-Strauss, Maurice Blanchot, Georges Poulet of Ludwig Binswanger al de aanzetten van de idiosyncratische retorisch-theoretische signatuur van zijn latere deconstructies.

De retorische wending

In 1969 publiceert de Man zijn eerste echt invloedrijke essay, "The Rhetoric of Temporality", waarin hij zich vooral concentreert op de relatie tussen symbool, allegorie en ironie in de Romantische poëzie. Een wijdverbreide opvatting wil dat in de Romantiek vooral het symbool gehuldigd werd omdat het de organische eenheid van vorm en inhoud zou bewerkstelligen. Zo zou het symbool fungeren als teken van het diepe verbond tussen mens en natuur. Aan de hand van voorbeelden uit de Europese poëzie tracht de Man, in de voetsporen van denkers als Walter Benjamin, deze opvatting te ontkrachten door aan te tonen dat bij de belangrijkste Romantische dichters het symbool ondergeschikt is aan de meer authentieke taal van de allegorie. In plaats van het naïeve geloof in een organische unie die met het symbool is verbonden, gaat de allegorie uit van een onoverkomelijke scheiding tussen beeld en substantie. Waar het symbool het symptoom is van een misleid verlangen naar een verloren paradijs van onbewuste onschuld, is de allegorie de linguïstische vorm van het authentieke menselijke besef van temporaliteit. Het symbool droomt van een tijdeloze harmonie, de allegorie spreekt de waarheid van duur en eindigheid. De Romantische ironie compliceert de situatie verder door de berusting van de allegorische rede onderuit te halen in een eindeloze ontdubbeling die uitmondt in waanzin. Het is de spanning tussen de naïviteit van het symbool en de onderling in conflict tredende inzichten van het ironische en het allegorische vertoog die, volgens de Man, de dynamiek uitmaakt van de literatuurgeschiedenis (en, bij uitbreiding, van de geschiedenis zonder meer).

Het cruciale moment in de geschiedenis van de Mans denken hier is de vertaling van de voorheen zonder veel omhaal aan de Romantici toegeschreven wijsheid in expliciet linguïstische, retorische termen. De Romantische weerstand tegen het verlammende nihilisme van het sciëntisme én allerlei vormen van apocalyptisch optimisme is verankerd in de weerbarstigheid van de taal zelf. Het in 1971 als slotessay voor *Blindness and Insight* geschreven "The Rhetoric of Blindness", een commentaar op Jacques Derrida's deconstructieve lectuur van Rousseau, verscherpt deze vertaling nog. De Man onderschrijft Derrida's kritiek op de logocentrische metafysica, maar insisteert dat Rousseau precies in zijn taaltheoretische geschriften die kritiek al ver achter zich laat: "There is no need to deconstruct Rousseau" (*Blindness and Insight*, p. 139); wat wèl om deconstructie vraagt zijn de klassieke interpretaties van Rousseau en andere canonicale Romantici. De Mans werk in de volgende jaren is een uitvoering van die nog steeds als historisch geëngageerd project begrepen opdracht, met dien verstande dat net dat historische engagement steeds minder leesbaar wordt.

Onleesbaarheid en onbeslisbaarheid

In de jaren zeventig schrijft de Man een aantal essays over Nietzsche, Rilke en Proust, die in 1979, samen met een half boek over Rousseau, gebundeld worden onder de titel *Allegories of Reading*. In het openingsessay van die bundel, "Semiology and Rhetoric" (1973), één van zijn meer toegankelijke en programmatische teksten, argumenteert hij dat de specificiteit van literatuur bestaat in haar onherleidbare weerstand aan elke vorm van desambiguerende interpretatie. Het waarmerk van literaire taal is de radicale retoriciteit: niet de louter verfraaiende beeldspraak, niet de belerende aansporing, maar de onbeslisbaarheid of aporie die een onoverkomelijk obstakel vormt voor de interpretatie.

Een vaak geciteerd eenvoudig voorbeeld hiervan is het slotvers van William Butler Yeats' "Among School Children", "How can we know the dancer from the dance?" Deze zin betekent ofwel dat er geen onderscheid tussen dans en danser gemaakt kàn worden (de vraag is dan in meer strikte zin een retorische vraag), ofwel dat de spreker in het gedicht wel degelijk en met aandrang wil weten wat precies het onderscheid tussen de twee is. In de context van het gedicht, van Yeats' hele oeuvre, en uiteindelijk dus ook wat betreft de relatie tussen leven en literatuur, is het belangrijk welke van de twee lezingen gekozen wordt. Alleen is er geen enkel doorslaggevend argument om één van de lezingen boven de andere te verkiezen, en is het tegelijk niet mogelijk om de twee interpretaties zomaar naast elkaar te laten staan, omdat de ene de andere rechtstreeks tegenspreekt. Die onbeslisbaarheid leidt tot de onleesbaarheid die voor de Man het kenmerk is van alle sterke literatuur.

De deconstructieve leesoefeningen in *Allegories of Reading* zijn complexe demonstraties van telkens weer anders gestructureerde momenten van onbeslisbaarheid in meer strikt literaire (Prousts *A la recherche du temps perdu*, de poëzie van Rilke, Rousseaus *Julie*) maar ook filosofische (Nietzsches *Geburt der Tragödie*, Rousseaus *Du Contrat social*) teksten. Deze veeleisende essays worden geplaagd én spannend gemaakt door wat de Man zelf heeft omschreven als de bijzondere "nervositeit" die hem het gevoel geeft dat iemand afkeurend over zijn schouder meekijkt wanneer opnieuw blijkt dat een coherente thematische interpretatie eigenlijk gebaseerd is op, en dus ondermijnd wordt door, confligerende retorische patronen. Telkens opnieuw blijkt dat teksten waarin gezocht wordt naar bruikbare en zingevende waarheden over geschiedenis, geloof, politiek, verantwoordelijkheid, liefde en menselijkheid, radicaal gedestabiliseerd worden door aporetische momenten van weerbarstigheid. Dit wekt begrijpelijkerwijs de indruk dat het de Man uiteindelijk om deze retorische aporieën te doen is. Ten dele in respons op deze misvatting pleitte hij in een aantal late, meer informele interventies expliciet voor een nieuwe aandacht voor ethiek en geschiedenis, die gevoed moest worden door de kritisch-linguïstische analyse van de retorische deconstructie. In de laatste jaren van zijn leven werkte hij aan een aantal parallelle projecten die dit ethische en historische engagement meer systematisch zouden articuleren: een reeks essays over contemporaine literatuurwetenschap, een reeks essays over de filosofische geschiedenis van de esthetiek, en een aantal nieuwe interpretaties van Romantische en post-Romantische literaire teksten. Geen van deze projecten raakte voltooid, maar in wat overblijft laten de krachtlijnen van zijn literatuurtheoretische en historische ideologiekritiek zich nog net lezen.

Retoriek en ideologie

In het in 1982 gepubliceerde essay "The Resistance to Theory", later het openingshoofdstuk van de gelijknamige bundel, schetst de Man een korte geschiedenis van het literatuur-theoretische bedrijf en ontwikkelt hij er een verantwoording voor die representatief is voor zijn laatste geschriften. De literatuurtheorie neemt een aanvang wanneer literaire teksten in de eerste plaats benaderd worden als linguïstische constructen, niet als historische of esthetische objecten; met andere woorden, voor de literatuurtheorie primeert de poëtica op de hermeneutiek. Dat betekent uiteraard niet dat de literatuurtheorie geen oog zou hebben voor de historische of esthetische betekenis van literaire teksten. Integendeel, precies een kritisch-linguïstische analyse toont aan hoe die betekenissen worden geproduceerd. Dat impliceert dat de literatuurtheoretische discipline een "powerful and indispensable tool in the unmasking of ideological aberrations" is, waarmee meteen ook het ontstaan van die aberraties kan worden verklaard (*The Resistance to Theory*, p. 11). Wat we 'ideologie' noemen, is immers niets anders dan de verwarring tussen taal en referent, een verwarring die precies door de literatuurtheorie aangetoond èn verklaard kan worden. De Man suggereert hier niet dat ideologie iets is waar we zonder meer buiten kunnen staan, wel dat het goed is te weten hoe het komt dat we er altijd in moeten staan, en dat een dergelijk besef enkel adequaat geformuleerd kan worden in kritisch-linguïstische termen (*The Resistance to Theory*, p. 121).

Een geschikte manier om de ideologische verwarring tussen taal en wereld te analyseren, bestaat erin te kijken hoe de taal betekenissen genereert die een dergelijke verwarring mogelijk maken. Het oerklassieke didactische model dat de Man hiervoor gebruikt, is dat van het trivium. Hierin wordt de taal beschouwd als een uit logica, grammatica en retoriek opgebouwd systeem, dat zo georganiseerd is dat het betrouwbare uitspraken kan produceren over het extra-linguïstische bereik van het quadrivium (de natuurwetenschappen). Opdat dit systeem volledig betrouwbaar zou functioneren, is het noodzakelijk dat de logica absoluut regeert binnen het trivium, wat in het bijzonder betekent dat retorische figuren geen enkel autonome epistemologische kracht mogen hebben. De Man toont aan hoe deze disciplinering van de retoriek een fundamenteel thema is in de geschiedenis van het westerse denken, en vooral hoe ook vandaag nog, en in de literatuurwetenschap zelf (bijvoorbeeld in het werk van Michael Riffaterre, Hans Robert Jauss en Stanley Fish), enorm veel energie wordt besteed aan pogingen om de retoriek aan banden te leggen. Uit de tropologische deconstructies zoals die door de Man en anderen worden uitgewerkt, blijkt echter dat retorische mechanismen wel degelijk betekenissen produceren die niet door de logica worden beheerst.

Het eerder geciteerde moment van retorische onbeslisbaarheid is daarvan een goed voorbeeld. In Yeats' gedicht gaat het precies om een poging de menselijke conditie op een betrouwbare manier te conceptualiseren, maar de geconcentreerde lectuur ervan levert twee volstrekt incompatibele alternatieven op. Een ideologische lectuur van de literaire tekst is in eerste instantie gericht op een ontkennen van die radicale, retorisch gegenereerde dubbelzinnigheid; enkel bij gratie van een dergelijke ontkenning kan de tekst begrepen worden als een zingevende uitspraak over ons bestaan. Dat betekent opnieuw niet dat die ideologische ontkenning van de onbetrouwbaarheid van de taal zomaar geweigerd kan worden. Integendeel, het is de taal zelf die ons constitueert als ideologische subjecten en ons zo de toegang ontzegt tot de boven alle ideologie verheven zuiverheid die het fantasmatische vluchtpunt is van de ideologie zelf. In "Shelley Disfigured" permitteert de Man zich een bijzonder verbeten passage om dit inzicht als de strikt onnavolgbare les van Shelley's laatste en onvoltooide gedicht te lezen:

> *The Triumph of Life* warns us that nothing, whether deed, word, thought, or text, ever happens in relation, positive or negative, to anything that precedes, follows, or exists elsewhere, but only as a random event whose power, like the power of death, is due to the randomness of its occurrence. It also warns us why and how these events then have to be reintegrated in a historical and aesthetic system of recuperation that repeats itself regardless of the exposure of its fallacy. (*The Rhetoric of Romanticism*, p. 122)

In zijn laatste geschriften, postuum gebundeld in *Aesthetic Ideology*, tracht de Man aan te tonen hoe de dominante doofheid voor deze 'waarschuwing' historisch teruggevoerd kan worden tot een slecht begrip van de kritische filosofie van Immanuel Kant, en met name van de categorie van het esthetische in deze traditie.

De esthetische ideologie

Dat de Man bijzondere aandacht vestigt op de filosofie van Kant is, zowel historisch als conceptueel, niet zo verwonderlijk: de receptie van Kants denken is een cruciaal aspect van de Romantiek, de historische periode waar de Man voortdurend naar terugkeerde. Bovendien levert Kants kritische systeem een uitzonderlijk uitnodigend grondplan voor een ideologiekritische analyse van het esthetische. Het belang van het esthetische bij Kant is dat het de categorie is die moet bemiddelen tussen het bereik van de natuur (de fenomenale werkelijkheid) en het bereik van de vrijheid (de zuivere rede). Die bemiddeling is cruciaal opdat er zoiets zou kunnen bestaan als de concrete verwerkelijking van idealen. Kant tracht dit proces op uiteenlopende manieren aan strikte regels te onderwerpen. Die regels zijn in eerste instantie restrictief: onder de dekmantel van het esthetische kan heel wat gevaarlijke naïviteit of geslepenheid schuil gaan, en Kants kritische filosofie wil dergelijke ontsporingen verhinderen. In de Mans idiosyncratische reconstructie is het echter de Kantiaanse kritiek zelf die ontspoort, maar dan niet ten gevolge van een of andere remedieerbare nalatigheid maar precies dankzij de rigoureuze integriteit waarmee

Kants tekst de strikt niet-fenomenaliseerbare singuliere materialiteit van het letterlijke en het historische erkent.

De 'mislukking' van Kants programma heeft wel tot gevolg dat zijn denken wordt uitgeleverd aan allerlei aantrekkelijke vereenvoudigingen die er de ware uitdaging van verhullen. De Mans centrale voorbeeld hiervoor is Friedrich Schiller, die in zijn *Briefe über die Ästhetische Erziehung des Menschen* de Kantiaanse kritiek reduceert tot een weliswaar ontegenzeggelijk goedbedoeld maar niettemin potentieel sinister estheticisme. In een wat haastige conclusie van één van deze essays suggereert de Man zelfs dat Goebbels in dit verband in Schillers voetsporen treedt, een suggestie die zelf aansluit bij Walter Benjamins opmerkingen over het fascisme als esthetisering van het politieke. Uiteindelijk is het de Man hier niet zozeer te doen om een kritiek op Schiller, maar wel om de geschiedenis van de ideologisering van het esthetische in de negentiende en de twintigste eeuw. De Mans opzet is dus een kritiek op wat hij de esthetische ideologie noemt; naast Kant en Schiller besteedde hij in dit verband ook nog uitvoerig aandacht aan Hegel, met name diens linguïstische opvattingen en zijn theorie over het sublieme. Geplande essays over Kierkegaard en Marx, en een meer algemene theoretische omkadering, bleven onvoltooid.

DODE LETTER

De Mans werk laat onbetwistbaar een fragmentarische indruk na, en dat is niet in de eerste plaats aan zijn vrij vroege dood te wijten. Zijn natuurlijke genre is het essay, en zijn karakteristieke opzet is het herlezen van wat aanvankelijk tekstuele vitterijen lijken als virussen waartegen geen enkele ideologie is opgewassen, maar waar geen enkele ideologie evenmin ooit buiten kan. Wat de Man zich in zijn laatste geschriften vooral door Kant laat overleveren, is een inzicht in de radicale vreemdheid van de taal als een systeem dat menselijke geschiedenis sticht door middel van inscripties in dode materie: precies het feit dat die transmissie van menselijke intenties een temporele passage door dode materie vereist, betekent dat de vervreemding van die intenties absoluut constitutief is en het onherleidbare verschil markeert tussen de wetmatigheden van de fenomenale natuur en de verontrustende stuurloosheid van de menselijke conditie die ideologieën genereert die in laatste instantie altijd alleen een eind willen maken aan de ideologische, en dus per definitie onnatuurlijke, logica waar ze het produkt van zijn. Hegels ongelukkige bewustzijn waart voor de Man al rond in Kants kritiek, alleen is het niet langer (of nog niet) ongelukkig maar radikaal materieel, en de Man laat vermoeden dat dat wel degelijk iets uitmaakt. Veel meer dan een vermoeden is dat niet, en dat is meteen ook de veeleisende erfenis van Paul de Man die aan het begin van de eenentwingste eeuw levend (of beter gezegd: radicaal dood) wordt gehouden door leerlingen en lezers als Cathy Caruth, Shoshana Felman, Ernesto Laclau, J. Hillis Miller, Geoffrey Bennington, Judith Butler, Rodolphe Gasché, Carol Jacobs, Jacques Derrida, Rei Terada, Nicholas Royle, Geoffrey Hartman, Neil Hertz, Gayatri Spivak, Avital Ronell en Andrzej Warminski.

Beknopte bibliografie

Primaire bibliografie
Het werk van de Man is vrijwel volledig terug te vinden in de hierna vermelde bundels. Voor het vroegere werk gaat het hier vaak om al dan niet door de Man zelf gemaakte vertalingen van oorspronkelijke Franse of Duitse essays. Voor meer details hierover, zie de uitgebreide bibliografie in de bundel *The Resistance to Theory.*

Blindness and Insight: Essays in the Rhetoric of Contemporary Criticism. Minneapolis: University of Minnesota Press, 1971. Tweede, vermeerderde druk, 1983.

Allegories of Reading: Figural Language in Rousseau, Nietzsche, Rilke and Proust. New Haven: Yale UP, 1979.

The Rhetoric of Romanticism. New York: Columbia UP, 1984.

The Resistance to Theory. Wlad Godzich (red.). Minneapolis: University of Minnesota Press, 1986.

Wartime Journalism, 1939-1943. Werner Hamacher, Neil Hertz en Thomas Keenan (red.). Lincoln: University of Nebraska Press, 1988.

Critical Writings, 1953-1978. Lindsay Waters (red.). Minneapolis: University of Minnesota Press, 1989.

Romanticism and Contemporary Criticism: The Gauss Seminar and Other Papers. E.S. Burt, Kevin Newmark en Andrzej Warminski (red.). Baltimore: Johns Hopkins UP, 1993.

Aesthetic Ideology. Andrzej Warminski (red.). Minneapolis: University of Minnesota Press, 1996.

Secundaire bibliografie

COHEN, Tom et al (red.). *Material Events: Paul de Man and the Afterlife of Theory*. Minneapolis: University of Minnesota Press, 2001.

DE GRAEF, Ortwin. *Serenity in Crisis: A Preface to Paul de Man, 1939-1960*. Lincoln: University of Nebraska Press, 1993.

—. *Titanic Light: Paul de Man's Post-Romanticism, 1960-1969*. Lincoln: University of Nebraska Press, 1995.

GASCHE, Rodolphe. *The Wild Card of Reading: On Paul de Man*. Cambridge: Harvard UP, 1998.

HAMACHER, Werner. "LECTIO: de Man's Imperative", in: Lindsay Waters en Wlad Godzich (red.). *Reading de Man Reading*. Minneapolis: University of Minnesota Press, 1989, pp. 171-202.

—, Neil HERTZ en Thomas KEENAN (red.). *Responses: On Paul de Man's Wartime Journalism*. Lincoln: University of Nebraska Press, 1989.

MCQUILLAN, Martin. *Paul de Man*. London: Routledge, 2001.

Een eerdere versie van dit artikel verscheen in *Kritisch Denkerslexicon* (1997), pp. 1-16.

SHOSHANA FELMAN
(1942-)

Gina BLANKHAERT

Shoshana Felman werd geboren in Frankrijk op 29 januari 1942. Haar Bachelor en Master's degree in Franse literatuur behaalt ze aan de universiteit van Jeruzalem. De universiteiten van Genève en Grenoble bieden haar vervolgens een overheidsbeurs aan voor het maken van haar dissertatie, *La folie dans l'oeuvre romanesque de Stendhal* (1971). Haar studiedomein vertrekt vanuit de Franse literatuur, maar Felman profileert zich al snel als één van de vooraanstaande figuren die zich verdiepen in het raakvlak tussen literatuur, psychoanalyse, filosofie en linguïstiek. In het begin van de jaren zeventig speelt Shoshana Felman een sleutelrol in de groeiende openheid van het Amerikaanse theoretische vertoog voor het Franse theoretisch-kritische gedachtegoed. Daardoor komt vooral de werking van het leesproces onder een ander daglicht te staan, niet enkel door het openbreken van de geografische grenzen, maar vooral ook door een interdisciplinaire bevruchting. Door het voortdurend verleggen van haar onderzoeksgrenzen beschouwt Felman teksten niet langer als het individuele voorrecht van de lezer of schrijver, maar worden ze benaderd als het – actieve – product van een veel bredere context.

Haar academische carrière begint in 1970 aan het departement van Franse en Vergelijkende Literatuur aan de universiteit van Yale. Aanvankelijk werkt ze verder over de waanzin in literatuur, hoofdzakelijk vanuit een filosofische benadering. Vanuit haar vertrouwdheid met het Franse domein laat Felman zich – net als andere feministische critici, zoals Jane Gallop, Gayatri Spivak en Mary Jacobus – inspireren door de Franse literair-filosofische modellen. Hierbij legt ze een relatie tussen het Franse psychoanalytische poststructuralisme en het (Anglo-)Amerikaanse feminisme. De poststructuralistische psychoanalytische theorie, waartoe vooral Lacan behoort, benadrukt het belang van taal boven betekenis. Betekenis bestaat volgens Lacan nooit op zich, maar komt slechts tot stand via de taal. In het spoor van Lacan zal Felman het literaire vertoog trachten te interpreteren door de nadruk te leggen op de actieve werking ervan. Felmans feministische literaire kritiek richt zich vooral op het onderzoeken van de connecties tussen tekstualiteit, taal, genderbepaalde subjectiviteit en psychoanalyse. Centraal in haar onderzoek staat het effect dat taal heeft op "the act of reading/writing", benaderd vanuit filosofie, psychoanalyse en wat tegenwoordig aangeduid wordt met de term 'genderstudies'.

In de jaren negentig van de twintigste eeuw zal Felman haar interesse in het narratieve vertoog en de relatie tussen psychoanalyse en literatuur uitdiepen door een reflectie over historische getuigenissen en processen in literaire teksten, waarbij ze vooral de Holocaust in het vizier neemt. In deze teksten wil Felman de nadruk leggen op de betrokkenheid van lezer en schrijver bij een getuigenis. "The act of reading/writing", centraal in haar vroegere werk, wordt hier geherformuleerd als "the act of testifying".

Waanzin en de (lees)act

In één van haar eerste werken, *La folie et la chose littéraire* (1978), tracht Felman de waanzin op een nieuwe manier te benaderen om tot een dynamische interpretatie van literaire teksten te komen, een interpretatie die de lezer actief bij het lees*proces* betrekt. Felman wijst erop dat men in de gangbare kritiek massaal de betekenis van waanzin trachtte te achterhalen, meer nog, dat het een soort van gemeenplaats was geworden van verschillende disciplines die een vertoog over de waanzin wilden opbouwen. Volgens Felman distantieert een dergelijk vertoog zich evenwel van zijn eigen onderwerp, omdat het zichzelf volledig aan de kant van de rede plaatst. Ze merkt op dat een vertoog over de waanzin niet meer kan weten of het zich dan wel binnen of buiten de waanzin bevindt; bijgevolg wordt het geconfronteerd met een "bouleversement actuel du statut même du savoir" (*La folie et la chose littéraire*, p. 12). Daarnaast wijst Felman op het feit dat het mogelijke aandeel van literatuur binnen het onderzoeksdomein van de waanzin nauwelijks bestudeerd wordt. Deze minderwaardige positie binnen het vertoog over waanzin duidt Felman aan met "la chose littéraire", waarmee ze tegelijk ook verwijst naar het grenzeloze en ongrijpbare dat eigen is aan literatuur:

> On entend trop souvent aujourd'hui que la littérature est chose périmée, qu'on ne veut plus en entendre parler. On peut encore, à la rigueur, parler de "texte", "d'écriture" – pas de littérature. De même qu'on enferme les fous et qu'on a enfermé la folie à l'intérieur des limites réductrices du concept de "maladie mentale", on veut enfermer la littérature à l'intérieur des limites réductrices du concept esthétisant de "belles-lettres", issu du libéralisme bourgeois; [...] Alors qu'au moyen de la littérature la folie est, en quelque sorte, entrée à l'ordre du jour, tout se passe comme si la littérature en était bien au contraire sortie. (*La folie et la chose littéraire*, p. 14)

Zo stelt Felman dat de kritiek die de waanzin aan de oppervlakte wil brengen tegelijkertijd de literatuur verdringt, die volgens haar nochtans een belangrijk kanaal is geweest in de geschiedenis waardoor waanzin zich kon uiten. Ze legt dan ook de nadruk op het obscure maar constitutieve verband tussen waanzin en literatuur en op de vruchtbare synergie tussen beide. Daarom wil ze het literaire veld openen voor de kwestie van waanzin, voor zover die actief inwerkt op het leesproces. Felman richt zich dus op de functie van waanzin in de literatuur, op de vraag wat waanzin *doet* en niet op wat ze is. Door op een andere manier naar waanzin in literatuur te 'luisteren' – door haar niet vanop een afstand te bestuderen, maar ze integendeel actief in het leesproces te betrekken – tracht Felman te komen tot nieuwe manieren van lezen en tot een beter begrip van het 'literaire ding'.

Op een eerste niveau zoekt ze naar een thematisering van het vertoog *over* de waanzin in filosofische en psychoanalytische teksten van onder andere Foucault, Derrida en Lacan. Deze 'retoriek van de waanzin' tracht de waanzin te kenmerken door haar, doorheen de werking van een tekst, te vatten in een betekenis. Op een tweede niveau echter, dat door Felman wordt omschreven als 'de waanzin van de retoriek', kenmerkt de waanzin zich net door een onbedwingbaar taalspel dat elke mogelijke betekenis in twijfel trekt. Het vertoog van de waanzin bestudeert Felman zowel in proza (Flaubert, James) als in poëzie (Nerval, Rimbaud). In deze teksten praat de waanzin zonder dat er een subject bij betrokken is, zonder spreker als het ware, en neemt daardoor net afstand van het tekstuele. Ondanks de evidente contradictie tussen beide niveaus, komen volgens Felman de retoriek van de waanzin en de waanzin van de retoriek elkaar ergens tegen:

> C'est entre leur rhétorique littéraire de la folie et la folie même de leur rhétorique littéraire que ces textes, en parlant de folie, font acte de folie, font acte, justement, de la rencontre entre "parler de la folie" et la "folie qui parle". (*La folie et la chose littéraire,* p. 348)

De teksten die Felman bestudeert, getuigen van waanzin, maar kunnen geen eenduidig en eenvoudig antwoord geven op de vraag wat ze betekent. De waanzin wordt in laatste instantie dan ook gedefinieerd als een weerstand tegen de act van het interpreteren.

Na de literaire belichting van waanzin stelt Felman zich vervolgens de vraag of de waanzin ons ook kan inlichten over het literaire ding. Door literatuur doorheen de waanzin te bestuderen, wil ze de onherleidbare unieke toepassing die eigen is aan elke tekst blootleggen. Hoe meer een tekst gekenmerkt wordt door "la folie", hoe meer hij, volgens Felman, zich zal verzetten tegen een interpretatie. De leesact beweegt zich ritmisch tussen een te veel en een te weinig aan betekenis:

> Toute lecture est un récit rythmé par la rhétorique de ce qu'elle manque à dire sur son rapport au texte et à la folie du texte. (*La folie et la chose littéraire,* p. 350)

Felman benadrukt dus dat taaluitingen een act vervullen doorheen het proces zelf van hun uitdrukking. In *Le scandale du corps parlant* (1980) gaat ze verder in op deze actieve rol die taaluitingen kunnen vervullen. Daarvoor doet ze een beroep op de theorieën van J. L. Austin, de Britse taalfilosoof die de aanzet heeft gegeven tot het onderzoek over taalhandelingen en de term 'performatief taalgebruik' introduceerde. Taaluitingen kunnen beschrijvend zijn, een stand van zaken rapporteren en als dusdanig informatief zijn. Performatieve taaluitingen hebben niet als doel te informeren of te beschrijven, ze stellen een act door het proces zelf van hun uitdrukking, bijvoorbeeld de uitspraak van een fatwa. Performatieve taalhandelingen ontsnappen aan het cognitieve waar/onwaar-criterium, ze zijn gelukt of mislukt.

In *Les machines analytiques* (1980) wijst Felman op het problematische verband tussen zeggen en doen, tussen taal en act. Dit verband wordt aangegeven door het paradoxale concept van de 'analytische machine'. Een machine is bij uitstel uitvoerend, ze functioneert zonder eigen kennis, terwijl het analytische juist gebaseerd is op een weten. Felman tracht deze paradox te denken door de theorie van Austin te combineren met psychoanalyse. Zowel Austin als de psychoanalyse stellen immers het verband tussen taal en handeling (of act) in vraag, beiden bestuderen de menselijke act als effect van de taal. Austin onderzoekt rechtstreeks de handeling van een taaluiting – de *speech act* –, de psychoanalyse bestudeert in fenomenen als de overdracht (de specifieke relatie tussen de analysant en analyticus) de overgang van het woord op zich naar de act. Deze laatste wordt dan gezien als raadselachtige productie van het sprekende lichaam. Voor Felman maakt dat het sprekende lichaam tot een schandaal, want net zoals de analytische machine kan het niet weten wat het doet en wordt het bewustzijn en de kennis van de taal ondermijnd.

De waanzin van het interpreteren

Literature and Psychoanalysis: the question of reading otherwise (1977), een themanummer van *Yale French Studies*, bundelt een aantal essays – waarvan twee van Felman – die kaderen in de op dat moment opkomende Amerikaanse interesse voor nieuwe interpretatiemogelijkheden uit Frankrijk. De bundel wordt daarom dikwijls gezien als een katalysator voor de opkomende psychoanalytische literatuurkritiek vanuit Lacaniaans perspectief. Samen met vele anderen, die de intersectie van psychoanalytische praktijk en literaire theorie exploreren (onder andere Jacques Lacan, Daniel Sibony, Gayatri Spivak, Peter Brooks, Philippe Sollers en Barbara Johnson), tracht Felman de relatie tussen literatuur en psychoanalyse opnieuw te bekijken om vervolgens op zoek te gaan naar een andere benadering om teksten te lezen. Ze wil een antwoord zoeken op de vraag wat 'anders lezen' betekent, vermits elke discursieve act gekenmerkt wordt door een radicale alteriteit. De vier grote hoofdstukken van het nummer behandelen de praktijk van het lezen en schrijven in relatie tot literatuur en psychoanalyse en de status van de verschillende vertogen (theoretisch-filosofisch, psychoanalytisch en literair).

In het openingsessay, "To Open the Question", schetst Felman een alternatieve visie op de relatie tussen literatuur en psychoanalyse.

Grammaticaal gezien drukt de "en" tussen beide termen een nevenschikking uit, maar gewoonlijk wordt diezelfde "en" geïnterpreteerd als het teken van een onderschikking. Zo komt men tot een relatie waar literatuur, een "body of language", onderworpen wordt aan de autoriteit van de psychoanalyse die als een "body of knowledge" wordt gezien vanwege haar bekwaamheid tot interpreteren. Psychoanalyse krijgt aldus de rol van subject, literatuur die van object. Voor literatuurcritici is deze voorstelling van de relatie in zekere zin onterecht omdat bij het psychoanalytisch lezen van teksten de literaire specificiteit dikwijls over het hoofd wordt gezien. "The Question of Reading Otherwise" pleit voor een omkering van dit perspectief en wil de relatie tussen psychoanalyse en literatuur ook vanuit literaire hoek bekijken. Bedoeling is de oude structuur te doorbreken met als resultaat een deconstructie van de bestaande relatie tussen literatuur en psychoanalyse in haar geheel. Zoals psychoanalyse peilt naar het onbewuste van literatuur – naar wat het verhaal betekent –, zo zal literatuur, op haar beurt, peilen naar het onbewuste van de psychoanalyse. Door de relatie tussen psychoanalyse en literatuur te bekijken vanuit literair perspectief, wordt ook de traditionele methode om psychoanalyse toe te passen op literatuur in vraag gesteld. De rol van diegene die interpreteert, zal er niet meer in bestaan een verworven wetenschap rechtlijnig toe te passen op een tekst. "Application" of toepassing wordt vervangen door "implication" of betrokkenheid waarbij analytische vragen de literaire vragen zullen ondersteunen. Psychoanalyse zal nog altijd betrokken worden bij de literaire analyse, maar de ontmoeting is een soort 'go-between' tussen literatuur en psychoanalyse. De relatie tussen literatuur en psychoanalyse mag dus niet zomaar als een vanzelfsprekend of vaststaand gegeven worden gezien. Het is van belang na te denken over de tekstuele en theoretische ontmoeting tussen literatuur en psychoanalyse, niet als een antwoord maar als een vraag, met al haar mogelijkheden maar ook beperkingen.

Met haar tweede essay, "Turning the Screw of Interpretation", werkt Felman "The question of reading otherwise" uit aan de hand van een klassiek verhaal van Henry James, *The Turn of the Screw.* Ze neemt duidelijk afstand van de klassieke Freudiaanse lezing van Edmund Wilson, voor wie het verhaal van James louter een psychoanalytische studie – "a madness-story" – is waarop men de Freudiaanse terminologie expliciet kan toepassen. Felman legt in haar Lacaniaanse lezing de nadruk op de betrokkenheid van de lezer bij de tekst, waardoor de lezer bevangen wordt door een onverwachte en verglijdende keten van betekenisdragers. Deze betrokkenheid tussen lezer en tekst wordt omschreven als een "uncanny reading effect" (*Literature and Psychoanalysis,* p. 94). Zo beschrijft Felman het bevreemdende gevoel van de lezer, die gedwongen wordt om deel te nemen aan het 'schandaal', dat niet zozeer in de tekst, maar veeleer in onze relatie met de tekst zit:

> [...] what is outrageous in the text, is not simply that of *which* the text is speaking, but that which makes it speak *to us.* (*Literature and Psychoanalysis,* p. 97)

Psychoanalyse moet voor Felman niet dienen om de lezer pasklare antwoorden te geven, om te zeggen wat de tekst 'werkelijk' betekent. Bij het telkens opnieuw herlezen komen er steeds 'andere' betekenissen naar voren. 'Een tekst lezen' duidt voor Felman dus niet zozeer op het oplossen van het mysterie, als wel op het nagaan van de structuur. Eerder dan de ambiguïteit van de tekst te expliciteren, wil ze de noodzaak en het retorisch functioneren ervan begrijpen. De onderliggende vraag is dus niet: wat betekent het verhaal, maar wel hoe betekent het?

Het is de interpretatie-act die literatuur met psychoanalyse verbindt omdat beide de overdracht in werking stellen. In de psychoanalyse bestaat deze overdracht uit een activering van vroegere gevoelens van de analysant door een projectie ervan op de analyticus. In de literatuur vertrekt de lezer vanuit de positie van analyticus die analytische controle heeft of wil hebben over de tekst, maar hij eindigt als een analysant, bij wie de trauma's uit het verleden geactiveerd worden omdat hij bevangen wordt door overdrachtsstructuren van het verhaal doorheen een keten van betekenaars. Het leeseffect zorgt ervoor dat fictie de lezer meesterlijk in zijn greep heeft.

Door de Lacaniaanse invulling van de overdracht komt Felman tot een psychoanalytische lees*praktijk* waarbij de autoriteit van psychoanalyse over literatuur niet meer als vanzelfsprekend wordt gevonden. Bovendien wordt de scheiding tekst-metatekst opgeheven door te wijzen op het vermogen van psychoanalyse om zelf retorisch en tekstueel te zijn. De psychoanalytische demystificatie van de tekst eindigt dan terug in een literaire mystificatie. Paradoxaal genoeg, is het de mystificatie van de tekst die demystifieert terwijl de demystificatie eindigt in mystificatie, een paradox die Felman verwoordt als "the madness of interpretation" (*Literature and Psychoanalysis*, p. 185).

Naar aanleiding van deze analyse van *The Turn of the Screw* van Felman formuleert Elizabeth Wright enkele bijkomende opmerkingen in *Psychoanalytic Criticism. Theory in Practice*. Wright stelt dat Felman de hiërarchische structuur van tekst over psychoanalyse uit elkaar trekt en daarbij zelf niet merkt dat ze de rangorde vervangt door een nieuwe hiërarchie, namelijk die van tekst over psyche. De tekst wordt door Felman namelijk gezien als een subject dat verondersteld wordt te weten, als de plaats waar betekenis, en de kennis ervan zich bevinden. Of zoals Wright het uitdrukt: "The text lies in wait, ready to occupy the subject." (*Psychoanalytic Criticism,* p. 132).

Lacaniaanse analyse van de act

In de jaren tachtig van de vorige eeuw wijst Felman op de tendens binnen de Lacaniaanse psychoanalyse om te komen tot een Lacaniaanse praktijk die zich actief engageert binnen het postmoderne denken. In haar boek *Jacques Lacan and the Adventure of Insight: Psychoanalysis in Contemporary Culture* (1987) tracht ze niet zozeer verder te bouwen op de theorie van Lacan als wel om zijn verworven inzichten beter te begrijpen en ze vervolgens uit te leggen. Het boek wordt door sommigen beschreven als zijnde het beste boek over Lacan in het Engels. Felman maakt het moeilijke Lacaniaanse proza toegankelijker door de theorie te verhelderen zonder te raken aan haar filosofische complexiteit. Ze wil Lacan exploreren in zijn eigen termen door zo diep mogelijk in zijn referentiekader te treden – zonder daarbij dat kader te willen zien als het enige waardevolle en legitieme – en door de bruikbaarheid en de creativiteit die er inherent aan zijn, na te gaan. De Lacaniaanse psychoanalyse wordt door Felman dus niet voorgesteld als een dogma maar als een voortdurend zelfkritisch ontdekkingsproces. Door Lacan is ook zijzelf tot bepaalde inzichten gekomen die haar leven en werk veranderd hebben:

> I will attempt to share here with the reader the lived experience of a discovery: of the discovery that psychoanalysis has opened up for me through my encounter with Lacan's work. I propose to explore, in the

pages that will follow, at once the insights that I have obtained from working with Lacan's text and the way those insights have made a difference in my own relation both to life and to my work. (*Jacques Lacan and the Adventure of Insight*, p. 4)

Toch gaat het boek misschien minder over Lacan dan over een hedendaagse manier van lezen die mogelijk werd door zijn psychoanalytische visie. Door te werken met teksten van Lacan, die geprobeerd heeft om de psychoanalyse van Freud te herdenken tegen de achtergrond van andere recentere theorieën, wil Felman vanuit het domein van de literatuur nader ingaan op de culturele vruchtbaarheid van psychoanalyse. Ze beschrijft eerst en vooral hoe psychoanalyse een revolutie teweegbrengt in het lezen en wat de impact is van die revolutie op het huidige begrip van leesact.

In "Renewing the Practice of Reading, or Freud's Unprecedented Lesson" staan de aard en de werking van het interpreteren in psychoanalyse centraal, om vervolgens tot een andere manier van lezen te komen. Een interpretatie in een analyse speelt zich namelijk zowel aan de kant van de analyticus als aan de kant van de analysant af. Als dit model toegepast wordt op het leesproces, dan wordt literatuur de metafoor voor de analysant waarbij de lezer-analyticus niet alleen de tekst analyseert, maar ook zichzelf. Omwille van de nodige reflectie die gepaard gaat met het leesproces – literaire teksten zijn noch transparant in hun betekenis, noch objectief – zullen twee lezers nooit dezelfde tekst lezen en zal geen enkele lezer dezelfde tekst een tweede maal op dezelfde manier lezen. De act van het lezen eist volledige participatie aan de tekstuele ambiguïteit.

Het tweede hoofdstuk baseert zich op Lacans beroemde seminarie over Edgar Allan Poe's "The Purloined Letter". Lacaniaanse interpretaties van dit kortverhaal worden vergeleken met bekende Freudiaanse interpretaties. Lacans analyse van de betekenisdrager leidt tot een radicaal vernieuwend inzicht: wat kan gelezen worden (en misschien gelezen zou moeten worden) is niet enkel betekenis maar een tekort aan betekenis. De originaliteit van Lacans psychoanalytische methode met betrekking tot het leesproces ligt in de manipulatie van de betekenisdrager, in "its manipulation of unconscious symbolic effects through its exclusive use of language" (*Jacques Lacan and the Adventure of Insight*, p. 58). Het kritische vertoog rond

Poe biedt ook een les in psychoanalyse, want beide bestaan slechts in zoverre ze weerstand bieden aan het lezen. Zoals "The Purloined Letter" moet psychoanalyse dus ook steeds opnieuw ontdekt worden. Door te werken met Poe's verhaal, demonstreert Lacan hoe de doeltreffendheid van de lezer-analyticus niet voortkomt uit de superioriteit van zijn/haar kennis of perceptie van de realiteit. Ook de lezer-analyticus moet op zijn beurt onderwezen worden door het onbewuste van de tekst-analysant. Deze situatie toont aan dat het onmogelijk is om kennis in relatie te brengen met een autoritair vertoon van meesterschap. Op die manier wordt getracht om in een analyse te komen tot een punt van onwetendheid waar beide partijen erkennen dat niemand weet.

Deze analyse heeft, toegepast op onderwijssituaties, verreikende gevolgen, die in een later hoofdstuk verder uitgewerkt worden. Felman ziet de relatie leraar-student in termen van overdracht – het onbewuste van de student doet een beroep op de leraar – en tegenoverdracht – de reacties van de leraar op die overdracht. Leraar en student komen echter in een overdrachtsconflict als ze, zoals hierboven beschreven, erkennen dat niemand weet, wat gepaard gaat met gevoelens van frustratie en ontgoocheling. We kunnen dus niet zonder de illusie dat er een subject is dat wordt verondersteld te weten, want zonder overdracht is er geen analyse en zonder de motiverende illusie van een subject verondersteld te weten kan er geen onderwijs zijn. Voor Felman is psychoanalyse een pedagogisch proces waarbij de analysant verwacht dat de analyticus het subject is dat verondersteld wordt te weten, de imaginaire container van alles wat met het leed van de analysant te maken heeft. Het feministische belang van deze analyse ligt in het feit dat het ons mogelijk maakt de fallocentrische en autoritaire manier van lesgeven te deconstrueren, terwijl Felman anderzijds waarschuwt tegen een totaal afwijzen van patriarchale modellen van onderwijs, door aan vrouwen de traditionele rol toe te kennen van 'subject dat verondersteld wordt te weten'. Zowel in het onderwijs als in de analyse ontstaat er een situatie waarbij beide participanten de illusie van een 'subject dat verondersteld wordt te weten' tegelijk zouden moeten construeren en deconstrueren.

Felman benadrukt dat de originaliteit van Lacan schuilt in een terugkeer naar Freud die opnieuw 'gelezen' moet worden:

> It is a return to Freud untranslated as a symptom of the essential untranslatability of his subject matter. (*Jacques Lacan and the Adventure of Insight*, p. 54)

Het gaat hier dus niet om een eenvoudige terugkeer in de tijd of naar de originele teksten van Freud, maar veeleer om een terugkeer waarbij Lacan werkt met Freud als met een vreemde taal die vertaald moet worden. Het is een terugkeer naar het onbewuste zowel in, als van, Freuds teksten. Uitgaande van Freuds Copernicaanse revolutie, die niet langer het bewuste bij de mens centraal stelt maar wel het onbewuste, zal Lacan deze Freudiaanse decentralisatie radicaliseren door de nadruk te leggen op de ambigue relatie tussen het bewuste en het onbewuste.

De act van de vrouw

In 1981 werkt Felman mee een speciale uitgave van *Yale French Studies*, getiteld *Feminist Readings: French texts/American contexts*. De redactie, een aantal Amerikaanse feministes waaronder Hirsch, Spivak en Schor, bundelt kritische essays om een coherent beeld te geven van hun feministische kennis opgedaan in het veld van Franse studies. Enkele van de belangrijkste feministische critici uit de jaren zeventig en tachtig van de twintigste eeuw, zoals Kristeva, Cixous en Irigaray in Frankrijk; Showalter, Spivak, Gilbert and Gubar, Hirsch en Felman in Amerika; en Coward, Mitchell en Jacobus in Engeland, werden allemaal geïnspireerd door de psychoanalyse, zij het op verschillende manieren. Het engagement van Felman binnen de feministische kritiek sluit nauw aan bij haar psychoanalytische ideeëngoed, omdat zowel de psychoanalytische als de feministische kritiek het accent legt op het ontmantelen van theoretische structuren en op de manier waarop teksten ideologische constructies vormen.

> Feminism, then, far from bringing to literary criticism the assurance of a unified ideology, introduces, on the contrary, a different deconstructive twist into existing critical approaches: it adds new force to the recognition that reading is always rereading. Feminist critics experience to a high degree the difficulty of maintaining the rigorous discipline of acquired methodologies while confronting the risks of indefinitely reopening questions. (*Rereading Femininity*, p. 13)

Naar analogie met Lacan, die zich bezighield met het 'herlezen' van de Freudiaanse psychoanalyse, herleest Felman in haar essay "Rereading Femininity" (1981) de vrouwelijkheid in *La Fille aux yeux d'or* van Balzac.

De Freudiaanse psychoanalytische constructie van vrouwelijkheid houdt namelijk geen rekening met de hedendaagse culturele veranderingen, noch met veranderingen in de vrouwelijke seksualiteit. Het mannelijk vertoog werkt onderdrukkend ten opzichte van vrouwelijkheid. In haar opzet om vrouwelijkheid te herlezen, vindt Felman interessante uitgangspunten in de psychoanalytische kritiek om, in tegenstelling tot Freud, vrouwelijkheid niet te interpreteren vanuit een mannelijk standpunt, maar om een antwoord te zoeken op de vraag wat vrouwelijkheid betekent voor vrouwen. Psychoanalyse zorgt immers niet enkel voor een constructie van vrouwelijkheid doorheen taal maar biedt ook een lezing van het vrouwelijke dat niet volledig geworteld is in de sociale constructie van vrouwelijkheid, noch in de biologische constructie, maar wel in taal en subjectiviteit.

> Freud, indeed, in spite of his otherwise radical approach, still articulates "the riddle of femininity" in typical nineteenth-century terms. His question: "what is femininity?" in reality asks: "what is femininity – *for men*?" My simple (female) reiteration of Freud's question – with the rhetorical effect of the public's laughter – has somewhat redefined the "riddle" and implied a slightly different question: what does the question "what is femininity – *for men*?" mean *for women*? (*Rereading Femininity*, p. 21)

Een antwoord op deze vraag zal Felman trachten te vinden in haar artikel "Woman and Madness: The Critical Phallacy", dat later is opgenomen als een hoofdstuk in *What Does a Woman Want. Reading and Sexual Difference* (1993). In dit artikel profileert ze zich als een critica die feministische, psychoanalytische en deconstructieve theorieën op een provocerende manier gebruikt door de nadruk te leggen op de problematiek van twee centrale en verstrengelde binaire opposities die werkzaam zijn doorheen het westerse filosofische denken: man/vrouw en waanzin/rede.

Deze problematiek wordt benaderd vanuit twee contemporaine deconstructies van het westerse theoretische vertoog, met name *Women and Madness* (1972) van Phyllis Chesler en *Speculum of the other*

Woman (1974) van Luce Irigaray. Cheslers werk is succesvol, alleen al omdat het de hoger genoemde ideologieën uiteen zet en daardoor een stem geeft aan de vrouw. Toch wijst Felman erop dat Chesler, in het uitwerken van de onderdrukking van de vrouw, niet verder gaat dan het sociale niveau. Irigaray daarentegen slaagt er in om het vrouwelijke denken op het filosofisch niveau te brengen. Felman heeft wel haar bedenkingen bij het begrip 'anders zijn' zoals Irigaray het gebruikt. Het is alsof het anders zijn van de vrouw, dat verschilt van het mannelijk denken en de mannelijke rede, als vanzelfsprekend wordt gezien. Als 'de vrouw' de Ander is van om het even welk denkbare westerse theoretische locus van taal, hoe kan de vrouw dan als dusdanig spreken in dit boek? In de naam van de vrouw spreken, wat wil dat dan zeggen? Wie spreekt hier, en wie geeft hier een verklaring van het anders zijn van de vrouw? Als, zoals Luce Irigaray het voorstelt, de stilte van de vrouw of de onderdrukking van haar capaciteit om te spreken, constitutief zijn voor het filosofisch en theoretisch vertoog, vanuit welke theoretische locus spreekt Irigaray dan zelf om haar theoretisch vertoog over de uitsluiting van de vrouw op te bouwen? Is 'spreken als vrouw' een feit dat wordt bepaald door biologische condities of door strategische, theoretische posities, door de anatomie (zoals het bekende verdict van Freud over de vrouw: "anatomy is destiny") of door de cultuur? Deze belangrijke theoretische vragen over de status van het eigen vertoog en van de eigen representatie van vrouwen worden niet consequent doorgedacht door Luce Irigaray. Voor Felman blijft dit het zwakke punt in de kritische onderneming van Irigaray.

Het tweede en centrale gedeelte in *Woman and Madness* is opnieuw een analyse van een kortverhaal van Balzac, ditmaal "Adieu", en het is een van Felmans meest toonaangevende artikels, dat in vele kritische feministische anthologieën opgenomen werd. Felman onderzoekt in het kortverhaal van Balzac de tweeledige tegenstellingen – de bewuste en onbewuste associatie van vrouwen en vrouwelijkheid met waanzin aan de ene kant, mannen en mannelijkheid met redelijkheid aan de andere kant – van de hand van critici die deze tekst besproken hebben. Uitgaan van deze tegenstelling is volgens Felman gevaarlijk omdat ze mannen toestaat controle uit te oefenen op de structuur van literaire kritiek alsook op de culturele ideologieën van gender en seksualiteit.

> It is this question which I propose to address in the present study, through a reading of an ingenious text by Balzac which, in its turn, dramatizes the "riddle of femininity" as the double question of the reading of sexual difference and of the intervention of sexual difference in the very act of reading. (*Rereading Femininity*, p. 21)

Felman legt in deze bespreking de mannelijke beweringen bloot over de vrouw zoals die tot uiting komen in het kritisch vertoog over het negentiende-eeuwse realisme en merkt op dat de zotte vrouw met haar veelzeggende stilte in "Adieu" beschouwd wordt als een stand-in voor alle vrouwen. Felman wil het beeld van de stille, waanzinnige vrouw doorbreken en dringt erop aan dat het zwijgen van alle vrouwelijke karakters ongedaan zou worden gemaakt. Bovendien wil ze de hedendaagse vrouw uitdagen om opnieuw een taal uit te vinden, niet louter gericht tegen het dominante fallo-logocentrische vertoog, maar een taal die op een andere manier functioneert. Volgens Felman zou het heruitvinden van een taal die de stilte van de vrouw doorbreekt in essentie leiden tot het herdenken van de gehele westerse cultuur.

De getuigenisact

Intensieve traumatische ervaringen werden lang beschouwd als even onuitsprekelijk als fysische pijn. Toch is het centrale punt dat de joodse Felman in haar latere werken naar voren schuift de Holocaust als primaire locus van persoonlijke én culturele trauma's in de twintigste eeuw. Samen met Dori Laub, een Amerikaans psychiater en psychoanalyticus die aan de Yale University School of Medicine werkt, schrijft ze *Testimony: Crises of Witnessing in Literature, Psychoanalysis and History* (1991). Het vertrekpunt is dat de Holocaust-getuigenissen niet alleen kunnen gezien worden als een verhalen over een individueel trauma, maar dat ze tevens model staan voor een nog steeds doorwerkend cultureel en wereldwijd trauma. De Tweede Wereldoorlog wordt in dit boek immers niet beschouwd als een gebeurtenis die ingekapseld is in het verleden, maar als een geschiedenis waarvan de traumatische gevolgen – al dan niet bewust – alomtegenwoordig zijn in onze culturele activiteiten. Voor Felman is het dan ook noodzakelijk om de Holocaust te behandelen doorheen literatuur, filosofie, psychoanalyse en andere disciplines om de betekenis ervan te achterhalen. Ze benadrukt dat geen enkele discipline de eigenaar kan zijn van deze betekenis, noch zich de betekenis ervan kan toeeigenen.

In zeven essays, vijf van Felman en twee van Laub, reflecteren de auteurs over historische processen in literaire teksten om nader in te gaan op de relatie tussen literatuur en getuigenis, tussen de schrijver en de lezer-getuige. Het gaat om literaire getuigenissen in poëzie (Stéphane Mallarmé, Paul Celan), romans (Dostojevski, Albert Camus), literaire kritiek (Paul de Man) en psychoanalyse (Freud), alsook om visuele getuigenissen in documentairefilms – met het relaas van overlevenden van de Holocaust – en in films als *Shoah* (1985) van Claude Lanzmann. Behalve de teksten van Freud, Dostojevski en Mallarmé, zijn alle werken die besproken worden in *Testimony* geschreven na de Tweede Wereldoorlog. De verschillende vormen van getuigenissen worden onderzocht vanuit hun relatie tot de act van het lezen en schrijven, als meer specifiek met betrekking tot de Holocaust.

Getuigenis blijkt voor Felman niet langer gedefinieerd te kunnen worden als een reportage van feiten maar kenmerkt zich eerder door haar doordringend karakter. Deze theorie bracht ze in praktijk door haar studenten in Yale te confronteren met video's en literaire teksten waarin Holocaust-overlevenden hun relaas deden.

> [Felman] was a witness to the shock communicated by the subject-matter; [she tells] of how the subject-matter was unwittingly enacted, in motion in the class, and how testimony turned out to be at once more critically surprising and more critically important than anyone could have foreseen. (*Testimony*, p. 7)

De getuigenissen *doen* iets met de studenten. De getuigenisact leunt daardoor nauw aan bij de act van het lezen en schrijven, waardoor de getuigenis impliciet ook aanwezig is in feitelijk elk soort van schrijven. Deze theorie toetst Felman aan twee werken van Albert Camus, *La Peste* (1947) en *La Chute* (1956), waarin de literaire representaties van een rampzalig sociaal trauma – het ene geschreven tijdens de Tweede Wereldoorlog en het andere daarna – een cruciale transformatie ondergaan zowel vanuit stilistisch als filosofisch perspectief, die de indirecte uitdrukking is van de radicale Holocaust-crisis.

Felman bespreekt vervolgens het werk van Paul de Man, haar collega en mentor in Yale, in het kader van zijn filosofisch en existentieel omgaan met literaire theorie en van zijn praktisch engagement met specifieke teksten als getuigenis, een uitermate controversiële onderneming nadat in 1987 de Mans betrokkenheid in de collaboratie aan het licht werd gebracht. Felman probeert de controverse te verzachten door de nadruk te leggen op haar studie van de Mans kritische geschriften en door te wijzen op zijn diepgaande zelfopgelegde ballingschap van stilte. In het laatste hoofdstuk bespreekt ze de film *Shoah* van Claude Lanzmann, één van de grootste maar ook meest krachtige werken over de Holocaust van onze tijd. Het is het verhaal waarin de getuigenis wordt bevrijd doorheen zijn desacralisatie. Felmans artikel in *Critical Inquiry* uit 2001, "Theaters of Justice: Arendt in Jerusalem, the Eichmann Trial, and the Redefinition of Legal Meaning in the Wake of the Holocaust", gaat nader in op de desacralisatie en decanonisatie van de Holocaust. Deze problematiek bracht een polemiek op gang tussen Marianna Torgovnick en Felman, waarvan de neerslag te vinden is in recente nummers van *Critical Inquiry*. Torgovnicks vragen bij de woordenschat die Felman gebruikt, met name over de joodse identiteit, de Holocaust als volksverhaal en de sacralisatie van de Holocaust, worden door Felman weerlegd doordat Torgovnick naar haar gevoel de problematische termen – 'identiteit', 'volksverhaal', 'sacralisatie' – uit hun context haalt en er te snel een stereotiepe betekenis aan geeft. In het recent verschenen *The Juridical Unconscious. Trials and Trauma's in the Twentieth Century* (2002) gaat Felman nog een stap verder door te stellen dat collectieve trauma's niet alleen onze cultuur beïnvloeden. Aan de hand van teksten die gaan van Freud en Arendt, tot Tolstoj en Zola, van het Dreyfusproces tot het Nürenbergproces en zelfs de zaak rond O.J. Simpson, toont Felman aan dat de verwerking van de collectieve trauma's van de vorige eeuw naast de cultuur ook de wetgeving hebben bepaald. Via het onderzoek naar juridische gebeurtenissen als poging om de misdaden en wonden van de geschiedenis te helen, stoot Felman op het 'juridische onbewuste' van processen als articulatie maar ook als enscenering van het trauma. Eens te meer legt ze op die manier een verband tussen de literaire tekst en een bredere context waarin de taal als articulatie van de gebeurtenis een centrale rol krijgt.

Conclusie

De grote constante in het gevarieerde oeuvre van Felman is allesszins de werking van de taal: hoe waanzinnig een tekst kan zijn bij Stendhal, wat een tekst allemaal kan *doen* volgens Austin, de verschillende lezingen die mogelijk zijn van *The Turn of the Screw* van Henry James, hoe taal een constructie van vrouwelijkheid biedt in *La Fille aux yeux d'or* van Balzac, literaire Holocaustgetuigenissen die niet enkel persoonlijke maar ook culturele trauma's bekrachtigen en hoe dergelijk collectief trauma de wet kan beïnvloeden of, met andere woorden, hoe het juridisch onbewuste zijn werk doet. Felman is met de jaren eerder een culturele dan een literaire critica geworden, die de lezer bewust wil maken van de ideologische modellen die het lezen – het schrijven – hem/haar oplegt.

Beknopte bibliografie

Primaire literatuur

La folie dans l'oeuvre romanesque de Stendhal. Paris: José Corti, 1971.

La folie et la chose littéraire. Paris: Seuil, 1978. (*Writing and Madness: Literature, Philosophy, Psychoanalysis.* Vertaling Shoshana Felman, Martha Noel Evans en Brian Massumi. Ithaca: Cornell UP, 1985.)

Met Melitta SCHMIDEBERG en Serge VIDERMAN (red.). *Les machines analytiques.* Paris: Aubier, coll. Cahiers confrontation, 1980.

Le Scandale du corps parlant: Don Juan avec Austin, ou la Séduction en deux langues. Paris: Seuil, 1980. (*The Literary Speech Act: Don Juan with Austin, or Seduction in Two Languages.* Vertaling Shoshana Felman en Catherine Porter. Ithaca: Cornell UP, 1983)

"Rereading Femininity", in: *Yale French Studies* (1981), pp. 19-44.

(red.). *Literature and Psychoanalysis: the Question of Reading – Otherwise.* Baltimore: Johns Hopkins UP, 1982.

Jacques Lacan and the Adventure of Insight, Psychoanalysis in Contemporary Culture. Cambridge: Harvard UP, 1987.

Met Dori LAUB. *Testimony: Crises of Witnessing in Literature, Psychoanalysis and History.* New York: Routledge, Chapman and Hall, 1991.

What Does a Woman Want? Reading and Sexual Difference. Baltimore: Johns Hopkins UP, 1993.

The Juridical Unconscious: Trials and Traumas in the Twentieth Century. Cambridge: Harvard UP, 2002.

Secundaire literatuur

CARUTH, Cathy. *Unclaimed Experience: Trauma, Narrative and History*. Baltimore: Johns Hopkins UP, 1996.

EAGLETON, Mary (red.). *Feminist Literary Theory: A Reader*. Oxford: Blackwell, 1986.

HUMM, Maggie. *A Reader's Guide to Contemporary Feminist Literary Criticism*. Hertfordshire: Harvester Wheatsheaf, 1994.

JACOBUS, Mary. *First Things: The Maternal Imaginary in Literature, Art and Psychoanalysis*. New York: Routledge, 1995.

TODD, Janet. *Feminist Literary History: A Defence*. Cambridge: Polity, 1988.

VAN ALPHEN, Ernst. *Caught by History: Holocaust Effects in Contemporary Art, Literature, and Theory*. Stanford: Stanford UP, 1997.

WRIGHT, Elizabeth. *Psychoanalytic Criticism: Theory in Practice*. London: Methuen, 1984.

— (red.). *Feminism and Psychoanalysis: A Critical Dictionary*. Oxford: Blackwell, 1992.

—. *Psychoanalytic Criticism: A Reappraisal*. New York: Routledge, 1998.

PETER BROOKS
(1938-)

Marguérite CORPORAAL

DE PLOT ALS LEIDRAAD

> Narrative is one of the large categories or systems of understanding that we use in our negotiations with reality, specifically, in the case of narrative, with the problem of temporality: man's time-boundedness, his consciousness of existence within the limits of mortality. And plot is the principal ordering force of those meanings that we try to wrest from human temporality. Plot is so basic to our experience of reading, and indeed to our very articulation of experience in general, that criticism has often passed it over in silence, as if too obvious to bear discussion. Yet, the obvious can often be the most interesting, as well as the most difficult, to talk about. (*Reading for the Plot*, p. xi).

Het werk van Peter Brooks is sterk beïnvloed door de Russische formalisten en de Franse structuralisten uit de jaren zestig en zeventig. In een interview door John Rickard and Harold Schweizer, dat opgenomen is in *Psychoanalysis and Storytelling* (1994), noemt Brooks Roland Barthes zijn "key influence" (p. 104), naast Tzvetan Todorov, Gérard Genette, Mikhail Bakhtin, Walter Benjamin, John Hillis Miller en Frank Kermode, wiens onderzoek naar de structuur van vertellingen, *The Sense of an Ending* (1967), hij als een "extraordinary productive book" (p. 105) betitelt. Met deze literatuurwetenschappers deelt Brooks een fascinatie voor narratieve structuren, en met name voor het fenomeen van de plot.

Na *The Novel of Worldliness* (1969), een boek dat gewijd is aan de sociale thema's in achttiende-eeuwse literatuur, en *The Melodramatic Imagination* (1976), een studie naar het gebruik van melodramatische scènes in de romans van Honoré de Balzac en Henry James, schreef Brooks zijn meest bekende werk, *Reading for the Plot* (1984). Hierin gebruikt hij zijn grote kennis en interpretaties van met name negentiende-eeuwse Britse, Amerikaanse en Franse romans om de sociale en psychologische functies van narratieve plots uiteen te zetten. Volgens Brooks vormen vertellingen een essentieel onderdeel van het menselijk bestaan. Mensen proberen de betekenis van hun levensloop te begrijpen en de wereld om zich heen te interpreteren door alles een plaats te geven in vertellingen: vertellingen vormen immers het medium bij uitstek om zaken samen te vatten of door te geven aan anderen. De vertellingen die we creëren in een poging om betekenis te geven aan het leven, bevatten een plot, dat wil zeggen, een duidelijk omlijnde structuur en een voortbeweging van het ene punt naar het andere. Plots vormen een essentieel onderdeel van vertellingen: "in that a narrative without at least a minimal plot would be incomprehensible" (*Reading for the Plot*, p. 5). Een plot brengt organisatie aan in chaos, geeft een leidraad waardoor gebeurtenissen en handelingen geordend kunnen worden en de relatie tussen voorvallen begrijpelijk wordt. Daarnaast is de plot een belangrijk element binnen een vertelling, omdat de plot, met zijn begin dat zich naar een einde toe voortbeweegt, sterke overeenkomsten vertoont met de levensloop van de mens; beginnend bij de geboorte leidt een mensenleven tot een onvermijdelijk einde, de dood. De wijze waarop men orde aanbrengt in de wereld, is daarmee sterk gerelateerd aan de levensloop zoals de mens die ervaart.

In zijn omschrijving van de plot verwijst Brooks naar de ideeën van Roland Barthes. De vorming van een plot kan vergeleken worden met het maken van een zin. Als we ons in taal uitdrukken, kunnen we een aantal zinsdelen op verschillende manieren combineren om zo steeds weer andere zinnen te genereren. Het vormen van een plot werkt op dezelfde manier; een aantal gebeurtenissen of handelingen kunnen in verschillende volgordes geplaatst worden, waarbij een volgorde bepaald wordt door de logica van handelingen (het proiaretische) of door een systeem waarbinnen vragen gevolgd worden door antwoorden (het hermeneutische). Doordat verschillende volgordes van handelingen mogelijk zijn, kunnen uiteenlopende plots ontstaan, en daarmee verschillende interpretaties van de werkelijkheid. De volgorde waarin de handelingen in een vertelling gepresenteerd worden (de *sjužet*) komt hierdoor niet steeds overeen met de volgorde waarin handelingen in werkelijkheid hebben plaatsgevonden (de *fabula*). Bij het lezen van een vertelling is de lezer bezig om de werkelijke volgorde van de handelingen (*fabula*) af te leiden uit de manier waarop de handelingen georganiseerd zijn in een tekst (*sjužet*).

Aan de lezer wordt dus een actieve rol toebedeeld in de cognitieve reorganisatie van de gebeurtenissen, met als doel een beter begrip van de vertelling. Dit geeft, volgens Brooks, aan dat wij de plot als onderdeel van een dynamisch proces moeten zien, in tegenstelling tot de Franse structuralisten en de Russische formalisten, die vrij statische modellen van de plot naar voren hebben gebracht. Een vertelling bevat bovendien een duidelijke dynamiek in die zin, dat handelingen er de basis van vormen en dat de plot een belofte van vooruitgang impliceert. Door de plot, die zich van het ene naar het andere punt voortbeweegt, worden lezers voortgestuwd naar het einde, waar de ontknoping van alle voorafgaande handelingen, en daarmee het begrip van de vertelling, op hen ligt te wachten.

De plot en psychoanalyse

> At present, it is important to pursue the notion of desire as that which is initiatory of narrative, motivates and energizes its reading, and animates the combinatory play of sense-making. (*Reading for the Plot*, p. 48)

Hoewel Brooks regelmatig verwijst naar het werk van Russische formalisten en Franse structuralisten, is *Reading for the plot* voornamelijk beïnvloed door Freuds psychoanalytische denken. Brooks toont aan dat Freuds ideeën over het menselijk verlangen als basis kunnen dienen voor een theorie over de functies van de narratieve plot, die naar Brooks' mening sterk verbonden zijn met "psychic processes" (*Psychoanalysis and Storytelling*, p. 108).

In *Jenseits des Lustprinzips* stelt Freud dat de mensheid gedreven wordt door een begeerte naar het einde; een begeerte die geworteld ligt in het besef van en het verlangen naar de dood, als het moment van ontlading waarop volledige kennis over het leven en de wereld verkregen kan worden. Brooks legt uit dat dit verlangen naar het einde, dat volgens Freud inherent is aan het menszijn, weerspiegeld wordt door de structuur en dynamiek van narratieve plots. De held of heldin, die in een vertelling de belangrijkste actor is, wordt meestal gedreven door het verlangen om een bepaald doel te verwezenlijken. Brooks gebruikt het voorbeeld van Balzacs held in *La Comédie Humaine*, Julien, die steeds vooruitkijkt en het volgende moment in de toekomst plant ter verwezenlijking van zijn ambities, en daarmee een verlangen in en voor de toekomst tentoon spreidt dat de plot voortbeweegt naar het einde. De drijfveren van hoofdpersonages, die de motoren van de vertelling vormen, kunnen ambities zijn, zoals in *La Comédie Humaine*; het verlangen naar het ontdekken van de eigen identiteit, zoals in Charles Dickens' *Great Expectations*; seksuele begeerte, zoals in Emile Zola's *Nana*; of het verlangen naar assertiviteit, zoals in veel romans met een vrouwelijk hoofdpersonage die geschreven zijn door vrouwen.

Het einde van een vertelling markeert gewoonlijk de bevrediging van het verlangen van dit hoofdpersonage. Het einde is een essentieel onderdeel van de vertelling, dat vanaf het begin van de vertelling door de lezers verondersteld wordt in een toekomst te liggen, met daartussen een aantal gebeurtenissen en handelingen die, volgens de organisatie van de plot, van het begin- naar het eindpunt leiden. Door het menselijke verlangen naar een einde zullen vertellingen die oneindig zijn noch aan de vertellers, noch aan het publiek bevrediging schenken. De mensheid verlangt naar eindes van vertellingen: die bieden de mogelijkheid om een kennis over de dood te ervaren die anders in het leven niet gegeven is, daar het onmogelijk is om na de dood op het eigen leven terug te kijken. In een vertelling kan een levensloop, inclusief het einde, door het slot van een vertelling immers ervaren worden en wordt het mogelijk om de betekenis van een begin of een serie voorvallen retrospectief te interpreteren. Volgens Brooks zijn we als lezers gedreven door een passie om tot het einde te lezen, omdat juist het einde het begin en de gebeurtenissen tussen begin en einde in perspectief plaatst en er betekenis aan verleent. Een oneindige vertelling zonder slot zou het begin en midden betekenisloos maken, juist omdat "the ultimate determinants of meaning" van een vertelling "lie *at the end*" (*Reading for the Plot*, p. 52). Een dergelijke oneindige vertelling zou de lezers geen bevrediging schenken, daar een ontlading, waarbij de betekenis van het voorafgaande op zijn plaats valt, onmogelijk wordt gemaakt.

Er is in vertellingen vaak geen sprake van een serie gebeurtenissen en handelingen die direct van het begin naar het te verwezenlijken doel leiden. Integendeel, dikwijls wordt de beweging naar het einde toe uitgesteld door middel van een omweg waarbij het verleden terugkomt of waarbij gebeurtenissen en situaties in andere vormen herhaaldelijk voorkomen en herhaaldelijk opgelost moeten worden (*metafoor*), voordat er weer vooruitgang (*metonymie*) kan plaatsvinden. Het hoofdpersonage in de vertelling moet steeds opnieuw met het verleden geconfronteerd worden en steeds opnieuw hetzelfde pad van ervaringen bewandelen, om uiteindelijk de trauma's van vroeger de baas te worden en het verleden een plaats te geven in het heden. De processen van herhaling vormen een essentieel onderdeel van iedere roman, ook in bijvoorbeeld *Bildungsromans* zoals Dickens' *Great Expectations*, waar de progressie binnen een leerproces juist sterk verbonden is met het leren integreren van het verleden in het heden.

Dit proces van herhalingen in narratieve plots hangt volgens Brooks samen met processen binnen de menselijke psyche. Hij verwijst naar Freuds idee dat herhaling van een situatie of gebeurtenis – in de vorm van bijvoorbeeld terugkerende traumatische dromen of zich herhalende angsten – een voor de mens noodzakelijk proces is om uiteindelijk vat op dergelijke situaties of angsten te krijgen. Mensen met trauma's moeten bij de psychotherapeut steeds opnieuw het verhaal van de traumatische gebeurtenis vertellen om het akelige verleden te kunnen verwerken, voordat ze klaar zijn om aan hun toekomst te werken. In die zin kan men spreken van een analogie tussen de hoofdpersonages in vertellingen en patiënten in de analytische kuur.

Door de herhalingsstructuur van een plot wordt niet alleen het hoofdpersonage, maar ook de lezer geconfronteerd met telkens dezelfde situaties. Door deze herhalingen wordt de lezer zich ervan bewust dat een volgorde van gebeurtenissen steeds weer tot verschillende mogelijke eindes, en daarmee samenhangend verschillende mogelijke plots, kan leiden. Bovendien dienen de herhalingen als een geheugensteuntje voor de lezer. Door de herhaalde verwijzingen naar een eerder voorval of een vroegere situatie wordt de plot voor de lezer beheersbaar, dat wil zeggen, gemakkelijker te interpreteren als het einde van de vertelling bereikt is. Tegelijkertijd wordt het verlangen van de lezer naar het einde tot een kookpunt gebracht door de herhalingen binnen de plot, waardoor de begeerde ontlading steeds weer wordt uitgesteld: de herhalingen vormen hiermee een "forward drive" binnen de tekst (*Reading for the plot*, p. 105), die de lezer aanmoedigt om verder te lezen.

De plot en de lezer

> Plot, as the interplay of two of Barthes's codes, thus comes to appear one central way in which we as readers make sense, first of the text, and then, using the text as an interpretive model, of life. (*Reading for the Plot*, p. 19)

In *Reading for the Plot* verwijst Brooks naar Freuds gevalstudie van de Wolvenman om de relatie tussen de lezer en de plot te verduidelijken. Tijdens zijn gesprekken met deze patiënt, die geplaagd werd door traumatische nachtmerries en gedragsstoornissen, vervulde Freud de rol van de analyticus, die, aan de hand van de vertelling van zijn patiënt, de serie gebeurtenissen wist op te sporen die tot de trauma's en storingen geleid had. De reconstructie van de werkelijke serie gebeurtenissen (*fabula*) door Freud werd bemoeilijkt doordat de chronologie van vertelde gebeurtenissen niet klopte, doordat er gaten zaten in de vertelling van de analysant, en doordat bepaalde objecten niet bij de naam werden genoemd, maar werden vervangen door andere woorden. Freud probeerde uit de vertellingen van zijn patiënt een eigen plot te construeren, die bestond uit zijn interpretatie van de vertelling van de analysant. Echter, deze interpretatie beschouwde Freud als slechts één van de mogelijke reconstructies van de *fabula*, die volgens hem besloten lag in een *Zwischenreich* tussen de vertelling van de analysant en de interpretatie van analyticus.

Die rol van de analyticus is volgens Brooks vergelijkbaar met die van de lezer van een vertelling. Tijdens het lezen – een activiteit die door Brooks een "transference" (overdracht) tussen de verteller en de lezer genoemd wordt (*Reading for the Plot*, p. 235) – probeert de lezer om de onderliggende plot van de werkelijke gebeurtenissen (*fabula*) te vinden door de gebeurtenissen in een andere volgorde te plaatsen dan die waarin ze tekstueel gepresenteerd worden (*sjužet*); door ontbrekende elementen in de vertelling in gedachten in te vullen en door de metaforen in de tekst, die afwezige uitdrukkingen en benamingen vervangen, te analyseren. Het genre van de detective geeft een goed beeld van de rol van de lezer: parallel aan de detective, het hoofdpersonage, moet de lezer gebeurtenissen achterhalen, leemten invullen.

De lezer is betrokken bij een proces van overdracht: de lezer moet het onbewuste van de vertelling, namelijk dat wat niet letterlijk verwoord wordt, zien bloot te leggen en de vertelling zien te interpreteren door een plot over de vertelling te construeren. De betekenis van de tekst hangt hiermee voor een groot deel af van de interpretatie van de lezer. Helaas is het onbewuste van de vertelling niet altijd in taal, tijdelijkheid en begrijpelijkheid uit te drukken: bij het interpreteren van een tekst legt de lezer zijn of haar eigen semantische systeem op de tekst, waar veel onbewuste elementen van de vertelling buiten vallen, zodat de representatie van het onbewuste van de tekst aan het onmogelijke grenst. Brooks' theorie over de rol van de lezers is interessant, want ze verheldert de wijze waarop wij als hedendaagse lezers teksten uit vervlogen eeuwen vaak anders interpreteren dan vroegere critici, wier semantische systeem in grote lijnen verschilde van het onze.

De plot en interpretatie

> [...] narrative stories depend on meanings delayed, partially filled in, stretched out. (*Reading for the Plot*, p. 21)

Brooks verwijst naar Genettes theorie over de rol van de lezers bij de interpretatie van een vertelling. Een vertelling ontleent deels haar betekenis aan haar pseudo-tijd, dat wil zeggen, de tijdsspanne die lezers ervaren bij het gaan van het begin naar het einde van het boek: deze tijdsspanne "is very much part of our sense of the narrative, what it has accomplished, what it means" (*Reading for the Plot*, p. 20). Bij het interpreteren van vertellingen vinden lezers enige houvast in de vorm van plotcodes uit de literatuur waarmee ze al bekend zijn en waarvan ze de betekenis al kennen door wat ze eerder gelezen hebben: de *déjà-lu*. Echter, in het geval van bijvoorbeeld romans wordt de interpretatie door de lezer bemoeilijkt door het feit dat er geen directe communicatie is met de verteller, de auteur. In tegenstelling tot de orale verteltraditie van eeuwen terug, waar er een duidelijke interactie en overdracht plaatsvond tussen de verteller, die wijsheden wilde overbrengen, en de luisteraar, is de romanschrijver "necessarily isolated, invisible, a hidden god who does not have the capacity to enter into colloquy with his fellow man" (*Psychoanalysis and Storytelling*, p. 81). De geschreven vertelling in een roman is een 'autonoom discours' (*Psychoanalysis and Storytelling*, p. 85) in die zin dat de context van een vertelsituatie waarbij verteller en publiek direct met elkaar communiceren, ontbreekt.

Nochtans roepen romans vaak de vertelcontext van de orale traditie op door middel van raamvertellingen; de roman confronteert ons met een verteller die zijn of haar eigen vertelling overdraagt aan een publiek van luisteraars, waardoor als het ware een vertelling binnen een vertelling ontstaat. Deze verteller in de roman geeft op zijn of haar beurt weer een vertelling door die hij of zij van een ander gehoord heeft. Tegelijk laten deze romans zien hoe complex de uitwisseling en overdracht van vertellingen is; de tweede verteller giet de vertelling die hij of zij zelf gehoord heeft in een andere structuur, door de manier waarop hij of zij de eerdere vertelling interpreteert. Deze interpretatie wordt gekenmerkt door weglatingen van zaken die de tweede verteller niet direct kan benoemen: taal is een "system of police" (*Reading for the Plot*, p. 251), want wat niet direct definieerbaar is door middel van talige expressie in het betekenissysteem waarmee de tweede verteller vertrouwd is, wordt achterwege gelaten. Door de herstructurering en herformulering van de gehoorde vertelling geeft de tweede verteller de oorspronkelijke vertelling een andere plot. Romans in de vorm van raamvertellingen maken duidelijk dat er bij de overdracht van vertellingen sprake is van een dialoog: de vertelling van de eerste verteller mengt zich met de vertelling die de tweede verteller construeert, waardoor de tweede vertelling uit tweespraak bestaat.

Hoewel Brooks aan de ene kant stelt dat er geen directe interactie plaatsvindt tussen de lezers van de romans en de schrijvers, spreekt hij zichzelf op dit punt tegen in zijn analyse van de feuilletonromans die gedurende de negentiende eeuw in kranten en tijdschriften verschenen. Omdat lezers brieven aan de schrijver stuurden met hun suggesties voor het verdere verloop van de plot en de schrijver de plot aan de wensen van het lezerspubliek diende aan te passen om ervoor te zorgen dat de kranten of tijdschriften goed verkochten, hadden lezers een aanzienlijke invloed op de vertelling die door de auteur geconstrueerd werd.

De plot en het menselijke lichaam

In any event, we can think back to, or invent such unity only through our present consciousness of division, our sense that the body can be recuperated to consciousness and langauge only by an effort – of which the narrative and descriptive project of relatism is one example. Whatever it once was, the body is now problematic; and our sense that it was once less so may be a reflection of how much it now is. (*Body Work: Objects of Desire in Modern Narrative*, p. 5)

In *Body Work: Objects of Desire in Modern Narrative* (1992) gaat Brooks nader in op de vraag in hoeverre het menselijk lichaam verbonden is met vertellingen. Volgens Brooks speelt taal een belangrijke rol bij de manier waarop we met het menselijk lichaam omgaan: ons denken over het lichaam gebeurt via het medium van de taal, ondanks het feit dat we ons ervan bewust zijn dat sommige ervaringen van het lichaam (de natuur) niet in taal (de cultuur) gevat kunnen worden. Brooks' voorstelling van het lichaam als een entiteit waarvan de betekenis bepaald wordt door semantische taalprocessen, geeft aan dat zijn werk sterk verwant is met de denkbeelden van de Franse filosoof Michel Foucault. Omdat het seksuele lichaam met het verbodene en het overschrijdende geassocieerd wordt en door beschaving onderdrukt wordt, gebruikt men in plaats van directe benamingen vaak metaforen en metonymieën met betrekking tot geslachtsdelen, de geslachtsdaad of het seksuele verlangen.

Volgens Brooks is het belangrijk om met name de representatie van het menselijk lichaam in vertellingen te onderzoeken: "getting the body into writing is a primary concern of literature throughout the ages" (*Body Work*, p. 1). Door middel van vertellingen kan de mens kennis en ervaringen van het lichaam structureren voor een interpretatie van het lichaam, alsmede lichaamervaringen overdragen aan een ander, door middel van een begrijpelijke, georganiseerde vorm. Het menselijk verlangen is sterk gericht op het lichaam. Via een verwijzing naar het werk van Melanie Klein legt Brooks uit dat dit verlangen voortkomt uit het feit dat het lichaam van de moeder, en met name de moederborst, voor ieder kind het meest oorspronkelijke en allereerste symbolische object is; dat wil zeggen, het object dat de bron vormt van alle betekenis en kennis over het leven en de wereld. De mens verlangt naar het lichaam van een ander vanwege een dorst naar kennis en een bezitsdrang. Doordat verlangen naar het lichaam, en met name seksueel verlangen, als zondig wordt gezien, wordt de begeerte naar het lichaam alleen nog maar heviger.

Dit verlangen komt tot uiting in vertellingen, want daar functioneert het lichaam als "a key sign [...] and a central nexus of narrative meanings" (*Body Work*, p. 25). Vertellingen draaien vaak om de plot van het lichaam, dikwijls in de vorm van een personage en de beproevingen van verlangen waaraan het blootstaat. Zo worden de plots in vertellingen vaak voortgedreven door de erotische begeerte van de held voor het vrouwelijke lichaam en zijn ambitie om dit lichaam tot het zijne te maken. Het verlangen naar het lichaam van de moeder, de zoektocht naar de oorsprong van de identiteit, is eveneens een mogelijke drijfveer van plots. In detectives speelt het lichaam eveneens een belangrijke rol als motor van de plot: de vooruitgang van de plot wordt bepaald door het verlangen naar kennis over het levenloze lichaam van de vermoorde, wat betreft de omstandigheden van de moord en de dader. Bovendien vormt in sommige vertellingen het vrouwelijk lichaam de drijfveer voor de plot, in die zin dat een vrouwelijk hoofdpersonage haar ambities probeert te verwezenlijken doordat zij haar aantrekkelijke lichaam, waarvoor anderen verlangen koesteren, als machtsmiddel gebruikt om de gebeurtenissen naar haar hand te zetten.

Volgens Brooks kan het lezen van een vertelling vergeleken worden met een striptease: een bepaald enigma wordt stapsgewijs onthuld; de lagen van mysterie, die een bepaalde waarheid omhullen, verdwijnen geleidelijk. Doordat steeds meer onthuld wordt van dat mysterie, wordt de lezer geprikkeld om door te lezen tot het einde, waar de naakte waarheid zichtbaar wordt; net zoals een toeschouwer van een striptease ertoe uitgedaagd wordt tot het einde te kijken, wanneer het naakte, meestal vrouwelijke, lichaam eindelijk compleet onthuld wordt. Vaak verloopt de openbaring van de verborgen waarheid in een vertelling parallel aan het verkrijgen van zicht op en macht over het naakte vrouwelijke lichaam. Hoewel Brooks stelt dat vrouwelijke schrijfsters de conventionele representatie van het erotische vrouwenlichaam als drijfveer voor de plot vaak hebben bekritiseerd en herschreven, gaat hij niet verder in op de alternatieve rolmodellen van het vrouwenlichaam in de plot, zoals deze door schrijfsters geconstrueerd zijn. Dit is jammer, want hiermee is zijn theorie over het lichaam en de plot te eenzijdig gericht op een mannelijke auteur en een mannelijke lezer. Brooks lijkt bijgevolg het traditionele patriarchale model – waarbij vrouwen uitgesloten worden van deelname aan de productie en consumptie van vertellingen – zonder verdere nuance over te nemen.

In Brooks' visie is het niet verwonderlijk dat het lichaam en de vertelling van de prostituee vaak centraal stonden in romans uit de negentiende eeuw; de mensheid wordt met name geprikkeld tot kennis over het normoverschrijdende, verboden lichaam, zodat een vertelling over de lichtekooi en haar lichaam tot de verbeelding en verlangens van de lezers spreekt. Het slot van deze vertellingen wordt echter vaak gemarkeerd door een "inevitable victory" van de maatschappelijke fatsoensnormen op het "sexually aberrant body" (*Reading for the Plot*, p. 168), in die zin dat de norm van het fatsoenlijke vrouwelijke lichaam onderschreven wordt door middel van de bekering van de hoer of haar ongelukkige einde. Omdat met name de feuilletonromans in kranten en bladen vaak over de onderkant van de maatschappij en prostitutie gingen, om zo een zo groot mogelijk lezers- en koperspubliek te trekken, kan men zelfs een vergelijking trekken tussen betaalde begeerte en de commerciële feuilletoncultuur; men betaalde bij elke aflevering geld voor een verdere toegang tot de wereld van de prostitutie en een verdere consumptie van het lichaam van de prostituee. Hierbij wordt de bevrediging van het verlangen naar dit lichaam, dat de drijfveer van de plot vormt, steeds uitgesteld tot het verschijnen van de volgende aflevering.

De plot en de literatuurgeschiedenis

> In our own century, we have become more suspicious of plots, more acutely aware of their artifice, their arbitrary relation to time and chance, though we no doubt still depend on elements of plotting, however ironized or parodied, more than we realize. (*Reading for the Plot*, p. xii).

In *Reading for the Plot* oordeelt Brooks dat een analyse van de plotstructuren van vertellingen ook gebruikt kan worden om ontwikkelingen binnen de literatuur te onderzoeken. Immers, de plot is de centrale organiserende structuur van elke vertelling. Brooks past zijn theorieën over vertellingen op zichzelf toe: na als lezer de plots in negentiende- en twintigste-eeuwse vertellingen te hebben geïnterpreteerd, probeert Brooks een mogelijke plot van de ontwikkelingen binnen de verhalende literatuur te schrijven.

Volgens Brooks is er vanaf halverwege de negentiende eeuw sprake van een toenemende kritische houding tegenover de plot. Schrijvers tonen een sterker bewustzijn van het feit dat de plot geen vanzelfsprekend gegeven is, maar een kunstmatige constructie waarin handelingen of gebeurtenissen geordend kunnen worden. In de romans vanaf halverwege de negentiende eeuw leidt de plot niet altijd meer tot bevrediging van het verlangen van de held. Charles Dickens' *Great Expectations* wekt de suggestie dat het hoofdpersonage de door hem gekozen plot van zijn leven foutief geïnterpreteerd heeft, en dat het volgen van een ambitie – en daarmee het doorlopen van een plot – vaak niet tot een vervuld verlangen, maar juist tot desillusie leidt. Gustave Flauberts *L'Education sentimentale* wordt volgens Brooks gekenmerkt door een "systematic perversion of plot as a central system of narrrative organization and meaning" (*Reading for the Plot*, p. 171): de held koestert over het algemeen geen ambities en als hij verlangens ervaart, blijft hij passief, treedt niet handelend op om het gewenste object te verkrijgen, of het eens zo begeerde object blijkt niet langer bevrediging te schenken zodra het beschikbaar wordt. Wat de roman samenhoudt, zijn esthetische beschrijvingen, de vertellingen op zichzelf, terwijl het ook al moeilijk blijkt om de verteller te lokaliseren; het leven wordt zo als doelloos en stuurloos afgeschilderd.

In de aanloop naar en het verloop van de twintigste eeuw zien wij, volgens Brooks' plot van de westerse literatuurgeschiedenis, een steeds kritischere visie op de structuur van vertellingen. De problematiek rond de overlevering van vertellingen en een zeker wantrouwen tegenover de plot als een structuur die andere handelingen en betekenissen onderdrukt, komen centraal te staan. Plots zijn vaak niet langer bepaald door een duidelijk einde en laten zien dat plots eigenlijk *ready mades* lijken te zijn. Een gekozen plot wordt gerepresenteerd als een willekeurige organisatievorm; narratieve elementen kunnen ook weer op andere manieren gecombineerd worden om daarmee andere plots en andere betekenissen te genereren. Bovendien doen deze vertellingen een groter beroep op de lezer om de *fabula* te achterhalen, doordat ze bestaan uit losse, ongestructureerde gebeurtenissen, doordat handelingen en incidenten niet uitgelegd worden, doordat de perspectieven wisselen en exacte verwijzingen soms ontbreken.

Brooks geeft aan dat zijn reconstructie van de ontwikkelingen binnen vertellingen en plotstructuren slechts één mogelijke organisatie is: hij ziet zijn plot als "artificially imposed" (*Reading for the Plot*, p. 313), omdat evengoed andere plots met betrekking tot de literatuurgeschiedenis gecreëerd kunnen worden. In dit opzicht is het werk van Brooks verwant aan dat van de feministische kritiek, het postkolonialisme en het *New Historicism*; stromingen die vaak de idee van de willekeurigheid van vertellingen en plots over geschiedenis en literatuur onderschrijven. Brooks' ideeën over het onbeschrijfbare in relatie tot de bestaande semantische systemen sluiten bovendien aan bij de doelstellingen van de feministische kritiek en het postkolonialisme, die juist het uitdrukken van het nog onvertelde beogen: de onderdrukte geschiedenissen en vertellingen van andere rassen en de andere sekse. Omdat Brooks zijn theorieën over de plot, vertellingen en de functie van de lezer als slechts één mogelijke organisatie van literatuurgeschiedenis presenteert, nodigt zijn oeuvre uit tot verdere discussie: zijn plot van ideeën is daarmee onbegrensd.

BEKNOPTE BIBLIOGRAFIE

Primaire literatuur

The Novel of Worldliness: Crébillon, Marivaux, Laclos, Stendhal. Princeton: Princeton UP, 1969.

Met Alvin B. KERNAN en Michael HOLQUIST. *Man and his Fictions: An Introduction to Fiction-Making, its Forms, its Uses.* New York: Harcourt, Brace, Jovanovich, 1973.

The Melodramatic Imagination: Balzac, Henry James, Melodrama, and the Mode of Excess. New Haven: Yale UP, 1976.

Met Joseph HALPERN (red.). *Genet: A Collection of Critical Essays.* Englewood Cliffs: Prentice-Hall, 1979.

Reading for the Plot: Design and Intention in Narrative. New York: Alfred A. Knopff, 1984.

Met Shoshana FELMAN, Joseph HILLIS MILLER, Paul DE MAN (red.). *The Lesson of Paul de Man.* New Haven: Yale UP, 1985.

Met H. B. NISBET en Claude RAWSON (red.). *The Cambridge History of Literary Criticism.* Cambridge: Cambridge UP, 1989.

Met Paul GEWIRTZ (red.). *Law's Stories: Narrative and Rhetoric in the Law.* New Haven: Yale UP, 1989.

Body Work: Objects of Desire in Modern Narrative. Cambridge (Ma): Harvard UP, 1993.

Psychoanalysis and Storytelling, Oxford: Blackwell,1994.

Met Alex WOLLOCH (red.). *Whose Freud? The Place of Psychoanalysis in Contemporary Culture.* New Haven: Yale UP, 2000.

Troubling Confessions: Speaking Guilt in Law and Literature. Chicago: Chicago UP, 2000.
Realist Vision. New Haven: Yale UP, 2005.

Secundaire literatuur
CLAYTON, Jay. "Narrative and Theories of Desire", *Critical Inquiry* (1989), pp. 33-53.
—. "A Portrait of the Romantic Poet as a Young Modernist: Literary History as a Textual Unconsciousness", in: Susan Stanford Friedman (red.), *Joyce: the Return of the Repressed*. Ithaca: Cornell UP, 1993, pp. 114-27.
GANNON, Susan R. "Repetition and Meaning in Stevenson's David Balfour Novels", *Studies in the Literary Imagination* (1985), pp. 21-33.
HIRSCH, Marianne. "Ideology, Form, and 'Allerleirauh': Reflections on Reading for the Plot", *Children's literature* (1986), pp. 163-68.
LUKHACHER, Ned. "The Third Wound: Malcolm Bowie, Peter Brooks and the Myth of Actaeon", *Comparative literature* (1996), pp. 65-73.

III. LITERATUUR EN IDEOLOGIEKRITIEK: FEMINISME, QUEER STUDIES EN POSTKOLONIALISME

ELAINE SHOWALTER
(1941-)

Maaike MEIJER

Elaine Showalter werd geboren als Elaine Cottler in Cambridge Massachusetts in 1941. Zij kreeg haar opleiding aan het Bryn Mawr College (van oudsher een befaamd vrouwencollege) en aan Brandeis University, en behaalde in 1970 haar doctoraat aan de Universiteit van Californië. Tegen die tijd hadden haar ouders haar onterfd, omdat zij haar huwelijk afkeurden met een niet-joodse academicus, English Showalter, met wie zij nog steeds getrouwd is. Haar zuster werd rondgestuurd met een lijstje op te halen spullen van alles wat zij haar hadden gegeven. Elaine vond de breuk met haar ouders bevrijdend: "zij zouden mijn PhD ook hebben afgekeurd, en het hebben van een baan naast mijn kinderen." Vanaf 1967 doceerde ze Engels aan het Douglass College van Rutgers University en werd er hoogleraar Engels. In 1984 kreeg zij een positie aan Princeton University en werkte daar decennia lang als hoogleraar en hoofd van het English Department.

Al in de jaren zestig stortte Elaine Showalter zich in de toen beginnende vrouwenbeweging en begon zij met het opzetten van cursussen vrouwenstudies: zij heeft het vak *women's studies* op de vleugels van die feministische golf opgebouwd en redigeerde het eerste studieboek op het gebied van literaire vrouwenstudies, *Women's Liberation and Literature* (1971). Binnen de feministische literatuurwetenschap – en de literatuurwetenschap *tout court* – is haar bijdrage tot inzicht in de waarde en de relatieve eigenstandigheid van door vrouwen geschreven literatuur van onschatbaar belang geweest. Haar theorie van de subdominante literaire vrouwentraditie kreeg uitstraling naar – en werd ook door haarzelf verbonden met – de zwarte literatuurtheorie en de literaire *gay* of *queer studies*. Haar belangrijkste boek is *A Literature of Their Own: British Women Novelists from Brontë to Lessing* (1977), het boek dat, samen met Ellen Moers' *Literary Women* uit 1963 en Judith Fetterley's *The Resisting Reader* uit 1978, behoort tot de grondleggende boeken van de feministische literatuurbeschouwing; het ging in vertalingen de hele wereld rond. Later werd *Sister's Choice: Tradition and Change in American Women's Writing* (1991) de (beknoptere) Amerikaanse pendant van het op de Engelse literatuur gerichte *Literature of One's Own.* Showalter werd ook de bloemlezer van de literaire vrouwenstudies. In de bundel *The New Feminist Criticism, Essays on Women, Literature and Theory* uit 1985 verzamelde zij belangrijke essays van toonaangevende literair-feministische theoretica's van dat moment – onder andere Annette Kolodny, Jane Tompkins, Barbara Smith, Sandra Gilbert, Susan Gubar, Rachel Blau DuPlessis, Nancy Miller, naast twee invloedrijke stukken van haarzelf: "Toward a Feminist Poetics" en "Feminist Criticism in the Wilderness". In 1989, toen het onderzoek naar (literaire) constructies van mannelijkheid inmiddels even belangrijk werd gevonden als het onderzoek naar vrouwelijke auteurs en representaties van vrouwelijkheid, liet ze zich in de verzamelbundel *Speaking of Gender* ook door mannelijke theoretici inspireren en nam ze ook stukken op over mannelijkheid en literatuur.

Een grote deuk in haar reputatie was het confronterende boek van Toril Moi, *Sexual/Textual Politics* uit 1985, waarin Showalter op zeer polemische wijze werd geportretteerd als een reactionaire humanist. Haar werk werd gecontrasteerd met Franse postmoderne tekstbenaderingen die zowel actueler, progressiever, psychoanalytischer als meer literair zouden zijn. Het debat tussen Amerikaanse en Franse, c.q. postmoderne literaire theorie woedde in die periode (eind jaren tachtig van de vorige eeuw) alom, maar binnen de feministische literatuurtheorie liep het bijzonder hoog op. Het veld spleet vanwege deze controverse. Hoewel Showalter was aangeslagen door de aanval, nam ze de kritiek toch ook ter harte en vanaf dat moment tracht ze de postmoderne visies wat meer in haar werk te incorporeren, zij het niet altijd met evenveel succes.

Ondertussen was zij echter ook alweer andere wegen ingeslagen. In 1986 publiceerde ze een belangrijk boek over de geschiedenis van de negentiende en twintigste-eeuwse psychiatrie vanuit genderperspectief, *The Female Malady: Women, Madness, and English Culture 1830-1980,* dat werd gesubsidieerd door het Wellcome Institute in London. Ook het volgende boek, *Sexual Anarchy: Gender and*

Culture at the Fin de Siècle (1990), raakt hier en daar aan de medische cultuurgeschiedenis, die tot op heden haar belangstelling heeft. In 1998 werd Showalter verkozen tot president van de MLA (Modern Language Association), een grote eer. Zij streek in haar openingstoespraak overigens veel jongere collega's tegen de haren in, door hen voor te houden dat er een dusdanig banengebrek in de literatuurstudies is dat het na het behalen van een literair PhD realistisch kan zijn uit te kijken naar ander interessant werk. Hoewel Showalter hiermee vertolkte wat jongere PhD's allang uit eigen ervaring wisten, werd haar openlijke diagnose dat slechts eenderde van de gekwalificeerden een zogeheten *tenure track*-positie aan een universiteit bereikt, haar kwalijk genomen. Showalters laatste boek is *Teaching Literature* (2003), een handleiding voor het onderwijzen van literatuur aan universiteiten, in een actuele context waarin de Humanities aan belang lijken in te boeten: de belangstelling ervoor taant, het prestige ervan vermindert, er wordt minder geld in geïnvesteerd en er zijn weinig beroepsmogelijkheden na een literatuurstudie. Het boek wil een antwoord op die 'crisis' zijn: het heeft theoretische, methodische en ethische hoofdstukken, maar is ook zeer praktisch en geeft tal van sappige voorbeelden. Afzonderlijke hoofdstukken zijn gewijd aan de methodiek van het onderwijs in drama, fictie, poëzie en theorie. Showalter put uit haar eigen veertigjarige ervaring als docent, maar laat ook veel collega's aan het woord.

Naast haar academische en bestuurlijke werk treedt Showalter de jongste jaren veel op als literair en cultureel freelance journalist, ook in Engeland, waar zij regelmatig vertoeft. Ze schrijft voor *People*, *Vogue*, *The New Statesman*, *The Observer*, *Times Literary Supplement*, *The Guardian* en de *London Review of Books*, en is regelmatig te zien en te horen in cultuurprogramma's van de BBC. Haar latere boeken zijn ook wat journalistieker van aanpak en toon: dat geldt voor *Inventing Herself* (2001), een aardige heldinnengalerij (waarin onder andere Mary Wollstonecraft, Susan Sontag, Prinses Diana en Camille Paglia figureren) waar echter niet veel nieuw onderzoek achter zit. Meer journalistiek dan academisch is ook *Hystories, Hysterical Epidemics and Modern Media* (1997) waarin, polemisch, de oude negentiende-eeuwse hysterie wordt vergeleken met nieuwe fin de siècle 'hysterieën' als anorexia, het chronisch vermoeidheidssyndroom, twijfelachtige herinneringen aan misbruik, media-hypes rond satanisch ritueel misbruik en ontvoering door buitenaardse wezens, het Golfoorlog-syndroom en het meervoudig persoonlijkheidssyndroom. Hoe prikkelend deze vergelijking ook is, de categorie 'moderne hysterieën' werd (terecht) te divers en te onderling onvergelijkbaar gevonden, en de vergelijking met de negentiende-eeuwse vorm van hysterie werd door velen te "sweeping" geacht.

Showalter heeft zeer veel school gemaakt. De feministische literatuurhistorici Sandra Gilbert en Susan Gubar, die samen een gigantisch oeuvre van theorie, van literatuurgeschiedenissen en naslagwerken over vrouwelijke auteurs opbouwden, werken het duidelijkst door in Showalters lijn, maar de ontwikkeling van dit hele gebied is sterk door Showalter beïnvloed. In feite zijn alle vrouwen-literatuurgeschiedenissen en studies op het gebied van door vrouwen geschreven literatuur, zoals ze nu in vrijwel elke cultuurtaal bestaan, in hoge mate schatplichtig aan Showalters *Literature of Their Own*.

A Literature of Their Own

Wie het werk van Elaine Showalter wil beschrijven, moet dingen zeggen die nu *common-sense* zijn geworden. Dat zijn ze dan mede geworden door haar. Vóór Showalter was er al enig werk verzet op het terrein van 'de vrouw in de literatuur' zoals dat toen nog heette. Dat werk richtte zich vooral op de wijze waarop mannelijke auteurs over vrouwen hadden geschreven. Virginia Woolf had in *A Room of One's Own* (1928) al op de stereotiepe beeldvorming van vrouwen in de gevestigde literatuur gewezen, Simone de Beauvoir had erover geschreven in haar *Deuxième Sexe* (1949), Katherine Rogers had met haar *The Troublesome Helpmate* een "History of Misogyny in Literature" op tafel gelegd, en Mary Ellmann had er met *Thinking About Women* (1968) al een uitermate geestig boek aan gewijd. Tenslotte ging Kate Milletts baanbrekende *Sexual Politics* ook over de patriarchale visies van veel mannelijke schrijvers op vrouwen.

Showalter richtte zich echter niet op dit in de jaren zestig en zeventig al enigszins ontwikkelde terrein van de kritiek op de representatie van vrouwen bij mannelijke auteurs, maar op wat vrouwelijke auteurs zelf schreven. Het verzamelen, herlezen en analyseren van vrouwenteksten impliceerde niet alleen dat er vanuit vrouwelijk perspectief een antwoord werd gegeven op de beperkende beelden die mannelijke auteurs van vrouwen hadden; het bracht ook een lange traditie van vrouwelijk schrijven in beeld, die veel nieuwe vragen mogelijk maakte: waarom zijn vrouwenteksten in sommige periodes bekend en succesvol, en in andere sterk gemarginaliseerd? Hoe beïnvloeden uitgevers en critici deze historische processen van in- en uitsluiting? Wie bepaalt op welke gronden wat literaire kwaliteit is? Onder welke condities was schrijven überhaupt mogelijk voor wie (en voor wie niet)? Hoe schrijven vrouwen over zichzelf, over mannen, over de wereld? Hoe veranderen de thema's en stijlen van vrouwelijke auteurs naarmate de sociale sekseverhoudingen veranderen? Welke genres zijn getekend door mannelijke of vrouwelijke beoefening? Wie laat zich door wie beïnvloeden in het creatieve proces? Blijft de canon overeind wanneer men het werk van vrouwen er werkelijk in integreert? Al deze vragen werden in de jaren die volgden ook gesteld, maar Showalters standaardwerk *A Literature of Their Own*, een geschiedenis van de Engelse "British Women Novelists from Brontë to Lessing", was daarvoor een voorwaarde. Showalter sloot merkwaardig genoeg de poëzie van haar standaardwerk uit, iets wat in de begintijd van de feministische literatuurbeschouwing vaker gebeurde. Mogelijk hangt dat samen met het feit dat de roman vaak meer in de maatschappelijke realiteit is (of lijkt) geworteld, en zich dus gemakkelijker laat verbinden met de sociale geschiedenis van vrouwen. Op dit punt zal Toril Moi Showalter overigens later bekritiseren.

In *A Literature of Their Own* wil Showalter allereerst laten zien dat de bekende Engelse romanschrijfsters, Jane Austen, de Brontë's, George Eliot en Virginia Woolf in een traditie stonden van (letterlijk) honderden vakgenotes. Ten behoeve van *A Literature of Their Own* verzamelde Showalter 230 schrijfsters, geboren tussen 1800 en 1939, van wie een korte biografie terug te vinden is in de appendix. Het vrouwendomein van de Engelse roman wordt vaak gezien als een woestijn, zo begint zij haar boek, aan vier zijden begrensd door bergen:

> the Austen peaks, the Brontë cliffs, the Eliot range and the Woolf hills. This book is an attempt to fill in the terrain between these literary landmarks and to construct a more reliable map from which to explore the achievements of English women novelists. (*A Literature of their Own*, p. VII)

Showalter wil de erkende vrouwen-grootheden plaatsen, niet in hun relatie tot grote mannen, maar in relatie tot andere vrouwelijke auteurs, minder bekend of geheel vergeten, om de keten van verwantschappen te zien tussen vrouwelijke auteurs onderling en de relatie van literaire verbeelding tot de geschiedenis en cultuur van vrouwen. Daarmee kiest Showalter ervoor vrouwen apart te zetten en ze te bestuderen als vrouwen. Dat lijkt een riskante herhaling van de wijze waarop vrouwen in de Victoriaanse kritiek vaak apart werden gezet, maar daar werden ze meteen ook verkleind, niet serieus genomen en met andere maten gemeten dan mannelijke schrijvers.

Volgens de negentiende-eeuwse dubbele standaard van de kritiek (in kaart gebracht door Showalter zelf; *A Literature of their Own*, pp. 73-100) werden vrouwelijke auteurs in de eerste plaats gezien als vrouw, niet als schrijver. Ze werden tegen elkaar opgezet, uitsluitend met elkaar vergeleken en afgemeten aan buitenliteraire maatstaven (waren ze wel netjes, delicaat en bescheiden genoeg? Waren ze wel beschaafd, religieus en vrouwelijk genoeg?). Het verschil is dat Showalter met haar apartheidspolitiek deze romanschrijfsters uitermate serieus neemt. Showalters meetlat is geen beperkende patriarchale maar eerder een feministische, die de ruimte van het volledige leven voor vrouwen claimt, en onderzoekt in hoeverre het de schrijfsters lukt de grenzen voor hun sekse in hun verbeelding op te rekken of te overschrijden. Showalter verklaart de door haar gevonden verwantschappen tussen vrouwelijke auteurs in stijlen, genrevoorkeuren, thema's en beelden niet vanuit een essentialistisch permanent verschil tussen mannen en vrouwen. Hoe mannen en vrouwen de wereld zien, wordt in haar ogen volledig historisch en sociaal bepaald. Het zijn maatschappelijke rollen, posities, normen en verwachtingen die de creatieve verbeelding differentiëren, die haar genderspecifiek maken. Deze naar gender verbogen verbeeldingswerelden deinen volgens Showalter altijd mee met de culturele en sociale vormgeving van het contemporaine sekseverschil. Dat uitgangspunt maakt haar tot een duidelijke sociaalconstructivist, oftewel een volgeling van de Beauvoir (de vrouw wordt gemaakt, niet geboren).

Showalters geschiedenis van de Engelse vrouwenliteratuur van de laatste anderhalve eeuw is zeker geen glorieus vooruitgangsverhaal. Zij onderscheidt van 1840 tot 1880 een zogeheten "feminine phase": de fase van imitatie en internalisering van de dominante traditie, doordat de schrijfsters de contemporaine seksestructuren niet aanvochten. Ze kozen bijvoorbeeld mannennamen als pseudoniemen om te kunnen werken en stelden zich nederig op tegenover uitgevers en critici. Daarop volgt een "feminist phase" tussen 1880 en 1920, waarin de schrijfsters zich bewust aaneensloten, vochten voor erkenning en de feministische thema's van hun tijd ondubbelzinnig en expliciet gingen vertalen naar hun literaire werk. Tenslotte een "female phase", na 1920, waarin de schrijfsters zich wel trachtten te ontdoen van zowel de afgedwongen aanpassing als het felle feminisme van de fasen daarvoor, die immers allebei vormen van afhankelijkheid zijn: in de "female phase" zou een eigen, vrije identiteit in het vrouwelijk schrijven hebben moeten aanbreken. Toch vallen de vrouwelijke auteurs na 1920 veelal terug in de klassieke valkuilen van zelfhaat, destructiviteit en gebrek aan autonomie. Alleen in de laatste vijftien jaar (vanuit 1977 gezien) ziet Showalter weer enig feministisch licht aan de horizon. Met Doris Lessing en Margaret Drabble krijgt de "female phase" een radicaler tintje, zij het naar Showalters zin nog niet radicaal genoeg. Deze fasen zitten niet zo duidelijk aan de genoemde tijdsperioden vast, zo waarschuwt ze van tevoren. Ze overlappen, ze lopen door elkaar heen, en in elke periode zijn ze allemaal wel ergens te vinden.

Anno 2003 is het al te gemakkelijk om *A Literature of Their Own* te bekritiseren. Bij herlezing is het niet zozeer een standaardwerk als wel een impressionistisch boek van een zeer belezen en begeesterd auteur, die met zevenmijlslaarzen een traditie behandelt die eerder zeven boekdelen zou vergen in plaats van een enkel. De keuze van de behandelde schrijfsters lijkt nu zeer willekeurig. Showalter houdt zich tot 1920 wel aan haar voornemen om niet alleen de erkende toppers onder de vrouwen te beschrijven, maar ook auteurs van het tweede plan, waardoor een traditie zichtbaar kan worden. Na die tijd valt het tweede plan echter plotseling weg (Showalter is duidelijk het best thuis in de Victoriaanse tijd), en daardoor staan de bekende toppers Dorothy Richardson en Virginia Woolf voor zowat de hele "female phase". Verder is Showalter buitensporig streng: weinig schrijfsters blijven overeind onder haar feministische meetlat. De behandeling van Virginia Woolf is zelfs onbegrijpelijk negatief. Ook schippert Showalter voor moderne ogen rijkelijk onbekommerd heen en weer tussen biografische gegevens over de auteurs en de (vooral thematische) aspecten van hun werk, alsof het werk een rechtstreekse spiegel van het leven zou zijn. Maar waar het om gaat, is dat Showalter het, in navolging van Virginia Woolf en Ellen Moers, aandurfde om vrouwelijke auteurs op feministische gronden apart te zetten en zeer uitvoerig en serieus te bestuderen in hun stijlen, hun thema's, literaire verwantschappen, invloeden, ontwikkeling, de behandeling die zij in de kritiek ondergingen, genres, eigen literatuuropvattingen, kortom vanuit alle invalshoeken die ook op mannelijke auteurs worden losgelaten. Velen deden haar sindsdien dat na. Ondertussen zijn we oneindig veel meer te weten gekomen over vrouwelijke auteurs en hun werk, over de in- en uitsluitingspatronen van het literaire domein en over de diepe gegenderdheid van cultuur überhaupt – waardoor Showalters eigen pioniersboek nu complexiteit en verfijnde literariteit lijkt te missen. Die perceptie is mijns inziens het gevolg van een kritische leestraditie die Showalter zelf op gang heeft gebracht.

De hierboven aangestipte kritiek heeft Showalter wel zeer breed uitgemeten gekregen van Toril Moi, die haar in 1985 een linkse moralist vond, die niet zozeer literatuurkritiek als wel grofstoffelijke politiek bedreef. Moi schoot bovendien met het Franse geschut van de Lacaniaanse psychoanalyse, de taalkritiek van Luce Irigaray en de *écriture féminine* van Hélène Cixous en Julia Kristeva. Moi's *Sexual Politics/Textual Politics* is een inleiding tot de feministische literaire theorie die een zeer binair en oppositioneel beeld schetst van aan de ene kant Anglo/Amerikaanse, aan de andere kant de Franse literatuurtheorie. De laatste wordt daarbij geprezen als superieur (radicaler, subversiever), terwijl de eerste achterhaald empirisme en patriarchaal humanisme aangewreven krijgt. Het denken in termen van 'kampen', de Anglo/Amerikaanse versus de Franse traditie, heeft erg lang geduurd en had vermeden kunnen worden als Moi Derrida's kritiek op het binaire denken wat serieuzer had genomen. Jacques Derrida liet zien dat westerlingen collectief lijden aan een obsessief denken in starre tweedelingen, waarbij de ene pool hiërarchisch blijkt te zijn verheven boven de andere; zo wordt de wereld steeds in twee gehakt: man versus vrouw, god versus mens, goed versus kwaad, cultuur versus natuur. Dat denken vindt Derrida met zoveel woorden patriarchaal: het schept schadelijke hiërarchieën en houdt deze in stand. Als Moi haar Franse les beter had geleerd, zou zij haar boek niet zo binair hebben ingedeeld. Bovendien deed die binariteit toen ook al geen recht aan de intense uitwisselingen tussen Franse en Amerikaanse critica's, en maakte de theoretici van andere nationaliteiten al helemaal onzichtbaar.

GYNOCRITICISM

In haar essay "Towards a Feminist Poetics" deelt Showalter het veld van de feministische literaire kritiek in twee grote stromen in: enerzijds de *feminist critique* – de kritische analyse van historische sekse-ideologie en genderrepresentatie in het werk van mannelijke auteurs – en anderzijds *gynocriticism* – de geschiedenis, thema's, genres, structuren van door vrouwen geschreven literatuur, zowel vanuit een historisch-contextueel als vanuit een psychologisch perspectief. Zolang we ons alleen bezighouden met de mannelijke canon zullen we niet weten wat vrouwen hebben gedacht, gedroomd en gevoeld over zichzelf en de wereld, zo licht Showalter haar keuze voor vrouwelijke auteurs toe. Hoewel Showalter wel is verweten dat de kritische blik daarmee vooral naar mannelijke auteurs wordt gericht, terwijl vrouwelijke auteurs een instemmende, empathische en niet-ideologiekritische leeswijze krijgen, is dat verwijt zeker niet terecht. Showalter leest het werk van vrouwen in al haar boeken vaak wel met empathie, vanuit een vrouwelijk perspectief, maar nooit zonder kritisch te zijn.

Een goed voorbeeld van Showalters leespraktijk is haar lectuur van Doris Lessings invloedrijke roman *The Golden Notebook* (1962), een voorloper van de vele feministische Bildungsromans die de decennia daarna zullen volgen. De heldin Anna ontwikkelt zich tot een onafhankelijk intellectueel, voor wie vrouwenvriendschappen met gelijkgestemden van levensbelang zijn. De seksen leven op tragische wijze langs elkaar heen, doordat mannen en vrouwen een verschillende taal spreken en doordat mannen het vermogen missen om lief te hebben. Dat taalverschil tussen mannen en vrouwen was ook een belangrijk thema bij Dorothy Richardson, wier boeken vaak gaan over de communicatiekloof tussen de seksen en de onwetendheid van mannen over wat vrouwen werkelijk bezielt en beweegt. Na *The Golden Notebook* zegt Lessing het sociaal realisme vaarwel en schrijft in allegorische vormen over mondiale catastrofes en het spirituele en reële einde van de westerse beschaving. Lessings leidende personages zijn dan meer androgyn dan feminien, zij zijn eerder de sekse-indelingen voorbij dan dat zij zich identificeren met het vrouwelijke in wat voor definitie dan ook. Showalter ziet scherp dat Lessing een individuele feminist (vér) *avant la lettre* is, die al lang weer ergens anders is op het moment dat de tweede feministische golf uitbarst.

Showalters visie op Virginia Woolf doet dan weer vreemd aan. Opmerkelijk genoeg deed Woolf anno 1929 al precies hetzelfde als Showalter. In haar lezingenreeks voor de vrouwen van Newham-college, later gebundeld tot *A Room of One's Own*, schreef zij een geschiedenis van de Engelse vrouwenliteratuur. Zij ontwierp daarin ook een visioen van hoe de literatuur eruit zou zien van vrouwen die werkelijk vrij zouden zijn om hun eigen leven in te richten, te werken, een kamer te hebben voor zichzelf. Die literatuur zou volgens Woolf androgyn zijn, bevrijd van het knellende bewustzijn van de eigen sekse als bron van onvrijheid, schaamte, woede, verzet of wraak. Terwijl ik Woolfs visioen van de androgyne geest die niet meer wordt vertroebeld door de invasie van emoties die onderdrukking en verzet met zich meebrengen, werkelijk prachtig en profetisch vind, ziet Showalter er een vlucht in, een "escape from the confrontation with femaleness and maleness" (p. 289). Terwijl ik Woolfs stijl – speels, voorzichtig en toch vasthoudend, vol aansprekingen en terzijdes – een ongekend retorisch genot vind, ergert Showalter zich aan het ontwijkende karakter ervan. Woolfs drie meest adembenemende boeken (*A Room of One's Own*, *Orlando* en *Three Guineas*) kiest Showalter nu uitgerekend uit als de meest mislukte. *Orlando*, een inmiddels meermalen verfilmde en zeer invloedrijk geworden fantasie over iemand die eeuwenlang leeft en meermaals van sekse verwisselt, waardoor zowel sekse, gender als seksualiteit bevrijd raken uit hun vaste binariteiten, wordt door Showalter neergesabeld als "tedious high camp". *Three Guineas* beoordeelt ze even vernietigend als Woolfs tijdgenoten dat deden, terwijl *Three Guineas*, geschreven in 1938, in zekere zin zelfs al op Lessing vooruit is: Woolf weet hier radicaal feminisme te combineren met een lucide analyse van de zucht tot oorlog en legt een verband tussen zowel de private als de collectieve catastrofes van de toenmalige wereld, tussen feminisme en wereldpolitiek, dat Lessing niet wist vast te houden.

Waarom Showalter anno 1977 niet meer waardering wist op te brengen voor de feministe die haar in vele opzichten voorging en de weg wees, is in zekere zin een raadsel dat misschien als volgt begrepen kan worden. In "Towards a Feminist Poetics" schetst Showalter de contouren van een historisch thema in vrouwenliteratuur, dat van de verwerping van de moeder door haar dochters.

> Much women's literature in the past has dealt with "matrophobia" or the fear of becoming one's mother. In Sylvia Plath, *The Bell Jar*, for example, the heroine's mother is the target for the novel's most punishing contempt. When Esther announces to her therapist that she hates her mother, she is on the road to recovery. Hating one's mother was the feminist enlightenment of the fifties and sixties; but is only a metaphor for hating oneself. Female literature of the 1970's goes beyond matrophobia to a courageously sustained quest for the mother, in such books as Margaret Atwood's *Surfacing*, and Lisa Alther's recent *Kinflicks*. As the death of the father has always been an archetypal rite of passage for the Western hero, now the death of the mother as witnessed and transcended by the daughter has become on of the most profound occasions of female literature. (*The New Feminist Criticism*, p. 135)

Het is een rake observatie van hoe het grote thema van de moeder-dochterrelatie in de Engelse en Amerikaanse vrouwenliteratuur evolueert. Matrofobie – de angst op je moeder te lijken, de angst om je moeder te worden – karakteriseerde de vrouwenliteratuur van de jaren vijftig en zestig. Dit thema is in de jaren zeventig getransformeerd tot een zoektocht naar de dode of verloren moeder, die tegelijk een voorwaarde is voor de dochter om zichzelf te vinden – een thema dat, sinds Showalter deze regels schreef, alleen nog maar dwingender en frequenter is geworden.

Moederhaat was het vrouwelijk equivalent van de klassieke mannelijke vadermoord en misschien werkt dat in de literatuurtheorie ook wel zo. De symbolisch dodelijke intermannelijke polemieken zijn bekend. De theoreticus Harold Bloom stelde in zijn boek *The Anxiety of Influence* dat de literatuurgeschiedenis één grote strijd te zien geeft van ik-zwakke literaire zonen tegen hun overweldigende literaire vaders, die overtroffen, bestreden, gedelegitimeerd, symbolisch gedood moeten worden. Bloom sluit vrouwen uit zijn oorlogsverslag van deze oedipale strijd van zonen tegen vaders: er komen in het geheel geen vrouwelijke auteurs in zijn boek voor. De critica's Gilbert en Gubar vielen Bloom daarop aan en schreven hun eigen boek over erfopvolging in de literaire vrouwenwereld. Daar lijkt veeleer het probleem erin te bestaan dat modellen ontbreken, dat er geen herinnering is aan een machtige moeder-auteur die het voorbeeld heeft gegeven, wat leidt tot angst voor het auteurschap. De modellen die wel bestaan worden liefdevol gerestaureerd, teruggezocht, nagevolgd. Vrouwen kennen dus andere tradities van erfopvolging, een meer symbiotische traditie van "thinking back through the mothers" zoals Ellen Moers dat al eerder formuleerde. Maar soms valt toch ook onder vrouwen een haat tegen de moeder waar te nemen. Dat patroon zie je, inderdaad, zoals Showalter hierboven aangaf, in de literatuur van de jaren vijftig en zestig. Maar je ziet het ook in de relatie tussen Showalter en Woolf als denksters. Woolf was, met haar vele essays en boeken over vrouwelijke schrijfsters, de grote voorganger voor Showalter. Misschien heeft Showalter, om zich niet bij voorbaat door dat model verpletterd te hoeven voelen, deze hyperkritische blik op Woolf wel nodig gehad om haar eigen identiteit als vrouwelijk denker te kunnen vestigen. Aan het meer eigentijdse "thinking back through our mothers" – wat een mede door het feminisme verworven en aanzienlijk vredelievender vorm van identiteitsvorming is – was zij kennelijk op dat moment nog niet toe. Later draaide ze bij. Overigens is de relatie van Toril Moi tot Showalter er ook een van polariseren en zeer polemisch afzetten-tegen. Het verslaan van machtige voorgangers is bepaald niet alleen aan de orde tussen mannelijke schrijvers, maar evenzeer soms tussen vrouwelijke denkers.

De introductie van het *gynocriticism* hield de introductie van een nieuwe leeswijze in, het "reading as a woman", iets wat de theoreticus Jonathan Culler snel onderkende. Hij nam de feministische kritiek dan ook op in zijn boek *On Deconstruction* (1983), waarin deze een sleutelrol krijgt in het hoofdstuk over de ontwikkeling van de *reader-response*-kritiek. De geboorte van de vrouwelijke lezer, die nieuwe teksten kiest en de bestaande teksten anders leest, die nieuwe betekenissen genereert, andere literatuurgeschiedenissen schrijft, is een van de eerste van een generatie van 'andere lezers' die zich in de literatuurwetenschap als reële en theoretische optie gaan manifesteren. Er bestaat niet één, 'juiste' interpretatie of meest overtuigende leeswijze. Betekenisgeving is niet alleen historisch veranderlijk, niet alleen afhankelijk van de mate van oefening en kennis van de literaire codes en conventies, maar ook afhankelijk van het perspectief, de belangen en de ervaringen van wie leest. Het neutraal geachte, maar in feite mannelijk, blank, hetero, *middle class* en westers georiënteerde lezen wordt, mede door 'de opstand der lezeressen' waarvan Showalter een belangrijk aanvoerster was, geproblematiseerd. Het ontstaan van het hele *reader-response-criticism* is ongetwijfeld aan alle kanten verbonden met het ontstaan van de vele nieuwe lezersgroepen en hun academische vertegenwoordigers, vrouwelijke lezers, zwarte en postkoloniale lezers, homo- en lesbolezers, die nieuwe betekenissen 'los lazen' uit de oude werken, die nieuwe literaturen produceerden uit hun midden en die de overweldigend mannelijke canon met zijn vaste nummers deden verschijnen als een negentiende-eeuws relict van een versteende patriarchale klassenmaatschappij.

Culler onderscheidt in zijn hoofdstuk "Reading as a Woman" drie fasen of 'momenten' in het werk van de feministische literatuurtheoretica's anno 1982. 'Lezen als vrouw' begint met het inzetten van de "authority of experience" van vrouwelijke lezers, die vanuit hun eigen sociale en psychologische ervaringen als vrouwen de tekst tegemoet treden. Culler laat zien hoe daardoor bij iemand als Showalter totaal andere visies op personages ontstaan, een nieuw bewustzijn van het web van sekse-codes in een tekst, andere mijlpalen van literaire vernieuwing. Fase twee begint met de realisatie dat 'lezen als vrouw' niet vanzelfsprekend beschikbaar is: het gaat om een sensibiliteit en een kritisch bewustzijn die moeten worden geproduceerd, toe-geëigend. Vrouwen hebben namelijk juist geleerd te lezen 'als mannen', geleerd zich te identificeren met mannelijke protagonisten, mee te gaan met de retoriek van de talloze verhalen die de 'universele' *American dream* belichamen – in de woorden van Leslie Fiedler: "a man on the run, harried into the forest and out to sea, down the river or into combat – anywhere to avoid 'civilisation', which is to say, the confrontation of a man and a woman which leads to the fall to sex, marriage, and responsability." (*On Deconstruction*, p. 52). Vrouwen hebben zulke tegen hen gekeerde verhalen lang geconsumeerd. Het dilemma waarin zulke scenario's de vrouwelijke lezer kunnen brengen, werd door Judith Fetterley in haar boek *The Resisting Reader* geformuleerd als:

> In such fictions the female reader is co-opted into participation in an experience from which she is explicitly excluded; she is asked to identify with a selfhood that defines itself in opposition to her; she is required to identify against herself (*On Deconstruction*, p. 52)

Culler maakt duidelijk dat het Fetterley niet gaat om verzet tegen een aantal losse vijandige vrouwbeelden. Zij stelt, veel verderstrekkend, de manier aan de kaak waarop de dramatische structuur van zulke verhalen vrouwen dwingt tot identificatie met een agressieve kijk op zichzelf als hindernis, als obstakel tot vrijheid. Fetterley demonstreert vervolgens hoe men van een "assenting reader", een toestemmende lezeres, een "resisting reader", een zich verzettende lezeres, kan worden. Het komt erop neer dat je zulke, tegen jezelf gerichte identificaties blokkeert. Omdat Culler dan zelf een aantal overtuigende voorbeelden geeft van dit 'zich verzettende' lezen (een treffende feministische analyse van Freuds denken over het vaderschap) reageert Showalter – in het essay "Critical Cross-Dressing" uit 1987 – dat "reading as a woman" eigenlijk beter betiteld kan worden als "reading as a feminist"; een kritische leeshouding is uiteindelijk niet gebonden aan de biologische sekse van wie leest. Ook Culler doet het immers met verve, zo zegt Showalter. Uiteraard is het zeer welkom als ook mannen een bewustzijn van de seksecodes in de tekst ontwikkelen. In Nederland betitelde Ernst van Alphen zo'n genderkritische leeshouding van mannen als een "lezen als randman". De 'randman' is een man die de priviliges ziet die zijn sekse bij voorbaat krijgt en die zich distantieert van gedrag en denkwijzen die het man-zijn conventioneel omringen. Daardoor kan hij verhelderende en constructieve bijdragen leveren aan de projecten van vrouwelijke feministen. Op dezelfde manier kunnen blanke lezers, met voldoende kennis van zwarte literaire tradities en tekstuele codes en voorzien van een postkoloniale sensibiliteit, lezen 'als randblanke', zoals heterolezers kunnen lezen 'als randhetero' etc.

De derde fase die Culler in het "reading as a woman" zag, was die van de deconstructie. Daarin worden vrouwelijke personages of tekstdetails geïnterpreteerd als subverterende breekpunten. "In recent French writing", zo stelt Culler, " 'woman' has come to stand for any radical force that subverts the concepts, assumptions, and structures of traditional male discourse [...] In this third moment [...] many of these concepts and theoretical categories – notions of realism, of rationality, of mastery, of explanation – are themselves shown to belong to phallocentric criticism." (*On Deconstruction*, p. 61-62) Die laatste invalshoek wordt vertegenwoordigd door iemand als Shoshana Felman. Dat is werk van een geheel andere signatuur dan dat van Showalter, die echt uitglijdt wanneer zij zich op het terrein van poststructuralisme en deconstructie begeeft. Showalters kracht ligt vooral in het verzamelen, analyseren en beschrijven van vrouwenliteratuur, in sociale en historische contextualisering, in cultuurgeschiedenis. Zij schrijft onderhoudend, is uitermate belezen, heeft en houdt een groot publiek geboeid. Zij heeft bovendien de feministische literatuurbeschouwing zeer veel bekendheid en een enorm krediet en respectabiliteit bezorgd in de Amerikaanse en internationale literatuurtheorie; dat alles is ongetwijfeld haar grootste, ja onschatbare verdienste.

Beknopte bibliografie

Primaire literatuur

A Literature of Their Own: British Women Novelists from Brontë to Lessing. Princeton: Princeton UP, 1977.

(red.). *The New Feminist Criticism: Essays on Women, Literature and Theory.* New York: Pantheon, 1985 (met essays van onder andere Annette Kolodny, Jane Tompkins, Barbara Smith, Sandra Gilbert, Susan Gubar, Rachel Blau DuPlessis, Nancy Miller en Showalter zelf)

"Toward a Feminist Poetics", in: Showalter 1985: 125-143.

"Feminist Criticism in the Wilderness", in: Showalter 1985, pp. 243-270.

"Critical Cross-Dressing; Male Feminists and the Woman of the Year", in: Alice Jardine en Paul Smith (red.). *Men in Feminism.* New York: Methuen, 1987, pp. 116-133

(red.). *Speaking of Gender.* New York: Routledge, 1989.

The Female Malady: Women, Madness, and English Culture 1830-1980. New York: Pantheon, 1985.

Sexual Anarchy: Gender and Culture at the Fin de Siècle. New York: Penguin, 1990.

Sister's Choice: Tradition and Change in American Women's Writing. Oxford: Clarendon, 1991.

Hystories: Hysterical Epidemics and Modern Media. New York: Columbia UP, 1997.

Inventing Herself: Claiming a Feminist Intellectual Heritage. New York: Scribner, 2001.

Teaching Literature. Malden: Blackwell, 2003.

Faculty Towers: The Academic Novel and its Discontents. Philadelphia: University of Pennsylvania Press, 2005.

Secundaire literatuur

CULLER, Jonathan. “Reading as a Woman”, in: *On Deconstruction: Theory and Criticism after Structuralism.* London: Routledge, 1983: pp. 43-64

DE LAURETIS, Teresa. *Feminist Studies: Critical Studies.* Bloomington: Indiana UP, 1986, pp. 121-138.

MEIJER, Maaike. *De lust tot lezen. Nederlandse dichteressen en het literaire systeem.* Amsterdam: Van Gennep, 1988.

—. “De bibliotheek in de tuin. Feministische intellectuelen en hun genre: van marge naar middelpunt”, in: Braidotti, Rosi en Suzette Haakma (red), *Ik denk dus zij is. Vrouwelijke intellectuelen in historisch en literair perspectief.* Kampen: Kok Agora, 1994, pp. 173-193.

MILLS, Sara et al. *Feminist Readings, Feminists Reading.* New York: Harvester Wheatsheaf, 1989.

MOI Toril. Elaine Showalter, in: *Sexual/Textual Politics: Feminist Literary Theory.* London: Methuen, 1985, pp. 75-80 en passim.

PONDROM, Cyrena A.. “Gender and the (Re)Formation of the Canon: Is Politics All?”, *ADE Bulletin* (1988), pp. 21-28.

SCHWEICKART, Patrocinio P. “Reading Ourselves: Toward a Feminist Theory of Reading”, in: Flynn, Elizabeth A. en Patrocinio Schweickart. *Gender and Reading: Essays on Readers, Texts, and Contexts*, Baltimore: Johns Hopkins UP, 1986, pp. 31-62.

TODD, Janet. *Feminist Literary History.* New York: Routledge, 1988.

JUDITH BUTLER
(1956-)

Gert BUELENS

Judith Butler verwisselde een tiental jaar geleden haar hoogleraarschap in de Humanities aan de Johns Hopkins University voor één in 'Rhetoric and Comparative Literature' aan de University of California te Berkeley. Dat is op het eerste gezicht een vrij bevreemdende ontwikkeling, die maar matig reflecteert op welk terrein de impact van haar werk vooral valt te situeren. Butlers bekendste boek, *Gender Trouble*, verscheen net voor deze wissel en draagt een ondertitel – "Feminism and the Subversion of Identity" – die op een zichtbaarder wijze het werkterrein aangeeft waarmee ze veelal wordt verbonden: vertrekkend vanuit een feministisch geïnspireerde bevraging van mens en maatschappij, ondergraaft Butler de gangbare opvattingen over gender en seksuele identiteit. Zij ligt zo mee aan de basis van de "queer theory" en ze wordt zelfs vaak beschouwd als de sleutelfiguur ervan. Toch is het verband tussen "rhetoric" en "queer theory" zeer sterk: één van de centrale uitgangspunten van die theorie is dat identiteit geen aangeboren essentie is, maar een discursieve constructie.

IDENTITEIT EN PERFORMANCE

In haar eerste boek, *Subjects of Desire: Hegelian Reflections in Twentieth-Century France* (1987), behandelt Butler de hedendaagse weerklank van de filosoof die ook voor haar latere werken een cruciale betekenis zal hebben. Butler analyseert de kritische receptie van Hegels *Phänomenologie des Geistes* door denkers als Kojève, Hyppolite, Sartre, Lacan, Derrida, Deleuze, Foucault en Kristeva, een intellectuele traditie die haar oeuvre constant blijft voeden. De nadruk van *Subjects of Desire* ligt op het negatieve verlangen dat de Hegeliaanse Geest voortdrijft in een zoektocht naar het absolute stadium, waarin de Geest op zichzelf en voor zichzelf zal zijn. Dat kan slechts worden bereikt door het verwerpen of negeren van al hetgeen dat behoort tot het anders-zijn (bij voorbeeld de natuur, het lichaam). Hoewel ze veel affiniteit vertoont met de Franse filosofen die ze in dit boek bespreekt, is het voor Butler toch duidelijk dat hun kritiek op Hegel vaak op misverstanden berust, die niet zelden toegeschreven kunnen worden aan de noden van hun eigen theorie of aan de eisen van hun historisch moment. Globaal gesproken is Butler van mening dat Hegels cruciale concept van *Aufhebung* (opheffing) – de derde, synthetische stap in het dialectische proces – veel te gemakkelijk wordt afgedaan als totaliserend en afgesloten. Dit is ten eerste een miskenning van het permanente karakter van het dialectische proces, waarbij de synthese opnieuw gaat fungeren als een these in een nieuwe confrontatie (zoals Butler opmerkt, bewijst de antithetische reactie op Hegels filosofie de fundamentele juistheid van dit aspect van zijn visie). Ten tweede gaan de bestudeerde filosofen eraan voorbij dat de Hegeliaanse *Aufhebung* niet alleen de ontkenning behelst van het anders-zijn (de opheffing ervan in die zin van het woord), maar ook het bewaren en omsluiten ervan (in een andere betekenis) en het op een hoger niveau tillen van dat anders-zijn (in een derde zin van opheffing). Met andere woorden, het andere is zo fundamenteel voor het dialectische proces dat Hegels Geest laat totstandkomen (of het Hegeliaanse subject, om Butlers moderniserend accent over te nemen), dat men volgens Butler kan stellen dat het Hegeliaanse subject wordt gedreven door een verlangen naar de ander: het is enkel in de *Aufhebung* van het andere dat het ik zichzelf kan kennen.

Met de publicatie van *Gender Trouble* (1990) werd de toen pas 34-jarige Butler zelf 'opgeheven' tot een ster aan het Amerikaanse academische firmament. Dit 'star system' kristalliseert in één persoon wat in feite een complexe socio-intellectuele ontwikkeling is die door velen wordt gedragen. In het geval van Butler gaat het over het ontstaan van *queer theory* vanuit enerzijds *feminist studies*, anderzijds *gay and lesbian studies*. Butler laat zelf niet na te beklemtonen dat er in haar ogen helemaal geen scherpe breuk is tussen die drie praktijken. Ze voert haar werk bovendien in veelvuldige dialoog uit met een grote groep collega's, waarvan sommigen in de genese van *queer theory* een cruciale rol speelden (bijvoorbeeld Eve Kosofsky Sedgwick, Diana Fuss,

Donna Haraway, Teresa de Lauretis, om er maar enkele te noemen naar wie Butler vaak verwijst). Toch is er een vrij algemene perceptie dat *queer theory*, mede dank zij een boek als *Gender Trouble*, paden bewandelt die noch in vrouwenstudies, noch in holebi-studies mogelijk waren. Het verschil ligt vooral in een andere visie op identiteit. Vrouwen- en holebi-studies gaan uit van een bestaande identiteit, die wordt gedefinieerd als tegenpool van een respectievelijk mannelijke of heteroseksuele identiteit. Men zou kunnen stellen dat dit een structuralistisch begrip van gender- en seksuele identiteit impliceert, waarbij het studieobject (vrouw, holebi) in zijn onderdrukte relatie tot de dominante (machtige) termen van de sociale structuur wordt begrepen. Doelstelling is verandering te brengen in deze relatie, met name door het erkennen van gelijke rechten. *Queer theory* (het woord 'queer' is etymologisch verwant met het Latijnse 'torquēre' en het Middel-Nederduitse 'dwer', zodat 'dwarsdenken' een goede vertaling zou zijn voor 'queer theory') legt een poststructuralistische nadruk op het onstabiele karakter van zulke structurele polen, zowel in hun relatie tot elkaar als in hun eigen 'identiteit'. Het begrip 'identiteit' op zich wordt door *queer theory* in vraag gesteld, omdat het de bestaande machtsverhoudingen kan helpen stabiliseren en bestendigen: "Houdt de constructie van de categorie 'vrouwen' als een samenhangend en vast subject niet een ongewilde normalisering en verstarring van genderverhoudingen in?" (*Genderturbulentie*, p. 35).

Nochtans situeert *Gender Trouble* zich expliciet *binnen* de feministische strijd: "[Er is] nu misschien een nieuw soort feministische politiek gewenst om de verstarring van gender en identiteit te bestrijden, een feministische politiek die de veranderlijke constructie van identiteit als methodologische en normatieve voorwaarde stelt, of zelfs als politiek doel" (*Genderturbulentie*, p. 35). Het boek steunt sterk op de inzichten van figuren als de Beauvoir, Rubin, Rich, Kristeva en Wittig, die ook zeer invloedrijk zijn geweest in *feminist* en *lesbian studies*, wat eveneens geldt voor het gedachtegoed van Foucault, Freud en Lacan, drie andere belangrijke bronnen voor Butlers boek. Maar het is eigenlijk de (niet expliciet vermelde) taalfilosoof Austin, zoals gelezen door Derrida, die aan de basis ligt van het idee dat *Gender Trouble* zo'n grote impact gaf: de performatieve aard van gender. De linguïstische categorie van de performatieven biedt volgens Butler de sleutel tot onze complexe relatie tot de sociale orde. Performatieven zijn voor Austin onder meer werkwoorden die een handeling verwezenlijken enkel al door het uitspreken ervan, zoals "Ik benoem u tot majoor". In het kielzog van Derrida wijst Butler erop dat dergelijke performatieven enkel dan tot een geslaagde taalhandeling leiden, wanneer ze op de correcte manier vroegere, identieke taalhandelingen citeren (hoeveel keer is de formule "Ik benoem u tot..." al niet gebruikt?). Het herhalingskarakter van zulke taalhandelingen is voor Derrida en Butler van centraal belang. Butler stelt bovendien dat taalhandelingen bij uitstek te vinden zijn in een context die de bestaande heteroseksuele sociale orde schraagt: "Ik noem dit kind Elisabeth", of het Engelse "I do" als ja-woord in de trouwceremonie. Telkens wanneer zulke performatieven worden gebruikt, gebeuren er tegelijkertijd twee dingen: de traditie wordt aangehaald (verwijzing naar het verleden) én opnieuw verankerd en citeerbaar gemaakt (verwijzing naar de toekomst).

De sociale normen (bij voorbeeld die van gender) die aan ons worden overgeleverd, worden door Butler gezien als performatieven en beslaan bijgevolg een veel ruimer bereik dan ze in Austins theorie toegemeten krijgen. Het is maar door performatieven/normen correct aan te halen dat ze opnieuw tot leven komen en vervolgens kunnen doorleven als ze na ons door anderen worden herhaald. Dit proces van aanhalen en herhalen vormt zowel hun construerende kracht als hun potentiële Achillespees. Wat gebeurt er immers als iemand niet helemaal correct citeert, per ongeluk of opzettelijk? Soms zal de 'vergissing' worden afgestraft, soms niet, of niet onmiddellijk. Kan het dan niet gebeuren dat het 'foutieve' citaat op zijn beurt wordt herhaald en een nieuw performatief proces op gang brengt? Het is met name dit aspect van Butlers model dat veel lezers aansprak in *Gender Trouble*: haar theorie lijkt ruimte te laten voor de (beperkte) mogelijkheid van het subject om af te wijken van de gangbare (gender)norm en, op termijn, voor geleidelijke sociale verandering.

Individuele vrijheid en sociale verandering bekleden echter een bescheiden plaats in Butlers betoog. Wanneer ze stelt dat gender performatief moet worden geïnterpreteerd, dan bedoelt ze niet dat we een genderrol naar believen vertolken, zoals een acteur aan om het even welk personage gestalte kan geven. Het is veeleer zo dat wij bij het uitbeelden van een gender altijd opnieuw vormgeven aan ("perform") de overgeleverde normen van dat gender, die verankerd liggen in wat Butler de heteroseksuele matrix noemt:

> [G]ender [...] brengt de identiteit tot stand die het pretendeert te zijn. In deze zin is gender altijd een kwestie van doen, maar geen doen door een subject dat voorafgaand aan de daad zou bestaan. [...] [E]r zit geen genderidentiteit achter de uitdrukkingen van gender; die identiteit wordt juist performatief gevormd door de "uitdrukkingen" die eruit voortgekomen zouden zijn. (*Genderturbulentie*, p. 62-63.)

Het voorbeeld van travestie dat Butler in *Gender Trouble* gebruikt, heeft in dit verband voor enige verwarring gezorgd. Travestie-artiesten spelen een genderrol die niet die is van hun 'eigen' sekse. Men zou uit dit voorbeeld kunnen afleiden dat gender altijd een vrij gekozen performance is en dat Butler stelt dat je, ongeacht je 'echte' sekse, om het even welke genderrol kunt ten tonele brengen. Maar Butler wil ten eerste duidelijk maken dat de heteroseksuele matrix ervoor zorgt dat wij bepaalde gendernormen natuurlijk vinden (niet alleen kledij, maar ook houding en gestes) en het bijgevolg grappig of prikkelend vinden als die in een act parodiërend worden uitgebeeld door iemand die niet de 'juiste' sekse bezit. De intrigerende vraag die Butler vervolgens stelt is: wat als de travestiet van het vrouwelijke nu eens wèl een vrouw is? Behoort die act dan niet langer tot de travestie? Toch wel, omdat de vrouwelijke gendernormen ook hier bewust aangehaald worden in een parodiërende vorm. Maar wat met iemand die het vrouwelijke vertolkt in een alledaagse context? Is het niet zo dat wij (haar omgeving) en zij zelf ervan uitgaan dat zij *bijgevolg* een vrouw is? Is het gevoel een vrouw te zijn niet het gevolg van de vrouwelijke performance die plaatsvindt, eerder dan dat het zo zou zijn dat je je als vrouw gedraagt omdat je nu eenmaal een vrouw bent?

Het onderscheid tussen sekse en gender dat, dankzij het feminisme, sinds de jaren zeventig steeds meer ingang heeft gevonden in de maatschappij, wordt door Butler sterk in vraag gesteld. In ons denken hierover gaan we er nog altijd van uit dat je eerst een biologische sekse hebt (aangeboren), waarop dan een cultureel geconstrueerde genderrol wordt opgebouwd. "De relatie tussen cultuur en natuur die sommige 'constructie'-modellen van gender vooronderstellen, impliceert een cultuur of een sociale instantie die inwerkt op een natuur, die zelf als een passief oppervlak wordt begrepen dat buiten het sociale ligt en er toch de noodzakelijke tegenhanger van is" (*Genderturbulentie*, p. 102). Je kunt als man wel vrouwelijke karaktereigenschappen hebben en als vrouw mannelijke. Maar de fundamentele tweedeling, of je ze nu man/vrouw noemt (sekse) of mannelijk/vrouwelijk (gender), blijft nog even sterk als voor de feministische opsplitsing sekse-gender. Niemand zal bijvoorbeeld ooit zeggen dat deze of gene vrouwelijke trek veelvuldiger bij mannen voorkomt dan bij vrouwen. Er is volgens Butler niet veel vooruitgang geboekt in het bestrijden van de heteroseksuele matrix door het aanbrengen van het onderscheid sekse-gender. We blijven het natuurlijk vinden dat er twee sekses-genders zijn en dat komt doordat we de heteroseksuele relatie net als voorheen de meest natuurlijke vinden en het onderscheid man/vrouw voor vanzelfsprekend laten doorgaan.

Constructie en Materie

Deze argumentatie vind je al in *Gender Trouble*; ze treedt op het voorplan in *Bodies That Matter* (1993). Butler tracht het primaat van sekse te deconstrueren door te betogen dat ook de manier waarop we tegen het lichaam aankijken sociaal-cultureel geconstrueerd is. Er is voor haar in feite enkel gender – een culturele constructie. Het feit dat we op grond van bepaalde lichamelijke kenmerken besluiten dat iemand de sekse 'man' heeft, is evenzeer een culturele constructie als dat we op grond van zijn gedrag of kledij tot zo'n besluit komen (wat we dan gender noemen). En die redenering gaat ook op voor hoe we ons eigen lichaam beleven. We *zijn* niet zomaar een lichaam, maar we *doen* ons lichaam telkens opnieuw als een performatieve daad die de normen citeert die binnen de heteroseksuele matrix gelden voor het mannelijke of vrouwelijke lichaam. Zo kan ons lichaam ertoe doen binnen de heersende orde. Wie er niet in slaagt die normen aan te halen (bvb. transseksuelen), wordt al gauw verstoten als een abject lichaam dat er niet toe doet.

Zoals steeds poneert Butler niet zomaar eigen stellingen, maar is haar tekst stevig theoretisch onderbouwd. Een centraal gegeven in haar werk is een aan Nietzsche en Foucault ontleende vastberadenheid om de genealogie van menselijk denken en handelen te ontleden. De vragen die ze stelt, zijn niet zozeer ontologisch van aard ("wie of wat *is* een vrouw?"), noch strikt epistemologisch ("hoe (her)*ken* je (jezelf als) een vrouw?"), maar genealogisch: "hoe *ontstaat* een vrouw?" Deze filosofische oriëntatie verklaart ook een aantal van Butlers favoriete uitdrukkingen, zoals "Bodies That Matter". Hoewel de Nederlandse vertalers de titel van dit boek terecht weergeven als 'lichamen die ertoe doen', ligt er ook een tweede belangrijke betekenis in verscholen: het zelfstandig naamwoord 'matter' betekent ook materie, stof. 'Matter' is etymologisch verwant met het Latijnse 'mater', moeder, en 'matrix', baarmoeder. Butler wijst erop dat 'matter' op die manier verweven is met de problematiek van reproductie, en dat vrouwelijkheid en materialiteit al van in de klassieke oudheid zo met elkaar worden verbonden. Ze gaat verder in op de klassieke traditie die voor het verklaren van "wat een ding is en betekent", teruggrijpt naar het "ontstaansprincipe" ervan (ibid.). Zo bezit het Griekse woord voor materie of stof, 'hyle', de dubbele betekenis van "the wood or timber out of which various cultural constructions are made, but also a principle of origin, development, and teleology which is at once causal and explanatory. This link between matter, origin, and significance suggests the indissolubility of classical Greek notions of materiality and signification" (*Bodies That Matter*, p. 31). 'Hyle' is niet hout in zijn natuurlijke context, maar enkel hout-met-een-culturele-bestemming: "wood that already has been cut from trees, instrumentalized and instrumentalizable, artifactual, on the way to being put to use" (*Bodies That Matter*, p. 31-32): hout als (tastbare) grondstof, die zal worden verwerkt in een Hegeliaans proces, waarna het enkel nog in opgeheven, verborgen vorm aanwezig zal zijn in het nieuwe ding. Maar het zal er nog steeds in aanwezig zijn, bewaard, omsloten, en principieel aanwijsbaar als grondstof of oorzakelijke basis van het nieuwe ding. Zo'n abstractere, causale betekenis van 'hyle' bezit ook het Nederlandse woord 'stof' zoals we het gebruiken in 'stof tot kwaadspreken', 'stof tot lachen hebben', waar 'stof' equivalent is met 'grond, reden, aanleiding' (*Van Dale*).

Waarom is deze dubbele betekenis van 'hyle' zo belangrijk voor Butler? Omdat eruit blijkt dat er al van in de klassieke oudheid binnen het semantische veld van materie, stof, 'matter' een fundamentele continuïteit wordt herkend tussen het lichamelijke, natuurlijke, fysieke enerzijds en het geestelijke, abstracte, culturele anderzijds. Antieke filosofen als Aristoteles en Plato vertrekken van deze continuïteit, om dan te benadrukken dat de laatstgenoemde pool – de mannelijke – superieur is aan de eerstgenoemde – de vrouwelijke. Een feminisme dat het onderscheid tussen sekse en gender instandhoudt, is volgens

Butler nog geen stap verder dan deze illustere heerschappen. Het vervalt in hetzelfde polaire denken dat de continuïteit van het stoffelijke miskent, als zowel lichamelijk als cultureel. "Bodies That Matter" moet je bijgevolg ook vertalen als lichamen die *stof* zijn in de volle zin van het woord: ze zijn wel degelijk tastbaar (Butler is geen filosofisch idealist die het bestaan van materie zou ontkennen), maar een genealogisch onderzoek van onze (denk)cultuur toont aan dat ze bovenal datgene zijn waarnaar in onze cultuur met graagte wordt verwezen als de onwrikbare oorzaak en verklaring voor de verschillen tussen 'man' en 'vrouw' die de cultuur in feite zelf aanbrengt. Butler bepleit "een terugkeer naar het idee van materie, niet als plek of oppervlak, maar als *een materialiseringsproces dat door de tijd heen vaste vorm krijgt en het effect produceert van grens, onveranderlijkheid en oppervlak dat we materie noemen*" (*Genderturbulentie*, p. 109, nadruk in origineel). Een dergelijke genealogie moet niet alleen macro-historisch worden toegepast op de tradities die ons denken bepalen, maar ook micro-historisch op het totstandkomen van een individueel lichaam, hier en nu, telkens weer, in een maatschappij die afwijkingen van de norm streng bestraft:

> Het volstaat niet om te zeggen dat er geen aan het vertoog voorafgaande "sekse" bestaat, die als het vaste referentiepunt dient van waaruit of in relatie waarmee de culturele constructie van gender te werk gaat. Dat sekse altijd al een gender heeft, altijd al geconstrueerd is, verklaart nog niet hoe de "materialiteit" van sekse gedwongen totstandkomt. Door wat voor beperkingen krijgen lichamen vorm als "geseksueerde" lichamen, en hoe moeten we de "materialiteit" van sekse en meer in het algemeen van lichamen, als de terugkerende en gewelddadige afbakening van het cultureel begrijpelijke, opvatten? Welke lichamen gaan ertoe doen – en waarom? (*Genderturbulentie*, p. 98)

Taal en macht

De titel van Butlers volgende boek, *Excitable Speech* (1997), is een term uit de rechtspraak. Een correcte vertaling van "excitable speech" zou wellicht zijn: uitgelokte taal. In de juridische context gaat het bvb. over "bekentenissen die niet in de rechtszaal kunnen worden gebruikt", omdat ze gemaakt werden toen de beklaagde onder mentale druk stond en niet volledig controle had over zijn of haar woorden (*Excitable*

Speech, p. 15). Voor Butler is het duidelijk dat we nooit rustig controle hebben over onze woorden, vermits onze uitspraken altijd worden geprovoceerd door een taal die ons overstijgt en die er al was voor wij er waren. Het menselijk subject is dan ook geen soeverein subject, dat als alleenheerser rustig zijn dictaten de wereld inzendt. Het menselijk subject is wèl een handelend subject, dat daden in de wereld stelt waarvoor het verantwoordelijk is. Die daadkracht en verantwoordelijkheid zijn ingeperkt door het overgeleverde karakter van de (talige) traditie waardoor dat handelen wordt uitgelokt:

> [T]he subject is constituted in language, [...] what it creates is also what it derives from elsewhere. [...] The one who acts (who is not the same as the sovereign subject) acts precisely to the extent that he or she is constituted as an actor and, hence, operating within a linguistic field of enabling constraints from the very outset. (*Excitable Speech*, p. 16)

Butler past deze theoretische inzichten in het boek toe op een aantal concrete juridische gevallen (ik kom later op één zo'n geval in detail terug) en formuleert algemenere bedenkingen bij de haalbaarheid en wenselijkheid van het gerechtelijk vervolgen van bijvoorbeeld pornografie of racistische taal.

Haar sceptische standpunt hieromtrent heeft zowel een pragmatische basis als een taalfilosofische. Pragmatisch gesproken wijst Butler erop dat het (Amerikaanse) rechtssysteem in de regel conservatieve krachten schraagt en progressieve cultuuruitingen terechtwijst. Taalfilosofisch gesproken duidt ze dit onderscheid aan de hand van een doorgedreven uitwerking van Austins analyse van performatief taalgebruik. Austin onderkent in die categorie (die, zoals we zagen, voor Butler algemeen geldig is) de subklassen van illocutionaire en perlocutionaire uitingen. De voorbeelden die ik tot nu toe gaf ("ik benoem u"; "ik noem dit kind ...") waren alle illocutionair: tijdens het uitspreken ervan wordt de handeling ook daadwerkelijk uitgevoerd. Bij perlocutionaire uitingen is er een uitgesteld effect van het handelingskarakter: "ik verzoek u plaats te nemen"; "ik waarschuw maar één keer!"; "trek het je toch niet aan!". Dit zijn, net als illocutionaire uitingen, vormen van taalgebruik zonder waarheidsgehalte (je kunt niet verifiëren of ze een toestand in de wereld *juist* omschrijven), maar of ze *geslaagd* zijn als taalhandeling, hangt niet (alleen) af van de vraag of ze door de spreker op de correcte manier en in de juiste context worden uitgesproken (zoals voor illocutionaire uitingen het geval is), maar (ook) of de toegesprokene er op de gewenste manier gevolg aan geeft (als iedereen blijft rechtstaan, dan is er een probleem). Butler stelt vast dat censuur tegen representaties van homoseksualiteit (bijvoorbeeld de naaktfoto's van Robert Mapplethorpe) steunt op een illocutionair begrip van de relatie tussen talige handeling en sociaal effect. Die foto's mogen niet worden tentoongesteld omdat dat een aanslag vormt op de goede zeden; taal (kunstfoto's) staat gelijk met handelen (aanslag op publieke moraal). Maar datzelfde rechtsapparaat oordeelt dat racistische taalhandelingen een perlocutionair karakter bezitten: zolang niet bewezen is dat ze daadwerkelijk het beoogde effect sorteren, zijn ze enkel taal, en als dusdanig beschermd door het eerste amendement op de Amerikaanse grondwet.

Butler vindt het problematisch dat feministische auteurs als Catherine MacKinnon en Mari Matsuda een kritische analyse ontplooien van enerzijds de pornografische industrie, anderzijds van het prediken van haat, als een zuiver illocutionaire vorm van performativiteit. Zij versterken op die manier de rechtsbasis die er zo vaak toe dient de vrije uiting van niet-normatieve zienswijzen en zijnsvormen aan banden te leggen. Bovendien is het volgens Butler filosofisch gezien ook onjuist dat het hanteren van bijvoorbeeld racistische of seksuele scheldwoorden illocutionair zou zijn, met andere woorden dat zo'n taalhandeling het slachtoffer onvermijdelijk die minderwaardige identiteit zou geven die het scheldwoord hem of haar toedicht. Een perlocutionair model laat ruimte voor de omgekeerde mogelijkheid, die bijvoorbeeld wordt geïllustreerd in het recupereren van het scheldwoord 'queer' niet als een bron van schaamte (zoals het perlocutionair was bedoeld), maar als één van trots. Het is in de kloof tussen taaluiting en taaleffect die een perlocutionaire taaluiting bij uitstek zichtbaar maakt, dat het geïnterpelleerde subject kan handelen en de toegeworpen uitdaging op deze of gene wijze aangaan (Butler bouwt hier kritisch voort op Althusser). Zo vertelt Butler in een interview over een voorval in haar buurt, toen een jochie op een dag haar doorheen een open raam toeriep: "Hé, ben jij lesbisch?!" In plaats van deze vraag als beschimpend op te vatten en ze te negeren of te (proberen laten) vervolgen als 'hate speech', antwoordde Butler gewoon: "Ja, dat klopt!" Dit spontane antwoord slaagde erin de potentieel gewelddadige situatie volledig te ontwapenen:

> Those who argue that hate speech produces a 'victim class' deny critical agency and tend to support an intervention in which agency is fully assumed by the state. In the place of state-sponsored censorship, a social and cultural struggle of language takes place in which agency is derived from injury, and injury countered through that very derivation. (*Excitable Speech*, p. 41)

In *The Psychic Life of Power* (1997) stelt Butler scherp op de relatie van de menselijke psyche tot machtsstructuren. We worden enkel een subject (een Freudiaans Ik) door ons te onderwerpen aan macht, aan wetten. Dit proces van onderwerping houdt enerzijds ook het verwerven van macht in (macht die we ontlenen aan die structuren), anderzijds het opgeven of onderdrukken van die verlangens (die het Freudiaanse Es had) waarop een taboe rust. Het verlangen zoekt echter een uitweg. Het opgeven of onderdrukken ervan laat altijd een spoor na en resulteert zonder uitzondering in een rest ergens in het psychische systeem, een exces dat er feitelijk niet zou mogen zijn. Net als andere poststructuralistische denkers is Butler sterk geboeid door dit exces, dat ze niet zomaar ziet als een nevenproduct van de werking van psychologie en sociale macht, maar als de verloochende motor ervan. *The Psychic Life of Power* gaat dieper in op de stelling (die ook al in *Gender Trouble* werd verdedigd) dat onze psychische identificatie met een bepaald gender totstandkomt wanneer we ons homoseksueel verlangen naar datzelfde gender onderdrukken. Cruciaal hierbij is dat het taboe op homoseksuele gevoelens zo sterk is dat we over dit verlies van een object van homoseksueel verlangen niet eens kunnen treuren. Daardoor ontstaat een melancholische *inlijving* van het verloren object van verlangen *als* onze eigen genderidentiteit, die we van dan af op onze huid met ons meedragen:

> Het meisje wordt een meisje doordat het onderworpen wordt aan een verbod dat de moeder als object van verlangen uitsluit en dit uitgesloten object als deel van het Ik opricht, in feite als een melancholische identificatie. De identificatie omvat dus zowel het verbod als het verlangen, en belichaamt zo het niet-betreurde verlies van de homoseksuele objectbezetting. [...] Binnen dit patroon is het homoseksuele verlangen een bron van angst voor genderverwarring. (*Genderturbulentie*, p. 127)

Dit psychische proces wordt door Butler bij jongens evenzeer geduid in relatie tot de moeder. Hier rust het verbod op identificatie met de moeder (op basis waarvan homoseksueel verlangen naar de vader zou mogelijk worden): "Binnen deze logica vereist 'man'-worden dat vrouwelijkheid wordt verworpen [...] Het verlangen naar het vrouwelijke wordt [...] gemarkeerd door die verwerping: de man wil de vrouw die hij nooit zal zijn. Nooit en te nimmer zou hij haar willen zijn: daarom wil hij haar" (*Genderturbulentie*, p. 127). In een formulering die zowel op Freud lijkt te berusten (het onbewuste als centraal gegeven in het psychische leven) als op Hegel (*Aufhebung* als ontkenning én bewaring) besluit Butler dat

> homoseksualiteit *niet* [wordt] opgegeven, maar behouden, zij het precies in het verbod op homoseksualiteit. [...] In dit scenario vereist het verbod de homoseksualiteit die het veroordeelt, niet als zijn uitwendige object maar als zijn eigen meest gekoesterde voedingsbron. Het gebaar waarmee homoseksualiteit verworpen wordt, versterkt de homoseksualiteit dus paradoxaal genoeg, zij het *als* verwerpende macht. (*Genderturbulentie*, p. 132-133).

Butler illustreert dit inzicht aan de hand van de panische reactie van het Amerikaanse leger op pogingen homoseksuele mannen tot de rangen toe te laten, en dus het funderende verbod waarop de hele mannelijkheid rust, onderuit te halen. De grootste macho's, zo Butler, hebben duidelijk het meest te verliezen bij het verdwijnen van het verbod waarop hun excessief mannelijke genderidentiteit melancholisch is opgebouwd. Op die manier maakt Butler de overgang van "de beschouwing van melancholie als een specifiek psychische economie naar een beschouwing van de productie van het melancholische systeem als deel van een regulerende machtswerking" (*Genderturbulentie*, p. 133).

Stilistisch gesproken bedient Butler zich graag van paradoxale formuleringen, die soms zinledig of slechts schijnbaar diepzinnig overkomen bij critici. Ze verdedigt zich tegen deze kritiek door op te merken dat taal het denken en het zijn bepaalt, en dat nieuwe denk- en zijnsvormen onmogelijk zijn zonder nieuwe stijlvormen. Ook heeft Butler een voorkeur voor retorische vragen, die vaak een hypothese al vragend opbouwen. Fans ervaren deze stijl als stimulerend; critici merken op dat je als lezer sneller een boude stelling zult proberen te weerleggen dan een al even gewaagde retorische vraag ontkennend te durven beantwoorden.

Butler combineert een hoog abstractieniveau en een grote filosofische belezenheid met een radicale strijdbaarheid en sterk politiek engagement. Ik wil tot besluit nog even kort ingaan op een duidelijk politiek getint essay van 1997 in *Critical Inquiry* (herdrukt in *Excitable Speech*) over een vonnis van het Amerikaanse Hooggerechtshof. Dat Hof stond voor de vraag of een ordonnantie van de stad St Paul, Minnesota, al dan niet grondwettelijk is, waarin een verbod wordt uitgesproken tegen "Whoever places on public or private property a symbol, object, appellation, characterization or graffiti, including, but not limited to, a burning cross or Nazi swastika, which one knows or has reasonable grounds to know arouses anger, alarm, or resentment in others, on the basis of race, color, creed, religion or gender commits disorderly conduct and shall be guilty of a misdemeanor" (*Excitable Speech*, p. 52). In een eerdere fase was de ordonnantie ingeroepen om een blanke tiener te vervolgen voor het aanbrengen van een brandend kruis in de voortuin van een zwart gezin. Butler leest het arrest van het Hooggerechtshof, dat de ordonnantie uiteindelijk ongrondwettelijk verklaart, enerzijds vanuit haar interesse voor performatief taalgebruik, anderzijds vanuit haar politieke overtuiging dat de Amerikaanse rechtsspraak racistische neigingen eerder ondersteunt dan te bestraffen. Voor Butler verdedigt het arrest het recht van de burger op vrije meningsuiting en pleit het de beklaagde vrij. het Hof neemt aanstoot aan de inhoudelijke implicatie van "op grond van ras,...". Het gaat aldus voorbij aan het *performatief* karakter van de communicatievorm een kruis verbranden op iemands eigendom. Het Hof heeft niet door, stelt Butler, dat er een perlocutionaire dimensie is aan deze taalhandeling die equivalent is met de imperatief: "Brand!", "Sterf!" (*Excitable Speech*, p. 57).

Butler citeert uitvoerig uit het arrest, maar als je dat document naast haar tekst legt, dan merk je toch een aantal vreemde divergenties op. Zo begint het arrest met heel expliciet te stellen dat de daad die de aanleiding vormt voor het bespreken van de grondwettelijkheid van de ordonnantie, uiteraard verwerpelijk is én strafbaar onder bestaande wetten. Die strafbare feiten worden opgesomd (onder meer brandstichting en racistische bedreiging), met de laconieke toevoeging dat de tiener ook daadwerkelijk onder de relevante wetten is veroordeeld en die veroordeling trouwens niet heeft betwist. Hierover bericht Butler niet. Bovendien vermeldt het arrest als een belangrijk bezwaar tegen de ordonnantie dat de inhoudelijke basis die ze aangeeft, niet alleen veel te ruim is (waardoor je kunt speculeren dat bijvoorbeeld ook affiches voor een Mapplethorpe tentoonstelling zouden kunnen worden verboden, aangezien die aanstoot zouden kunnen geven aan conservatieve gevoeligheden), maar ook te beperkt, aangezien het inhoudelijke lijstje seksuele geaardheid niet omvat (waardoor anti-homoseksuele graffiti wél zouden kunnen). Ook dit expliciete gegeven uit het arrest wordt merkwaardig genoeg volledig genegeerd door Butler.

Zoals wel meer grootschalige denkers laat Butler op het detailniveau af en toe een steekje vallen. Toch blijft haar werk zeer beklijvend. Ze bouwt haar stimulerende inzichten op rond een beperkt aantal kernideeën die vooral in die zin origineel zijn dat ze bestaande concepten een nieuwe wending geven, onder meer door ze op een stevig onderbouwde manier verrassend bijeen te brengen.

Beknopte bibliografie

Primaire literatuur

Subjects of Desire: Hegelian Reflections in Twentieth-Century France. New York: Columbia UP, 1987.

Gender Trouble: Feminism and the Subversion of Identity. New York: Routledge, 1990.

Bodies That Matter: On the Discursive Limits of "Sex". New York: Routledge, 1993.

Met Seyla Benhabib, Drucilla Cornell en Nancy Fraser. *Feminist Contentions: A Philosophic Exchange*. New York: Routledge, 1995.

Excitable Speech: A Politics of the Performative. New York: Routledge, 1997.

The Psychic Life of Power: Theories in Subjection. Stanford: Stanford UP, 1997.

Met Ernesto Laclau en Slavoj Žižek. *Contingency, Hegemony, Universality: Contemporary Dialogues on the Left*. London: Verso, 2000.

Antigone's Claim: Kinship Between Life and Death. New York: Columbia UP, 2000.

Met John Guillory en Kendall Thomas. *What's Left of Theory? New Work on the Politics of Literary Theory*. New York: Routledge, 2000.

Genderturbulentie. (red. Annemie Halsema en Marije Wilmink, vert. Ineke van der Burg en Niels Helsloot). Amsterdam: Boom/Parrèsia, 2000. Bevat het eerste hoofdstuk en het besluit van *Gender Trouble*, het voorwoord en een deel van de inleiding tot *Bodies That Matter*, en het hoofdstuk over gendermelancholie uit *The Psychic Life of Power*.

Giving an Account of Oneself: A Critique of Ethical Violence. Assen: Van Gorcum, 2003.
Precarious Life: The Power of Mourning and Violence. London: Verso, 2004.
Undoing Gender. New York: Routledge, 2004.
Met Sara SALIH (red.). *The Judith Butler Reader.* Malden: Blackwell, 2004.

Secundaire lectuur

HALSEMA, Annemie. "Het lichaam zijn en hebben: Een kritiek op Butlers constructivistische visie op het lichaam", *Tijdschrift voor Genderstudies* (2000): pp. 28-35.
MEIJER, Irene Costera en Baukje PRINS. "How bodies come to matter: An interview with Judith Butler", *Signs: Journal of Women in Culture & Society* (1998): pp. 275-286.
SALIH, Sara. *Judith Butler.* Londen: Routledge, 2002.
—. "Judith Butler and the ethics of 'difficulty'", *Critical Quarterly* (2003): pp. 42-51.
VASTERLING, Veronica. "De meest vernieuwende en geavanceerde theorie? Over het Butler-effect", *Tijdschrift voor Vrouwenstudies* (1995): pp. 455-466.

HENRY LOUIS GATES
(1950-)

Theo D'HAEN

Van het handjevol zwarte Amerikaanse literatuurwetenschappers dat er zich de afgelopen paar decennia heeft op toegelegd de studie van de Afrikaans Amerikaanse literatuur een stevige theoretische onderbouw te bezorgen, is Henry Louis Gates de meest vooraanstaande. Bevestiging van die status kwam er in 2002 door zijn uitverkiezing tot 'Jefferson Lecturer in the Humanities' door de *National Endowment for the Humanities* en de *National Council on the Humanities*, twee van Amerika's belangrijkste overheidsinstellingen voor steun aan de menswetenschappen. Hiermee heeft Gates zich definitief onderscheiden van andere Afrikaans Amerikanen, zoals Houston A. Baker Jr., bell hooks, Robert B. Stepto, Mary Helen Washington, Hortense Spillers, Arnold Rampersad, en Nellie McKay, die ook allen ruimschoots hun sporen verdienden op het terrein van de studie van de zwarte Amerikaanse letteren. Het belang van Gates schuilt wellicht ook eerder in zijn functie als icoon van een bepaalde vorm van Afrikaans Amerikaanse emancipatie, dan in het intrinsieke belang van zijn bijdrage aan de literaire theorievorming.

Henry Louis Gates Jr. werd in 1950 geboren in West Virginia, in een arbeidersfamilie. Via studie aan een lokale universiteit, een beurs voor verdere studie aan Yale University, een studieverblijf aan Cambridge University in Engeland, een doctoraat aan Yale, en daarna aanstellingen als hoogleraar aan achtereenvolgens Yale, Cornell, en Duke University, schopte hij het in 1991 uiteindelijk tot hoogleraar aan Harvard University, een van de meest prestigieuze instellingen voor hoger onderwijs van de Verenigde Staten. Aan Harvard is Gates tevens directeur van het W.E.B. Dubois Institute for African American Studies. Daar verzamelde hij de knapste koppen om zich heen die momenteel werkzaam zijn op het gebied van Afro-American Studies:

Cornel West, Kwame Anthony Appiah, William Jules Wilson en Evelyn Brooks Higginbotham. De steile academische carrière van Gates spreekt sterk tot de verbeelding van de gemiddelde zwarte Amerikaan. Ze levert het bewijs dat ook voor zwarte Amerikanen, die nauwelijks enkele decennia geleden als intellectueel inferieur werden beschouwd, de weg nu (relatief) open ligt naar de hoogste academische onderscheiding. Gates geniet echter ook grote uitstraling door zijn betrokkenheid bij een aantal publieksprojecten: hij stelde (mee) de commercieel succesrijke *Norton Anthology of African American Literature* (1996) samen, redigeerde een fel bewierookte multimedia encyclopedie, de *Encarta Africana* (1998), en verzorgde een zes uur durende televisieserie voor de Amerikaanse openbare omroep PBS, *Wonders of the African World with Henry Louis Gates Jr.* (1999), die veel stof deed opwaaien. Door collega's wordt hij voor dat alles wel eens op de hak genomen als 'academisch entrepreneur'. Van in het begin van zijn carrière heeft Gates trouwens zowel lof als hoon geoogst, en dit van de meest verschillende kanten.

De kern van Gates' hele literair-theoretische denken ligt besloten in één essay: "The 'Blackness of Blackness': A Critique of the Sign and the Signifying Monkey". Dit artikel verscheen in juni 1983 in het toonaangevende Amerikaanse tijdschrift *Critical Inquiry*. Gates hernam het in de bundel *Black Literature & Literary Theory*, die hij in 1984 redigeerde. Hetzelfde essay vormde ook de afsluiting van Gates' eerste zelfstandige boek, *Figures in Black: Words, Signs, and the "Racial" Self*, uit 1987. Tegelijkertijd vormde het de basis voor zijn tweede boek, *The Signifying Monkey: A Theory of Afro-American Literary Criticism*, uit 1988. In de rest van zijn oeuvre voegt Gates hieraan op literatuurtheoretisch gebied eigenlijk niets meer toe. Dat oeuvre is overigens wel zeer omvangrijk. Naast de al vermelde *Norton Anthology of African American Literature*, *Encarta Africana* en zijn televisieserie over Afrika, verzorgde hij ook een uitgave van het volledige werk van Zora Neale Hurston, een van de coryfeeën van de zogenaamde Harlem Renaissance, een zwarte literaire beweging in New York tussen 1920 en 1940. Gates is bijzonder actief als bloemlezer en redacteur. Zo redigeerde hij, alleen of met anderen, *The Classic Slave Narratives* (1987), *"Race," Writing, and Difference* (1986), *Six Women's Slave Narratives* (1989), *Reading Black, Reading Feminist: A Critical Anthology* (1990), *Bearing Witness: Selections from African-American*

Autobiography in the Twentieth Century (1991), *The Dictionary of Global Culture* (1997), *The Oxford Companion to African American Literature* (1997), *Pioneers of the Black Atlantic: Five Slave Narratives from the Enlightenment* (1998), *Africana: The Encyclopedia of the African and African American Experience* (1999), de gedrukte versie van de multimedia *Encarta Africana*, *The African-American Century: How Black Americans Have Shaped Our Century* (2000), *African American Studies: An Introduction to the Key Debates* (2002), *Africana: The Concise Desk Reference* (2003), *In Search of Hannah Crafts: Critical Essays on The Bondwoman's Narrative* (2004), *America Behind the Color Line: Dialogues with African Americans* (2004), en *African American Lives* (2004).

Tijdens zijn jaren aan Yale University was Gates verbonden aan het *Black Periodical Literature Project*, dat er zich onder leiding van Charles T. Davis op toelegde om onbekende zwarte literaire teksten aan de vergetelheid te ontrukken. Zo ontdekte Gates een roman uit 1859, *Our Nig: Or, Sketches from the Life of a Free Black*, van de hand van Harriet Wilson, die daarmee meteen de eerste zwarte romanschrijfster werd. In 1983 bezorgde Gates een uitgave van dit boek, met voorwoord. Hij was ook een van de drijvende krachten achter de 52-delige reeks *African American Women Writers of the Nineteenth Century*, uitgegeven voor rekening van het Schomburg Center in New York, een instelling gespecialiseerd in onderzoek naar de Afrikaans Amerikaanse cultuur. Gates blijft zijn speurtocht naar vergeten werken uit de Afrikaans Amerikaanse literatuur overigens naarstig voortzetten. Zo bezorgde hij in 2002 de uitgave van nog een vergeten zwarte roman, *The Bondwoman's Narrative.* Door zijn talloze uitgaven en bloemlezingen heeft Gates in belangrijke mate bijgedragen aan de verruiming van de Amerikaanse literatuurcanon. Als auteur publiceerde Gates verder nog *Loose Canons: Notes on the Culture Wars* (1992), *Colored People: A Memoir* (1994), *The Future of the Race* (1996, met Cornel West), en *Thirteen Ways of Looking at a Black Man* (1997). Eind 2004 had *The Third World of Theory* moeten verschijnen, de neerslag van een reeks lezingen (de Clarendon Lectures) die Gates onlangs gaf aan Oxford University. Dit boek is intussen afgemeld. Ik zal bij elk van deze boeken kort stilstaan, maar eerst zal ik wat dieper ingaan op dat ene centrale essay, "The Blackness of Blackness: a Critique of the Sign and the Signifying Monkey" en de verdere uitwerking ervan in *The Signifying Monkey.*

Een zwarte literatuurtheorie?

Black Literature & Literary Theory is opgedragen aan Charles T. Davis en Paul de Man, allebei leermeesters van Gates aan Yale, en allebei recent overleden ten tijde van de publicatie van Gates' boek. Davis was een bekende Afro-Amerikanist en de drijvende kracht achter het Black Periodical Literature Project. De Man was een belangrijk theoreticus van het poststructuralisme in het algemeen, en van het deconstructionisme in het bijzonder. *Black Literature & Literary Theory* staat dan ook in het teken van het zoeken naar een betekenisvol verband tussen de onderzoeksterreinen van deze leermeesters, respectievelijk de Afrikaans Amerikaanse cultuur en de literaire theorie. De bundel is er met name op gericht structuralistische en poststructuralistische inzichten dienstbaar te maken aan de studie van de zwarte Amerikaanse literatuur. Daartoe bevat het bijdragen van critici zoals Houston A. Baker Jr., Robert B. Stepto, Barbara Johnson, en (Kwame) Anthony Appiah, maar ook van de Nigeriaanse schrijver en latere Nobelprijswinnaar Wole Soyinka. Soyinka, met wie Gates bevriend was geraakt tijdens zijn studietijd aan Cambridge, oefende een belangrijke invloed uit op het denken van de jonge Gates. Gates' eigen bijdrage, "The Blackness of Blackness: a Critique of the Sign and the Signifying Monkey", benadert de literatuur als een systeem waarin betekenis ontstaat door structurele verschillen tussen genres, en door hoe specifieke werken zich verhouden tot genreconventies, en intertekstueel tot elkaar. Wat de Afrikaans Amerikaanse literatuur betreft is voor Gates die verhouding er een van "signifying". Wat die term inhoudt, legt Gates omstandig uit in zijn essay, en daarna in *The Signifying Monkey*. In "Criticism in the jungle", de inleiding tot *Black Literature and Literary Theory*, vat hij het argument van "The Blackness of Blackness: a Critique of the Sign and the Signifying Monkey" echter al kort samen.

Gates laat aan "Criticism in the Jungle" een citaat voorafgaan uit de roman *Mumbo Jumbo* van de Afrikaans Amerikaanse auteur Ishmael Reed. Daarin beklaagt een fictieve blanke criticus er zich over dat zwarten de woorden van de blanken gebruiken alsof ze hen toebehoren, en dat een van hen zich zelfs heeft gewaagd aan een interpretatie van Melville: "taking our words, son, these filthy niggers and using them like they were their god-given pussy... why... why 1 of them dared to interpret, critically mind you, the great Herman Melville's *Moby Dick*!". In 1953 had de zwarte Caribische auteur C.L.R. James inderdaad een studie over Melville gepubliceerd. De zwarte auteur Reed voert dus een fictief blank personage ten tonele dat zich laatdunkend uitlaat over een werkelijk bestaand geschrift van een zwarte auteur. Die zwarte auteur wordt specifiek bekritiseerd omdat hij het heeft gewaagd zich te begeven op een gebied dat in de ogen van de fictieve blanke criticus verboden jachtterrein is voor zwarten. De aantijging is dat de zwarte criticus de woorden van het blanke 'discours' heeft gestolen, om ze 'verkeerd' aan te wenden. Het punt is natuurlijk dat wat Reed hier als fictie ten tonele voert een getrouwe weergave betreft van de realiteit, in elk geval zoals die ervaren wordt, of werd, door Afrikaans Amerikanen. Door zijn fictieve blanke criticus die woorden in de mond te leggen, neemt Reed expliciet de rassenverhoudingen in de Amerikaanse academische wereld op de korrel, en impliciet ook het hele blanke machtsbestel in de Verenigde Staten. Voor Gates beoefent Reed hier de typisch Afrikaans Amerikaanse taalpraktijk van 'signifyin(g)', het herhalen van de woorden van een ander met de bedoeling het verschil tussen het origineel en de herhaling betekenis te geven. Gewoonlijk komt dat neer op kritiek op het origineel. Dat is voor Gates ook de taak van de zwarte Amerikaanse criticus of literair historicus. Hij of zij moet de theorieën afkomstig uit de blanke literatuurstudie 'verschillend' of 'anders', 'tegendraads', toepassen, teneinde zo de eigenheid van de Afrikaans Amerikaanse literatuur naar buiten te brengen.

Homi K. Bhabha recenseerde *Black Literature & Literary Theory* zeer lovend voor *Poetics Today*. Voor wie het werk van Bhabha een beetje kent, zal het duidelijk zijn dat Bhabha's eigen idee van 'mimicry' als postkoloniaal instrument dicht aanleunt bij Gates' 'signifyin(g)'. In "The Blackness of Blackness: a Critique of the Sign and the Signifying Monkey" past Gates het principe van 'signifying' zelf toe, en wel in dubbel opzicht. Door het 'blanke' poststructuralisme los te laten op de Afrikaans Amerikaanse literatuur ontdekt hij de systemische verschillen van die literatuur ten opzichte van de 'gewone' Amerikaanse literatuur. Die komen erop neer dat de Afrikaans Amerikaanse literatuur de structuren en thema's van de 'gewone' Amerikaanse literatuur kritisch 'herhaalt,' en dat 'signifying' dus de onderliggende structuur van de Afrikaans Amerikaanse literatuur bepaalt.

'SIGNIFYIN(G)'

Figures in Black: Words, Signs, and the "Racial" Self bundelt de belangrijkste essays die Gates publiceerde voorafgaand aan de verschijning van *Black Literature & Literary Theory*. Daarin probeerde hij verschillende literaire theorieën en benaderingen uit op Afrikaans Amerikaanse literaire werken. In zijn inleiding tot *Figures in Black* bestempelt Gates dit boek als "a record or an account of one critic's confrontation with the role of theory in the study of a noncanonical literature" (p. xxx). "The Blackness of Blackness: a Critique of the Sign and the Signifying Monkey" sluit het boek af. Chronologisch klopt dat als een bus. Het wekt echter tevens de suggestie dat het bewuste essay de culminatie vormt van een evolutie in Gates' denken, dat hij hier het stadium van de toepassing van andermans theorieën overstijgt, en een eigen originele bijdrage levert, een nieuw vertrekpunt voor eigen werk en dat van anderen. Die suggestie wordt kracht bijgezet wanneer hij zijn inleiding tot *Figures in Black* afsluit met een verwijzing naar 'signifying', het centrale concept van "The Blackness of Blackness: a Critique of the Sign and the Signifying Monkey", als "the Afro-American tradition's 'trope of tropes,' a figure for black intertextual revision as well as an intrablack rhetorical strategy" (p. xxxii).

In "Literary Theory and the Black Tradition", het eerste hoofdstuk van *Figures in Black: Words, Signs, and the "Racial" Self*, wijst Gates erop dat 'geletterdheid', het beheersen van de gangbare literaire codes, sedert de achttiende eeuw als toetssteen fungeerde in de filosofische discussie, gevoerd door ondermeer Hume, Kant en Hegel, over de positie die zwarten innamen op de ladder van de beschaving. Onveranderlijk werd die positie zeer laag ingeschat. Zwarte schrijvers zaten dus vanaf het begin gevangen in een dilemma. Enerzijds moesten ze bewijzen dat ze de evenknie waren van hun blanke voorbeelden door die zo perfect mogelijk te imiteren. Anderzijds moesten ze zo hun eigenheid opgeven, waardoor ze tekort schoten op het vlak van de authenticiteit zoals die vanaf de Romantiek vereist was voor de westerse literatuuropvatting. De uitwegen waren tweeërlei. Zwarte schrijvers konden ogenschijnlijk verzaken aan de ambitie 'literatuur' te bedrijven, en hun teksten als zuiver 'feitenmateriaal' presenteren. Dat impliceert bijna onvermijdelijk een hoog documentair en autobiografisch gehalte. Dit mondde uit in de talloze negentiende-eeuwse *slave narratives*, en later de veelvuldige ego-documenten, of op (auto)biografische leest geschoeide ficties, uit de zwarte traditie. Tot vrij onlangs vormde dergelijk materiaal het leeuwendeel van de 'geletterde', maar niet noodzakelijk als 'literair' erkende, Afrikaans Amerikaanse productie. Deze teksten konden moeiteloos als emancipatorisch en sociaal gemotiveerd worden geconstrueerd, eerder dan als 'literair'. Als dusdanig behoefden ze ook geen theoretisering, alleszins niet op literair-theoretisch vlak. De andere methode bestond erin de blanke tekstvormen en conventies over te nemen, maar ze tegelijk te parodiëren, en zo te ondermijnen. Dat is wat van in het begin gebeurde met de zwarte 'literaire' traditie, volgens Gates. Het probleem hier zit hem er echter in dat de parodie in kwestie zeer subtiel moest zijn, zeker aan het begin van de zwarte literatuur. Al te openlijke vormen van parodiërende ondermijning zouden immers niet in aanmerking zijn gekomen voor publicatie in een tijd dat alle macht, ook op het vlak van de literatuur, in blanke handen lag. Dat verklaart ook waarom de eerste zwarte 'literaire' auteurs, zoals Phyllis Wheatley, een dichteres uit het eind van de achttiende eeuw, lange tijd werden afgedaan als epigonen van blanke voorbeelden. Gekoppeld aan de negatieve houding van de dominante blanke theorie tegenover de intellectuele productie van zwarten in het algemeen verklaart dit ook waarom de Afrikaans Amerikaanse intellectuele elite traditioneel wars was van theorie waar het de zwarte literaire productie betreft. Zwarte literatuur diende in eerste instantie de sociale, en niet de literaire, strijd van de Afrikaans Amerikanen, en daarom lag de nadruk eerder op een hoog en onmiddellijk realiteitsgehalte dan op literaire subtiliteit. Daarin lag de eigenheid van de Afrikaans Amerikaanse literatuur.

Gates ziet het anders. Hij argumenteert dat het precies de aversie van de Afrikaans Amerikaanse intellectuelen ten opzichte van 'theorie' is, die hen ervan heeft weerhouden de verdiensten van de Afrikaans Amerikaanse tekstuele productie in te zien qua *literatuur*. Voor hem is het de vooringenomenheid van het Verlichtingsdenken ten opzichte van de letterkundige kwaliteiten van de Afrikaan die de Afrikaans Amerikaanse literatuur hebben getekend vanaf het begin. Concreet gesproken ziet hij de hele Afrikaans Amerikaanse literatuur als één lange daad van ontkrachting van de stellingen van Hume, Kant, Hegel, en hun navolgers ten opzichte van de Afrikaan. De manier waarop dit gebeurt brengt Gates bij de zwarte volkstraditie van 'signifyin(g)', die hij ziet als wortelend in de slaventijd, maar uiteindelijk ook als teruggaand op Afrikaanse gebruiken. De '(g)' verwijst trouwens naar de zwarte volkstaal, of *Black English*, in de uitspraak waarvan de 'g' gemeenzaam wordt weggelaten. In de dagelijkse omgang met zijn meesters moest de slaaf noodgedwongen de taal van die meester hanteren. Hij moest dus die meester imiteren in zijn taal, maar kon door gebaren, intonatie, en inflectie, de meester parodiëren, ironiseren, en ondermijnen. Vanzelfsprekend diende dit zeer subtiel te gebeuren, daar het gevaar steeds bestond dat de meester de bedoeling van de slaaf zou onderkennen, met alle gevolgen van dien. Voor Gates komt de zwarte literaire traditie neer op het 'hernemen' van de blanke traditie qua vormen, taal, en thema's, zelfs waar dit niet onmiddellijk het geval lijkt, maar dan wel een 'hernemen' van de blanke traditie ook in de zin van een 'in bezit nemen' van die traditie voor eigen doeleinden. Dat is zo met de *slave narrative*, het genre dat ogenschijnlijk zo authentiek 'Afrikaans Amerikaans' is, en dat wortelt in de brute werkelijkheid van het leven van de slaven. Gates ziet het herhaaldelijk gebruik van het thema van de slaaf die zijn vrijheid verovert door zich lezen en schrijven eigen te maken en er zo in slaagt de plantage te ontvluchten en zich een weg naar het vrije Noorden te banen via een zelfgeschreven paspoort, als een rechtstreeks, maar 'tegendraads', 'hernemen' van het Verlichtingsidee dat de Afrikaan per definitie 'ongeletterd' is. Daarenboven is het genre van de *slave narrative* zelf, als instrument in de ontvoogdingsstrijd van de Afrikaans Amerikaan, het beste bewijs hiervoor. Hetzelfde geldt a fortiori voor die literaire werken waarin Afrikaans Amerikanen blanke voorbeelden parodiëren, zoals in de roman *Mumbo Jumbo* van Ishmael Reed, waaraan Gates refereerde in zijn "Criticism in the Jungle".

Het werk van Reed vormt het voornaamste onderwerp van "The Blackness of Blackness: a Critique of the Sign and the Signifying Monkey" (zoals de titel luidt in de inhoudsopgave, in overeenstemming met eerdere publicaties, hoewel het artikel zelf verderop in het boek als titel heeft: "The Blackness of Blackness: a Critique on the Sign and the Signifying Monkey"). Gates laat kort een aantal definities van 'signifyin(g)' de revue passeren, en voert het concept zelf terug op de *Yoruba*-god *Esu-Elegbara*, de boodschapper van de goden en een incarnatie van de *trickster* of 'bedrieger' die in bijna alle polytheïstische godsdiensten ter wereld voorkomt. Gates zelf verwijst in dit verband naar de Griekse Hermes. *Esu* moet als boodschapper van de goden ook de woorden van die goden uitleggen. Hij is dus een 'hermeneuticus' of een vertolker van andermans woorden en beelden. In de Afrikaans Amerikaanse traditie, niet enkel in de Verenigde Staten, maar ook in de Caraïben, en in Brazilië, leeft *Esu* voort als een mythologische figuur, die in de vorm van een aap allerlei listen uithaalt. Mettertijd ontstond er een heel cluster aan verhalen rond deze figuur. Voor Gates gaat het hier op zich al om een vorm van 'signifyin(g)' op het Westerse Verlichtingsdenken dat de Afrikaan afschilderde als verwant aan de aap. De figuur van 'the signifyin(g) monkey' draait het stereotiepe beeld om, en maakt van de Afrikaans Amerikaan, in plaats van de domme zwarte, diegene die de blanke voortdurend in de luren legt, en wel door zijn listig gebruik van wat de blanke beschouwt als zijn exclusief machtsinstrument: de blanke taal, en in dit geval precies de 'taal' van de literatuur. Ishmael Reed doet hetzelfde door in *Mumbo Jumbo* zijn hypothetische blanke criticus, en daarmee ook de 'echte' blanke literatuurwetenschappers, te parodiëren. Als orgelpunt van deze hele reeks mises-en-abîme vinden we dan Gates zelf, die de taal van de blanke literatuurwetenschap gebruikt om een specifieke identiteit te claimen voor de Afrikaans Amerikaanse literatuur als 'signifyin(g)' ten opzichte van de 'blanke' Amerikaanse literatuur.

Voor Gates is Ishmael Reed trouwens ook een uitstekend voorbeeld van hoe binnen die eigen Afrikaans Amerikaanse literaire traditie 'signifyin(g)' niet enkel geldt voor de verhouding tot de 'gewone' Amerikaanse literatuur, maar ook tot de voorgangers in de eigen traditie. Zo ziet Gates Reed vormen en thema's hernemen uit het werk van Ralph Ellison, die dan weer teruggaat op Richard Wright en de schrijvers van de Harlem Renaissance, zoals Zora Neale Hurston. Deze en andere beschouwingen, evenals een gedetailleerder relaas hoe 'the signifyin(g) monkey' teruggaat op Esu-Elegbara, vinden we in *The Signifying Monkey: A Theory of Afro-American Literary Criticism*. Dit boek is een systematische, theoretisch en historisch gefundeerde uitwerking van "The Blackness of Blackness", maar voegt qua theorie eigenlijk weinig of niets toe aan dit essay. Gates recycleert trouwens grote gedeelten van dat essay, evenals van andere eerdere essays, in *The Signifying Monkey*. Hoewel hij hier ook een breed panorama schetst van de geschiedenis van de Afrikaans Amerikaanse literatuur in het licht van zijn eigen theorie, zijn de meeste hoofdstukken toch weer opgehangen aan schrijvers die zich mogen verheugen in Gates' steeds weerkerende aandacht: Ishmael Reed, Ralph Ellison, Zora Neale Hurston, en Alice Walkers 'her-schrijving' van Hurston. *The Signifying Monkey* werd bekroond met een *American Book Award.*

Theoreticus of publieksintellectueel?

Gates komt ongetwijfeld de verdienste toe een van de eersten te zijn geweest om een specifiek Afrikaans Amerikaanse literatuurtheorie voor te stellen, gebaseerd op een solide kennis van de gangbare theoretische paradigma's van de twintigste eeuw, maar geworteld in een specifiek Afrikaans Amerikaanse ervaring. Zelf maakt Gates er steeds een punt van te verwijzen naar Houston A. Baker Jr.'s *Blues, Ideology, and Afro-American Literature: A Vernacular Theory* als een ander voorbeeld van een dergelijke onderneming. Zijn theorie is zeker ook vruchtbaar als het erop aankomt een geïntegreerde benadering te vinden voor de Afrikaans Amerikaanse literatuur. Toch dient de vraag gesteld waarin Gates' theorie zich *qua theorie* eigenlijk onderscheidt van andere theorieën die gelijktijdig opgeld maakten, of het nu gaat om Linda Hutcheons theorieën over het postmodernisme, Homi Bhabha's 'mimicry'-theorie met betrekking tot de postkoloniale literatuur, de verschillende theorieën over 're-writing' of 'her-schrijving' in diezelfde postkoloniale literatuur, of, nog algemener, de talloze theorieën over intertekstualiteit die de afgelopen vijfentwintig jaar de revue zijn gepasseerd.

Gates kent 'signifyin(g)' een subversieve rol toe wat betreft de verhouding tussen de Afrikaans Amerikaanse literatuur en de Amerikaanse literatuur *tout court*. Ingebakken in het concept zit echter ook de verwevenheid van de beide literaturen, en misschien meer nog de althans gedeeltelijke afhankelijkheid van de Afrikaans Amerikaanse literatuur ten opzichte van de Amerikaanse literatuur. Gates heeft die verwevenheid ook steeds erkend, en daarmee ook de wenselijkheid van een geïntegreerde canon van de Amerikaanse literatuur, eerder dan strikt gescheiden canons naar etnische herkomst van de betrokken auteurs. Daarmee neemt hij ook stelling in het debat over het multiculturalisme dat sedert twee decennia woedt in de Verenigde Staten. Vooral omstreeks 1990 nam dit debat uiterst scherpe vormen aan, tot zelfs op het punt waar werd gesproken van 'the culture wars'. Gates kwam expliciet tussenbeide in dit debat met *Loose Canons: Notes on the Culture Wars*. Daarin pleitte hij voor culturele verdraagzaamheid en voor de rol die opvoeding en scholing moeten spelen bij het aankweken van die verdraagzaamheid. Eenzelfde houding spreekt uit al het verdere werk dat Gates sindsdien heeft gepubliceerd, evenals uit zijn televisieserie *Wonders of the African World with Henry Louis Gates Jr.* Kortom, zijn stem is er een van verzoening, in een tijd waarin velen zich ingraven in intellectuele loopgraven en waarin de posities verharden. Dat dit hem niet altijd in dank wordt afgenomen, zal wel duidelijk zijn. Vooral de vermelde televisieserie oogstte veel kritiek van meer radicale zwarte leiders en intellectuelen, en wel omdat Gates de slavernij voorstelde als een gedeelde verantwoordelijkheid van blanken, arabieren en zwarte Afrikanen, die zelf meededen aan de slavenhandel. Zo verwijt Ali A. Mizrui, in *West Africa Review* (2000), Gates dat die laatste in zijn televisieserie blijkbaar meer oog heeft gehad voor het helen van de relaties tussen blank en zwart Amerika dan voor het verbeteren van het begrip tussen Afrika en de Afrikaanse diaspora. Volgelingen van de extreem radicale Louis Farrakhan hebben Gates zelfs uitgemaakt voor "House Nigger in Charge", een beledigende term die doet denken aan het "Oom Tom" dat al te volgzame zwarten vroeger wel te horen kregen. Deze verwijten staan in scherpe tegenstelling met wat Gates aan het begin van zijn carrière te slikken kreeg, toen zijn werk radicaal werd gevonden, en zijn eruditie, of althans zijn wetenschappelijke sérieux, twijfelachtig, zoals toen zijn ontdekking van *Our Nig*, en zijn claim voor dat boek als de eerste roman van een zwarte vrouw, werden afgedaan als gebaseerd op onzorgvuldig onderzoek.

In verweer tegen aanvallen van radicale kant koos Gates ervoor zijn televisieserie te bestempelen als een 'persoonlijke' visie op de dingen. Vast staat in elk geval dat Gates van langsom een steeds persoonlijker toer is opgegaan. In *Colored People: A Memoir* evoceerde hij zijn jeugdjaren in Piedmont, West Virginia. *The Future of the Race*, geschreven in samenwerking met Cornel West, beoogt, op basis van Gates' en Wests eigen ervaringen, invulling te geven voor het heden aan de rol van wat W.E.B. Dubois in het begin van de twintigste eeuw "The Talented Tenth" noemde: de zwarte intellectuele elite als rolmodel voor de grotere Afrikaans Amerikaanse gemeenschap. In *Thirteen Ways of Looking at a Black Man* brengt Gates, vaak op basis van lange gesprekken met de betrokkenen, persoonlijke evaluaties van acht beroemde Afrikaans Amerikanen, zoals Colin Powell, Harry Belafonte, James Baldwin, en Louis Farrakhan. De meeste stukken verschenen eerder in *The New Yorker*. Uit dit alles blijkt dat Gates zich steeds scherper bewust is geworden van de iconische rol die hij speelt zowel binnen de Afrikaanse Amerikaanse gemeenschap als voor blank Amerika. *Figures in Black* en *The Signifying Monkey* blijven ook nu nog interessant als pogingen om de Afrikaans Amerikaanse literatuur een eigen theoretische grondslag te bezorgen, en als introductie tot die literatuur in het algemeen en tot sommige zwarte schrijvers in het bijzonder. Op langere termijn echter schuilt Gates' belang waarschijnlijk toch vooral in zijn rol als bemiddelaar tussen de zwarte en de blanke gemeenschappen in Amerika, eerder dan in zijn rol als literatuurtheoreticus.

BEKNOPTE BIBLIOGRAFIE

Primaire literatuur

(red). *Black Literature & Literary Theory*. New York: Methuen, 1984.

Figures in Black: Words, Signs, and the "Racial" Self. New York: Oxford UP, 1987.

The Signifying Monkey: A Theory of Afro-American Literary Criticism. New York: Oxford UP, 1988.

Loose Canons: Notes on the Culture Wars. New York: Oxford UP, 1992.

Colored People: A Memoir. New York: Vintage Books, 1994.

Met Cornel WEST. *The Future of the Race*. New York: Vintage Books, 1996.

Thirteen Ways of Looking at a Black Man. New York: Vintage Books, 1997.

Met Cornel WEST. *The African-American Century: How Black Americans Have Shaped our Century.* New York: Free Press, 2000.

The Trials of Phyllis Wheatley: America's First Black Poet and her Encounter with the Founding Fathers. New York: Basic Civitas Books, 2003.

America Behind the Color Line: Dialogues with African Americans. New York: Warner, 2004.

Secundaire literatuur

ADELL, Sandra. "The Crisis in Black American Literary Criticism and the Postmodern Cures of Houston Baker, Jr. and Henry Louis Gates, Jr.", in: *Double-Consciousness/Double Bind: Theoretical Issues in Twentieth-Century Black Literature*, Urbana: Illinois UP, 1994, pp. 119-137.

JOYCE, Joyce A. " 'Who the Cap Fit': Unconsciousness and Unconscionableness in the Criticism of Houston A. Baker, Jr. and Henry Louis Gates, J.", *New Literary History* (1987), pp. 371-383.

OSINUBI, Victor. "African American Authors and the Use of Dialect in Literature: The Foregrounding of Ethnicity", *Journal of Commonwealth and Postcolonial Studies* (1996), pp. 65-77.

ROWELL, Charles H. "An Interview with Henry Louis Gates, Jr." *Callaloo: A Journal of African American and African Arts and Letters* (1991), pp. 444-463.

WARD, Jerry W., Jr. "An Interview with Henry Louis Gates, Jr." *New Literary History* (1991), pp. 927-935.

GAYATRI CHAKRAVORTY SPIVAK
(1942-)

Ginette VERSTRAETE

Gayatri Chakravorty Spivak is een van de meest controversiële figuren uit de Engelstalige literatuurwetenschap. Met haar expliciet politieke stellingname (in de traditie van Marx en de Beauvoir) en haar nadruk op de onmogelijkheid van transparante politieke representatie (in het spoor van Derrida en de Man) heeft ze herhaaldelijk zowel de marxistische en feministische literatuurwetenschappers als de aanhangers van het deconstructiedenken tegen zich in het harnas gejaagd. Spivak laat zich niet in een hokje plaatsen, gegrepen als ze is door de uiterst problematische overgang van *close reading* naar politiek activisme, van literaire tekst naar sociaal-economische wereld. Haar oeuvre is moeilijk te reduceren tot een thema, een methode, een discipline, maar wie probeert de veelvuldige gelaagdheid van haar werk toegankelijk te maken, kan misschien het best beginnen met die ene, schijnbaar eenvoudige, zin uit de inleiding van haar *magnum opus*, *A Critique of Postcolonial Reason* (1999): "The task of the teacher of literary reading is placed in the aporia of an uncoercive rearrangement of the will as student and teacher shuttle between freedom-from and freedom-to" (p. XII). De taak van de docent literatuurwetenschap ligt in een niet-dwingende lokalisering van de wil van de student in de ruimte tussen weerstand ("freedom-from") en engagement ("freedom-to"), kritische afstand en politiek activisme, redelijkheid en verantwoordelijkheid.

Anders gezegd: het gaat erom de lezers *the will to read the world* bij te brengen, in het volle besef dat die materiële wereld van politiek en economie zich niet zomaar als een boek laat lezen, omdat we er noodzakelijkerwijs deel van uitmaken; tegelijkertijd verklaart dit laatste net waarom we die wereld zo graag begrijpend willen lezen. Daarom ook voelen we er ons verantwoordelijk voor. Feministisch-marxistisch engagement tegenover de ons omringende wereld – de wil om de wereld te verbeteren – begint volgens Spivak met de (h)erkenning van deze onmogelijkheid en noodzakelijkheid van het lezen. Het is de blinde vlek die iedere politieke stellingname zowel fundeert als problematiseert. Bij Spivak dus geen eenvoudige voorschriften over hoe als intellectueel om te gaan met seksisme, racisme en economisch imperialisme. Evenmin biedt zij alleen maar een vorm van louter deconstructief lezen van literaire teksten. Veeleer doet zij een ethisch appèl: zij roept op tot het geduldig en beredeneerd ontrafelen van de taal, de metaforen, de denkbeelden waarmee zogenaamd progressieve politieke standpunten al te gemakkelijk worden geproduceerd. Want, zoals ze het zelf formuleert, "[t]he field of work is a broken and uneven place. The conventional highway of a politically correct single issue is merely the shortest distance between two signposted exits" (*A Critique of Postcolonial Reason*, p. 197).

De grote verdienste van Spivak ligt erin dat ze een tekstuele deconstructie van traditionele waarden in de westerse intellectuele geschiedenis – gelijkheid, vrijheid, mondigheid, emancipatie – koppelt aan politieke en ethische vraagstukken over de eeuwenoude precaire positie van vrouwen in de 'derde wereld'. Wat heeft het *hen* allemaal opgeleverd? Waarom komen *zij* in het westerse denken niet voor? Als het veldwerk van deconstructivistische literatuurwetenschappers een gebroken en oneffen plaats is, dan lopen de breuklijnen voor Spivak in eerste instantie tussen Noord en Zuid, tussen rijk en arm, en tussen mannen en vrouwen. Literatuurwetenschap wordt bij haar een oefening in transnationale geletterdheid ("transnational literacy"), terwijl de combinatie van literaire en sociaal-economische theorie ons in de richting van *(trans-) cultural studies* voert.

BIOGRAFIE

Gayatri Chakravorty Spivak werd geboren in India (Calcutta) in 1942, vijf jaar voor de onafhankelijkheid van deze Britse kolonie. Ze groeide op in een middenklasse gezin, studeerde Engels aan de Universiteit van Calcutta en trok onmiddellijk daarna eerst naar de Verenigde Staten (Cornell University), vervolgens naar Groot-Brittannië (Cambridge) en promoveerde uiteindelijk bij Paul de Man (Cornell) met een proefschrift over de Ierse dichter W. B. Yeats. Ze huwde de Amerikaan Talbot Spivak en behield na hun scheiding zijn naam. Na een carrière aan verscheidene Amerikaanse universiteiten – van Iowa, Texas en Pittsburgh – is zij momenteel Avalon Foundation Professor in the Humanities aan Columbia University in New York. Ondanks haar vlijmscherpe kritiek op de "postcolonial studies" heeft ze een grote internationale reputatie met duizenden fans binnen deze tak van de literatuurwetenschap. Ze was herhaaldelijk gastprofessor aan verschillende universiteiten in Europa en Azië, gaf lezingen voor het Europees parlement en de United Nations en doceert in de zomer ook aan zogenaamde "teachers' colleges" (opleidingen tot leraar) in India en Bangladesh, haar favoriete invulling van politiek activisme. Pedagogie en politiek zijn voor haar immers niet te scheiden, zoals ze zelf aan den lijve mocht ondervinden toen ze tijdens haar opleiding in Calcutta grootgebracht werd volgens de meetlat van de Britse imperialistische geschiedenis en later in de anti-koloniale marxistische theorievorming in India geen enkele vrouw tegenkwam.

Spivak en deconstructie

Hoewel Spivak doorgaans wordt geassocieerd met de postkoloniale theorie en vaak in één adem wordt genoemd met Edward Said, Homi Bhabha of Frantz Fanon, is zij in eerste instantie vooral bekend geworden als diegene die het werk van haar mentor-collega, de Franse filosoof Jacques Derrida, in de Engelstalige wereld (vooral de V.S.) toegankelijk heeft gemaakt. De 87 pagina's tellende inleiding tot haar Engelse vertaling van *De la grammatologie* (1967) (*Of Grammatology*, 1976) wordt nog steeds beschouwd als één van de belangrijkste interpretaties van de vroege Derrida, maar dat essay vormt ook een goed kader van waaruit men Spivaks schatplichtigheid aan het deconstructie-denken kan begrijpen. In vele opzichten kunnen we namelijk stellen dat Spivak de inzichten van Derrida op een geheel eigen wijze heeft vertaald, niet alleen naar het Engels, maar ook naar de politieke context van het feminisme en het (post-)kolonialisme.

Centraal in het vroege werk van Derrida is zijn inzicht dat de productie van waarheid en betekenis in filosofische teksten gebaseerd is op binaire tegenstellingen. Vooral de opposities aanwezigheid/

afwezigheid, subject/object, waarheid/leugen, zelf/andere spelen een cruciale rol in de definitie van zulke waarheidsgebonden concepten als 'Bewustzijn' (Hegel), 'Kennis' (Kant) en 'Zijn' (Heidegger). Eigen aan het binaire denken is dat de ene (in dit geval linker-)pool positief als norm wordt gewaardeerd, terwijl de andere pool als negatief afgeleide van de norm tegelijk wordt geponeerd én geweerd. Aan de basis van de westerse filosofie en haar aanspraak op waarheid ligt een 'funderende uitsluiting' en dus een aporie of instandhouding van het onmogelijke. Het fundament van het filosofische systeem ligt immers zowel binnen als buiten. Het 'andere' van de norm moet tegelijk worden verondersteld en buiten geplaatst (misplaatst), wil de theorie zich als normaal, coherent en identiek aan zichzelf kunnen presenteren. In *Of Grammatology* toont Derrida hoe deze funderende aporie iedere aanspraak op waarheid en eenheid problematiseert in het werk van Saussure, Lévi-Strauss en Rousseau. Twee aspecten in Derrida's boek zijn van belang voor een beter begrip van Spivaks oeuvre: ten eerste zijn kritiek op het westerse logocentrisme (bij Saussure), en ten tweede zijn analyse van het intieme verband tussen logocentrisme en etnocentrisme (bij Lévi-Strauss). Met dat laatste inzicht kondigt Derrida het werk van Spivak in zekere zin al in 1967 aan.

Derrida heeft herhaaldelijk aangetoond hoe de westerse metafysica, maar ook bijvoorbeeld de structurele linguïstiek van Saussure, zich heeft blindgestaard op een definitie van taal als gesproken woord of fonetisch schrift. De idee van een gesproken taal heeft altijd voorrang gehad op geschreven taal, omdat in het spreken zowel de spreker als de luisteraar aanwezig is. Met andere woorden: de overdracht van inhoud en betekenis verloopt hier directer – en dus beter – dan bij het schrift, dat een secundaire weergave is van een reeds gesproken woord. Aangezien schrift bemiddeld is door allerlei elementen zoals pen, papier, envelop en postbode, bestaat er altijd een grote kans dat een brief en zijn inhoud niet aankomen. Bij de spreektaal, daarentegen, is er geen afstand, noch in tijd noch in ruimte, tussen de taal en haar boodschap. We spreken en we horen onszelf meteen. In de theorie van Saussure levert deze onmiddellijkheid de garantie dat we in het gebruik van de spreektaal de betekenis onmiddellijk vatten. In het schrift, daarentegen, kunnen we vaak tussen de regels door lezen zonder dat de spreker aanwezig is om ons te corrigeren. Deze algemene fixatie op het gesproken woord noemt Derrida 'logocentrisme', met het Griekse 'logos' in de betekenis van 'spreektaal, logica, rede, het woord van God'. Kortom: het woord als summum van betekenisvolle aanwezigheid. Het schrift als negatieve afgeleide staat dan voor betekenisloze afwezigheid.

Deze visie op taal als 'logos', aldus Derrida, staat in flagrante tegenspraak met dat andere cruciale inzicht van Saussure, namelijk dat de taal een differentieel systeem is waarin de betekenis van een tekeneenheid (bijvoorbeeld 'bed') wordt bepaald door het minimale verschil met andere tekens (bijvoorbeeld 'bel'). Anders geformuleerd: betekenisgeving is bij Saussure gebaseerd op de relatie (van verschil) tussen het ene teken en het andere waarvan het verschilt, en die dat dus *niet* is. Exit de exclusieve focus op aanwezigheid en onmiddellijkheid. Saussures taalsysteem werkt uiteindelijk dankzij afwezigheid en verschil. Wat de linguïst had buitengesloten als typische kenmerken van het schrift, blijkt nu het centrale karakter van het hele taalsysteem te zijn. Het teken schept afstand en daarin ligt de ervaring van, het verlangen naar, zin. De term 're-presentatie' herinnert ons eraan dat we via de taal datgene wat we presenteren ook op afstand plaatsen; daarom moeten we het telkens opnieuw re-presenteren.

In zijn bespreking van Lévi-Strauss koppelt Derrida zijn deconstructie van het logocentrisme aan een antropologische kritiek op het westerse denken. De asymmetrische verhouding tussen gesproken en geschreven taal vertaalt zich in *Tristes Tropiques* (1955) namelijk als de oppositie tussen westerse beschaving en primitieve cultuur. Lévi-Strauss' studie van de Zuid-Amerikaanse Indianenstam de Nambikwara toont de aporie waarin het westerse denken zit gevangen. Enerzijds verlangt de structuralistische antropoloog ernaar ons taalsysteem te ontdoen van de ambiguïteiten van het schrift, door het terug te brengen naar het onschuldige orale stadium van de Nambikwara. Anderzijds wordt deze gewelddadige stam beschouwd als primitief en achterlijk ten opzichte van het Westen, precies omwille van het gebrek aan schriftcultuur. Derrida, aldus Spivak in haar voorwoord, beschuldigt Lévi-Strauss van gebrek aan consistentie en van sentimenteel etnocentrisme (*Of Grammatology*, p. LXXXIII), maar dat laatste is een kritiek waaraan ook Derrida niet ontsnapt. Zoals Spivak het een bladzijde eerder heel subtiel formuleert:

> There is also the shadow of a geographical pattern that falls upon the first part of the book. The relationship between logocentrism and

> ethnocentrism is indirectly invoked in the very first sentence of the "Exergue". Yet, paradoxically, and almost by a reverse ethnocentrism, Derrida insists that logocentrism is a property of the West... the East is never seriously studied or deconstructed in the Derridean text. (*Of Grammatology*, p. LXXXII)

Vrij vertaald: als de aporie die Derrida opspoort in Lévi-Strauss inderdaad een structureel tekort betreft, dat diens antropologie (maar ook de linguïstiek uit het eerste deel) van binnenuit confronteert met zijn eigen eindigheid (etnocentrisme), komt het er dan niet op aan de grenzen van de theorie zo te mobiliseren dat ze zich niet louter meer laten begrijpen binnen de westerse logica? Waarom niet de confrontatie met niet-westerse teksten aangaan? Waarom het logocentrisme – een logica die alles onderwerpt aan haar eigen absolute aanwezigheid – niet herhalen in een totaal andere context, in een 'buiten' dat minder voorspelbaar als louter westers kan worden afgedaan?

Spivaks verholen kritiek op *De la grammatologie* vormt een goede aanleiding om de cruciale verschillen tussen haar en Derrida te benadrukken. In een interview uit 1984 formuleert ze het zelf als volgt:

> I am always amused to see that I am, as you say, perhaps best known as a translator and commentator of Derrida, because the de-constructive establishment I think finds me an uncomfortable person. So I will begin to say that I am not particularly interested in defending Derrida as a master figure and from that point of view I find it just by accident interesting that it is not possible for me to follow Derrida in his substantive projects [...] What I like about Derrida's work is that he focuses his glance very specifically at his own situation as an intellectual who questions his own disciplinary production. (*Spivak Reader*, p. 6)

Wat haar aantrekt in het vroege werk van Derrida, is dat hij de filosofie *van binnenuit* ontmantelt en daarmee ook zijn eigen positie als filosoof ter discussie stelt. Op gelijkaardige wijze zal Spivak de Britse intellectuele traditie die haar in haar jeugd is aangeleerd, van binnenuit ontmaskeren als een vorm van 'epistemisch geweld', terwijl ze daarmee ook haar eigen autoriteit als professor in de Engelse letterkunde problematiseert als een onontkoombare vorm van imperialisme. Tegelijk kan en wil Spivak Derrida's 'substantiële projecten' niet volgen, met name wanneer hij vanaf de jaren 1970 nog steeds binnen de grenzen van de westerse canon de figuur van 'de vrouw', en later van 'het niet-Westen', lanceert om de crisis in het Europese denken vorm te geven en zo te bezweren. In plaats van een louter formele constructie krijgt de/het 'andere' bij Derrida nu een concrete politieke-sociale inhoud ('substantie'), echter zonder dat Derrida rekenschap aflegt van de typisch westerse exploitatie van vrouwen en andere culturen die hij daarmee continueert. Derrida's exclusieve focus op filosofische thema's uit de westerse canon maakt een ethische vraagstelling omtrent de 'exploitatie' van de radicaal andere onmogelijk. Zo blijft hij voor Spivak uiteindelijk een exponent van de kapitalistische "management of a crisis" (*Spivak Reader,* p. 8).

Hoewel Spivak zich herhaaldelijk heeft afgezet tegen het deconstructieve establishment, is haar relatie tot Derrida (en daarnaast tot Marx, Freud en het westerse feminisme) wellicht het best te omschrijven als wat ze in "The Setting to Work of Deconstruction" (1998) omschrijft als "critical intimacy" of "affirmative deconstruction": de intieme ervaring van de/het radicale andere binnen het deconstructiedenken, een ervaring van de ethische grenzen van Derrida's project. Deconstructie wordt door haar tegen zichzelf gebruikt ten voordele van wat het systematisch heeft buitengesloten, nooit heeft gezien: de (orale) geschiedenis van "Third World Subaltern Women". Dit vereist een transnationale geletterdheid die voorbij gaat aan de grenzen van de westerse filosofie en in de richting wijst van een nieuwe praktijk, die zij *(trans-)cultural studies* noemt. In bovengenoemd essay komt het erop neer dat haar reflectie op Derrida op een bepaald moment wordt onderbroken door een introductie van "counterglobalist or alternative-development activism" ("Setting to Work of Deconstruction", p. 429) en door een bespreking van Toni Morrisons *Beloved,* een roman over een Afro-Amerikaanse moeder wiens leven wordt verstoord door de herinnering aan de dochter die ze heeft vermoord om haar te redden uit de handen van een racistisch Amerika. Zo'n permanente verstoring van levens, lezingen en artikelen door het spook van racisme en globaal kapitaal noemt Spivak, met Paul de Man, een "permanent parabasis or sustained interruption from a source relating 'otherwise' (allegorein=speaking otherwise) to the continuous unfolding of the main system of meaning – both the formalization of deconstruction and, on another level of abstraction, the logic of global development." ("Setting to Work of Deconstruction", p. 430). Spivaks "resistance to theory", nog een frase van de Man, heeft niets te maken met anti-intellectualisme. Integendeel, het gaat haar om het duiden van interveniërende stiltes rondom complexe politieke en ethische vragen die blijkbaar niet kunnen worden gesteld, zelfs niet binnen de kringen waarin ze zich theoretisch het meest thuis voelt.

Spivak als postkoloniale, feministische marxiste

In haar beroemdste en meest geciteerde essay, "Can the Subaltern Speak?" (1988), gaat Spivak de confrontatie aan met Michel Foucault en Gilles Deleuze, die in een onderlinge dialoog (gepubliceerd in Foucaults *Language, Counter-Memory, Practice,* 1977) ingaan op de rol van linkse intellectuelen. Meer bepaald wijzen beiden op de noodzaak om 'de arbeiders zelf' aan het woord te laten en om de theorie wat vaker in te ruilen voor politieke acties. Dit zijn verbijsterend naïeve opmerkingen uit de mond van twee filosofen die vooral bekend staan om hun taaie geschriften over de onderwerping van het subject aan abstracte machtsstructuren en onbewuste verlangens. Voor Spivak bevestigt deze empirische wending in hun politieke overtuiging wat haar altijd al had gestoord in hun theorieën. De twee mannen hebben dan wel hun mond vol over heterogeniteit en discontinuïteit, maar uiteindelijk blijft 'het' anonieme Subject dat ze deconstrueren, overeind in zijn monolithische eenheid. Bij Foucault wordt het 'subject' zelfs inwisselbaar met het 'individu'. In bovengenoemde dialoog verschijnt het opnieuw in een essentialistische vorm als 'de arbeider', 'de Maoist' en, inderdaad, 'de intellectueel' die de onderdrukten een stem wil geven. Zelfs Marx had het nooit zo durven stellen; die had het tenminste nog over conflictueuze sociale productieverhoudingen, over verschillende klassen (arbeiders én kapitalisten), en, in de interpretatie van Althusser, over de exploitatie van arbeiders door hoger opgeleiden die onder het mom van cultuur (lees ook: filosofie) een ideologie ten behoeve van de arbeidersklasse ontwikkelen die ook het kapitaal ten goede komt. Kortom, aldus Spivak, meer aandacht voor de ideologische werking van de taal zou in deze dialoog tussen de twee heren niet misstaan. Het zou hun blinde geloof in transparant woordvoerderschap (door de intellectueel, maar ook door de onderdrukte zelf) kunnen nuanceren door de schijnwerpers niet alleen te richten op de taalhandeling zelf en wat die noodzakelijkerwijs ongezegd laat, maar ook op de sociaal-economische verschillen waardoor woordvoerderschap tegelijk mogelijk en onmogelijk wordt.

Via het werk van Said en Derrida richt Spivak zich vervolgens op de meest onderdrukten (*subaltern*) in onze geglobaliseerde samenleving, de ongeschoolde vrouwen in de Derde wereld. De beroemde vraag die ze stelt: "Can the subaltern speak?" is een retorische vraag. De *subaltern* kan uiteraard niet voor zichzelf spreken; ze kan haar penibele situatie niet zelf articuleren, en ze kan zich ook niet laten vertegenwoordigen op een manier die door iedereen gehoord en begrepen wordt. Op het moment dat ze dat bereikt, verliest ze haar positie als *subaltern* en wordt ze geassimileerd binnen de grenzen van het dominante vertoog. Geen *Vertretung*, in de zin van politieke representatie of afvaardiging, zonder ideologisch beladen *Darstellung*, in de zin van esthetische representatie of vertekende portrettering. Sinds Derrida weten we dat iedere vorm van re-presentatie altijd een structurele afwezigheid impliceert van wat tegenwoordig wordt gesteld.

Spivak illustreert de verhullende dynamiek van representatie aan de hand van het negentiende-eeuwse debat over weduwenverbranding (*sati*) in India. Terwijl Britse intellectuelen de zelfmoord van die 'arme vrouwen' uitleggen als een misdaad tegen de menselijkheid en zo de Britse hegemonie tegenover de Indiase barbaarse cultuur legitimeren, leggen de Indiase mannelijke elites de zelfverbranding uit als een expressie van vrije wil ("de vrouwen hebben het zelf gewild") en straffen ze de weduwen wanneer die van gedachte veranderen en toch kiezen voor het leven, zoals de Britten het willen. Het gaat er Spivak om dat de weduwen in dit debat nooit zelf worden gehoord en dat ze ook niet kunnen worden gehoord in een maatschappij waar emancipatie van vrouwen eindigt in zelfmoord of, als ze kiezen voor het leven, in een dubieuze erkenning door hun grootste onderdrukkers, de Britse overheersers.

De *subaltern* spreekt niet. Wat overblijft voor Spivak, is de ethische ervaring van het onmogelijke – de ervaring dat iedere poging om de *subaltern* te representeren gepaard gaat met nieuw geweld. Foucault en Deleuze kunnen de andere niet laten spreken zonder hem geweld aan te doen. Dat is echter ook het lot van de Indiase marxistisch geïnspireerde historici van de *Subaltern Studies Group*, die India's nationale bevrijding willen herschrijven vanuit het perspectief van de arme boeren, maar daarbij de vrouwen op het platteland negeren. Noch Spivak noch haar Indiase vrouwelijke collega's kunnen een stem verlenen aan die vrouwen zonder hun verhaal toe te eigenen binnen het kader van hun feministische doeleinden. Er rest Spivak enkel de pijnlijke erkenning dat haar privilege ook een groot verlies inhoudt. Ze eindigt haar artikel met het voorbeeld van de zeventienjarige Bhuvaneswari Bhaduri, die zich in 1926 verhing in de flat van haar vader net op het moment dat ze menstrueerde. Dat was duidelijk een overtreding van de wet. Welke boodschap wilde het meisje met haar kritische interventie overbrengen? Alle mogelijke officiële verklaringen schoten op dat moment tekort: ze was geen weduwe; ze was niet ongewenst zwanger; het ging niet om een religieuze offergave. Ze moet dus gek zijn geweest. Later werden er nog twee interpretaties aan toegevoegd die evenmin recht deden aan de complexiteit van de daad. Historische bronnen beweerden dat ze lid was geweest van de Indiase verzetsbeweging en een opdracht tot moord had gekregen die ze niet kon uitvoeren. Om haar eer te redden, pleegde ze zelfmoord. En een feministische Indiase filosofe verklaarde niet zo lang geleden aan Spivak dat ze met twee nichtjes van Bhuvaneswari Bhaduri had gesproken: het bleek dan toch om een onwettige liefde te gaan. Hoe traditioneel kunnen feministen worden? Spivak besluit:

> I have attempted to use and go beyond Derridean deconstruction, which I do not celebrate as feminism as such. However, in the context of the problematic I have addressed, I find his morphology much more painsaking and useful than Foucault's and Deleuze's immediate, substantive involvement with more 'political' issues – the latter's invitation to 'become woman' – which can make their influence more dangerious for the US academic as enthusiastic radical. Derrida marks radical critique with the danger of appropriating the other by assimilation. He reads catachresis at the origin. He calls for a rewriting of the utopian structural impulse as 'rendering delirious that interior voice that is the voice of the other within us' [...] The subaltern cannot speak. There is no virtue in global laundry lists with 'woman' as a pious item. Representation must not be withered away. The female intellectual as intellectual has a circumscribed task which she must not disown with a flourish. ("Can the Subaltern Speak?", p. 104).

De *subaltern* kan niet spreken, maar ze laat wel moeilijk interpreteerbare stiltes na die getuigen van de ideologische werking van de taal, inclusief het leesproces, en van de structurele onmogelijkheid om een stem te verlenen aan de andere. De vrouwelijke intellectueel heeft *als intellectueel* de opdracht om die onmogelijkheid levend te houden met al het materiaal dat ze ter beschikking heeft. Met name feministische en postkoloniale teksten zijn belangrijk omdat ze erop gericht zijn het onmogelijke ongedaan te maken en de stilte van de ander te doorbreken.

Spivaks terugkerende kritiek op het feminisme en het postkolonialisme is haar niet altijd in dank afgenomen. Vooral *First World Feminists* in Frankrijk (bijvoorbeeld Julia Kristeva) en de Verenigde Staten (bijvoorbeeld Elaine Showalter) hebben het moeten ontgelden, omdat ze cruciale (etnische en economische) verschillen tussen vrouwen miskennen ten voordele van een 'global feminism', zeg maar het geloof in 'de' vrouw. In het hierboven aangehaalde citaat heet het dat "[t]here is no virtue in global laundry lists with 'woman' as a pious item". In *A Critique of Postcolonial Reason* somt Spivak de waslijst van algemene vrouwen op, die witte feministes hebben verzonnen in een poging de *subaltern* te benoemen in termen die voor hen begrijpelijk zijn:

> When it is not 'third world women,' the buzzword is 'women of color.' This leads to absurdities, Japanese women, for instance, have to be coded as 'third world women!' [....] postcolonial female subjects, even when they are women of the indigenous elite of Asia and Africa [...] are invited to masquerade as Caliban in the margins. (p. 165)

Maar ook de zogenaamde 'postkoloniale feministes', die pretenderen hun achterban beter te kunnen representeren dan hun witte collega's, ontkomen niet aan Spivaks kritiek: "Elite 'postcolonialism' seems to be as much a strategy of differentiating oneself from the racial underclass as it is to speak in its name." (*A Critique of Postcolonial Reason*, p. 358). Even geïnteresseerd in de representatie van groepen van onderdrukten (strategisch essentialisme) als in een falende evocatie van de singulariteit van elke *subaltern*, beweegt Spivak zich in het spanningsveld tussen politiek en ethiek, tussen de noodzaak van politieke allianties en het besef van een tekortschieten ten opzichte van de singulariteit van de andere. Spivak beseft dat politieke representatie gebaseerd moet zijn op de notie van een "collective agency", maar zonder een supplementaire ethische "experience of the impossible" glijden we af naar etnocentrisme en in het slechtste geval naar nieuwe vormen van imperialisme. In het laatste hoofdstuk van *A Critique of Postcolonial Reason*, getiteld "Culture", toont ze dan ook hoe politieke organisaties als de Verenigde Naties, internationale NGO's en de Wereldbank falen op het moment dat ze geen rekenschap meer afleggen van de (ethische) grenzen van hun mogelijkheden om de andere te representeren. Daarmee situeert ze meteen ook de meer theoretische hoofdstukken uit de eerste helft van het boek – over filosofie (Kant, Hegel, Marx), literatuur (Charlotte Brontë, J.M. Coetzee, Jean Rhys), geschiedenis (Britse kolonisatie) – in een expliciet politieke en economische context die steeds mondialer en meer contemporain wordt. Zo evolueert het boek geleidelijk in de richting van *trans-cultural studies* ofwel de "trans-national study of culture".

Wat *A Critique of Postcolonial Reason* (en de rest van haar werk) bij elkaar houdt, is de problematische maar noodzakelijke overgang van *close reading* naar politiek activisme, van literaire tekst naar sociaal-economische wereld, van het lokale naar het globale, van theorie naar praktijk. Voor Spivak doet deze (non-)passage, of aporie, zich al lang voor ten koste van de onrepresenteerbare subaltern. Bij Kant vertaalt het conflict tussen het filosofische subject en de rest van de wereld – bekend als de ervaring van het sublieme – zich als een kloof tussen westerse beschaving en primitieve cultuur. In *Jane Eyre* verschijnt de aporie eveneens ten voordele van het Westen, namelijk als de strijd tussen een Britse vrouw (Jane) en haar Creoolse tegenstander, de onzichtbare Bertha Mason, "the mad woman in the attic" die moet sterven om het huwelijk tussen Rochester en Jane mogelijk te maken. In het multiculturele liberalisme van de twintigste eeuw doet de aporie haar intrede in het vertoog van gearriveerde postkoloniale feministes, die de rol van "native informant" op zich nemen volgens de spelregels van het Euro-Amerikaanse theoretische vertoog, maar die daarbij de materiële kloof tussen Noord en Zuid tegelijk negeren en in stand houden. Tegen het eind van Spivaks boek is de *subaltern* uitgegroeid tot een seksueel-economisch-etnisch gedifferentieerde lege plek: onrepresenteerbaar en tegelijk economisch bijzonder exploiteerbaar. Vergelijk bij voorbeeld de grote oplages van allerlei *postcolonial readers* en Spivaks eigen *magnum opus* met "the female child worker, specifically in the garment industry, being made to support the new global hyper-real" (*A Critique of Postcolonial Reason,* p. 409). De minderjarige subaltern aan het andere eind van de wereld is vandaag de onzichtbare schakel in het materiële arbeidsproces dat door de rijke landen – de zogenaamde informatie- en kennismaatschappijen – massaal aan haar wordt uitbesteed. Zij is de blinde vlek waarrond we onze beschaving in theorie en praktijk hebben opgebouwd en die het westerse humanistische gedachtegoed en haar grootste erfenis, de sociale democratie, van binnenuit laat ontsporen. Van Kants ethiek tot de *New World Order*, de *Third World Subaltern Woman* figureert volgens Spivak als de *différance* in onze geglobaliseerde cultuur, als de ultieme (non-) plaats van kritiek waar onze postkoloniale, postfeministische, posthumane rede tegen haar ethische grenzen opbotst.

Spivak en de verhalen van Mahasweta Devi

Het is als vertaalster van het werk van de Bengaalse schrijfster Mahasweta Devi dat Spivak haar negatieve houding ten opzichte van de mogelijkheden van representatie enigszins nuanceert. Devi's vrouwelijke personages belichamen voor Spivak veel van de politiek-ethische conflicten die hierboven zijn geschetst. Het betreft dan voornamelijk de vraag of de onafhankelijkheidsstrijd van India meer vrijheid heeft opgeleverd voor de *subaltern* gemeenschappen onderaan de sociale ladder. In de interpretatie van Spivak lijkt de boodschap van Devi's verhalen toch vooral de stelling te bevestigen dat postkolonialisme geen opheffing van klasse- en genderverschillen heeft opgeleverd maar vaak oude exploitatiestructuren herhaalt in een nieuwe vorm. Bijvoorbeeld, in "Breast Giver", een verhaal over een vrouw die zich als zoogmoeder uitbesteedt aan een rijk Brahmin gezin om voor haar kreupele echtgenoot te zorgen, figureert het hoofdpersonage als allegorie voor Moeder India (de favoriete term van de Indiase nationalisten), die door allerlei post-nationalistische groeperingen economisch wordt leeggezogen ten koste van vooral vrouwen uit de lagere klasse. Tegelijk rekent het verhaal af met marxistische analyses waarin 'de arbeider' bij voorbaat een man is, en met westerse feministen die het werk van moeders doorgaans omschrijven als onbetaalde arbeid. Gevangen tussen patriarchaat en etnocentrisme schieten al deze progressieve standpunten tekort als het gaat om het lot van Indiase vrouwen uit de lagere klassen zoals Devi die herhaaldelijk portretteert. Alleen een politieke alliantie – gezien de cruciale verschillen kunnen we beter spreken van een 'permanente parabasis of volgehouden onderbreking' – tussen marxistische, feministische en postkoloniale standpunten kan de dood van Jashoda, de "breast-giver", beginnen te duiden.

De complexe literaire taal van Devi en de vertaling en interpretatie door Spivak zijn de primaire instrumenten om deze 'parabasis' gestalte te geven. Een voorbeeld is Spivaks lezing van "Drapaudi", een verhaal over een boerenopstand tegen de Indiase regering en grootgrondbezitters aan het eind van de jaren zestig, waarin de vrouw Drapaudi een hoofdrol speelt. De vrouw wordt gevangen genomen en verkracht door de militairen, maar ze slaagt erin met haar bebloede naakte lichaam weerstand te bieden aan de hoofdofficier: "Draupadi pusheds Senanayak with her two mangled breasts, and for the first time Senanayak is afraid to stand before an unarmed target, terribly afraid" (Morton, p. 133). In een omkering van machtsrelaties, aldus Spivak, daagt Drapaudi de man uit "to counter her". Het gebruik van 'counter' in deze context is complex: het duidt op de veelgebruikte code 'killed by police in an encounter' wat zoveel betekent als 'dood door marteling'. Tegelijk introduceert 'counter' een Engelse term in het Bengaalse discours. De ongeletterde, naakte Drapaudi gebruikt op een perfecte wijze een taal die ze niet verstaat maar die haar herinnert aan het geweld van de Britse overheersing, een voorbeeld van wat Spivak elders 'transnationale geletterdheid' noemt. Deze subtiele retorische interventie verplicht ons tot een combinatie van uiteenlopende posities (marxistisch, feministisch, postkoloniaal) die iedere rechtlijnige politieke interpretatie onmogelijk maakt. Wat daarbij zichtbaar wordt, is een associatie tussen mensen en gebeurtenissen die we normaliter niet met elkaar vergelijken: tussen het gemartelde lichaam van de vrouw en de gewelddadige koloniale geschiedenis van India, tussen Indiase militairen en Britse kolonisten, tussen de fysieke weerstand van ongeletterde vrouwen en het politieke bewustzijn van geletterde Indiase elites (die het woord "counter" in al zijn complexiteit wel verstaan).

Met de verwijzing naar Indiase elites zijn we natuurlijk aanbeland bij de rol van Spivak zelf, als geletterde vertaler en lezer van Devi's werk en haar "*counter*-strategies". Het is dankzij Spivaks "politics of translation" en "politics of interpretation" (de titels van twee essays) dat Drapaudi's naakte lichaam voor ons een meerduidige *politieke* stem en betekenis krijgt. Maar niet zonder een *ethisch* besef van de radicale grenzen daarvan: het gaat hier uiteindelijk om Spivaks vertaling en interpretatie van een fictief verhaal. En fictie is voor Spivak het middel bij uitstek voor een "experience of the impossible", een beleving van het onmogelijke. In de eerste plaats natuurlijk de onmogelijkheid van het eenduidig politiek lezen en vertalen. De studie van de literatuur blijft voor Spivak dan ook een ethische opgave die haar moet behoeden voor al te gemakkelijke politieke stellingnames zoals dat vaak gebeurt op "the conventional highway of a politically correct single issue" (*A Critique of Postcolonial Reason*, p. 197). Zoals Spivak het formuleert aan het einde van "Can the Subaltern Speak?": "Representation has not withered away. The female intellectual as intellectual has a circumscribed task which she must not disown with a flourish" (p. 104). Er rest de geëngageerde intellectueel een noodzakelijke reflectie op de complexiteit van 'representatie', het domein bij uitstek van de literatuurwetenschapper. Er valt nog veel te lezen en nog veel meer niet te lezen voor wie in dit tijdperk van globalisering de wereld wil verbeteren.

Beknopte Bibliografie

Primaire Literatuur

Myself Must I Remake: The Life and Poetry of W.B. Yeats. New York: Thomas Y. Crowell, 1974.

Of Grammatology. Baltimore: Johns Hopkins, 1976. (Vertaling van Derrida Jacques, *De la grammatologie)*

In Other Worlds: Essays in Cultural Politics. New York: Methuen, 1987.

Met Ranajit Guha (red.). *Selected Subaltern Studies*. New York: Oxford UP, 1988

Thinking Academic Freedom in Gendered Post-Coloniality. Cape Town: University of Cape Town, 1992.

Outside in the Teaching Machine. New York: Routledge, 1993.

"Can the Subaltern Speak?" (Oorspr. 1988) in: Patrick Williams and Laura Chrisman (red.). *Colonial Discourse and Post-Colonial Theory: A Reader*. New York: Columbia UP, 1994, pp. 66-111.

Imaginary Maps. New York: Routledge, 1995. (vertaling, met introductie, van verhalen van Mahasweta Devi).

Old Women. Calcutta: Seagull, 1997. (vertaling, met introductie, van verhalen van Mahasweta Devi).

The Breast Stories. Calcutta: Seagull, 1997. (vertaling, met introductie, van verhalen van Mahasweta Devi).
A Critique of Postcolonial Reason: Toward a History of the Vanishing Present. Cambridge: Harvard UP, 1999.
Death of a Discipline. New York: Columbia UP, 2003.

Secundaire Literatuur
HARASYM, Sarah (red.). *The Post-Colonial Critic: Interviews, Strategies, Dialogues.* New York: Routledge, 1990.
LANDRY, Donna en Gerald MACLEAN (red.). *The Spivak Reader: Selected Works of Gayatri Chakravorty Spivak.* New York: Routledge, 1996.
MORTON, Stephen. *Gayatri Chakravorty Spivak.* New York: Routledge, 2003.

EDWARD W. SAID
(1935-2003)

Alex DE MEULENAERE

BALLINGSCHAP

Beginnen met de memoires is op zijn minst vreemd bij een overzicht van de wetenschappelijke productie van een auteur. In het geval van de recent overleden Edward Said biedt dat uitgangspunt echter niet enkel een interessante achtergrond bij zijn academische bedrijvigheid, het werpt ook een licht op het bewogen levensverhaal dat aan zijn onderzoek dynamiek en coherentie, kwetsbaarheid en paradoxaliteit verleent. In *Out of Place* (1999) schetst Said zelf die levensloop. In 1947 moest hij, onder druk van het nakende Israëlisch-Palestijns conflict, zijn geboortestad Jeruzalem ontvluchten om onderdak te vinden in Egypte. Hij ontpopte zich tot een briljant student die al snel naar de Verenigde Staten emigreerde, waar hij zijn passie voor literatuur verder vorm kon geven. Het zou uitmonden in een hoogleraarschap vergelijkende literatuurwetenschap aan de prestigieuze Columbia University. Dit bood Said zowel de ruimte om nieuwe perspectieven te openen in het literatuurwetenschappelijk onderzoek, als de positie om zijn stem in het intellectuele debat over politieke problemen kracht bij te zetten. Zo zorgde hij voor een kritische noot toen de Golfoorlog naderde, toen Salman Rushdies *Satanic Verses* verketterd werden, na de aanslagen op het WTC, en ook bij heropflakkeringen van het conflict in het Midden-Oosten.

Die houding is hem niet door iedereen in dank afgenomen. De nauwe band bij Said tussen politiek en wetenschap wordt geregeld op de korrel genomen omdat het wetenschappelijke ideaal van objectiviteit erdoor in het gedrang komt. Het voorlopige hoogtepunt van de contestatie is het etiket 'fictie' dat *Out of Place* in *Commentary*, een vooraanstaand Amerikaans tijdschrift, kreeg opgeplakt. Saids Palestijnse afkomst zou aan zijn fantasie ontsproten zijn om het *parcours du combattant* op te fleuren en de politieke stellingnames te legitimeren. In werkelijkheid zou hij zijn jeugd in Egypte doorgebracht hebben en was van een vluchtelingenbestaan helemaal geen sprake. De controversiële receptie van *Out of Place* licht een tipje van de sluier voor het ganse oeuvre van Said. De thema's die daarin aan bod komen, zijn de band tussen literatuur en samenleving, de zoektocht naar identiteit, de moeizame dialoog tussen culturen, de grens tussen feit en fictie. De posities die ingenomen worden, zijn gewaagd, maar ze worden algemeen aanvaard als vruchtbare discussiestof en hebben op zijn minst een verbreding van de leesstrategieën mogelijk gemaakt.

Oriëntalisme

In de loop van de jaren zestig en zeventig bouwde de ingeweken Said zijn academische carrière uit aan Columbia University. De eerste publicaties volgden grotendeels de traditionele comparatistische analysemethodes uit die tijd, maar het accent lag wel al op literatuur over de band tussen het Westen en zijn kolonies. Met name Joseph Conrad, over wie hij zijn doctoraalscriptie schreef, bleef geregeld opduiken in latere werken. In die periode introduceerde hij in de Verenigde Staten ook stilaan de vernieuwende methodes en concepten uit Europese onderzoeksinstellingen, zoals het Franse poststructuralisme. Tegelijkertijd kreeg hij moeite met de steeds breder wordende kloof tussen literatuurstudie en concrete maatschappelijke vraagstukken. In zijn optiek moest en zou literatuur niet langer gelezen en geanalyseerd worden als een statig, majestueus en louter talig bouwwerk, maar als een *work in progress* dat diep geworteld is in de realiteit en er zelfs een onmiskenbare invloed op heeft. De zoektocht naar een invalshoek die beide verenigt, resulteerde in *Orientalism* (1978), nog altijd het meest bekende werk van Said. In dat boek wordt nagegaan hoe de nog steeds bestaande kloof tussen het Westen en het Oosten een gevolg is van het oriëntalisme. De academische discipline waarnaar de term verwijst – de studie van de cultuur, de taal en de maatschappij van het Oosten – impliceert de afbakening van een plaats die wij, westerlingen, bekijken met een mengsel van fascinatie, bewondering en vrees. Met oriëntalisme wordt ook de intellectuele basis gelegd voor de politieke, economische en culturele verovering uit de koloniale periode, aangezien de verschillende subdisciplines de Ander bestuderen vanuit een onwrikbaar vertrouwen in de superioriteit van de westerse cultuur. Het wetenschappelijke beeld van de primitieve, exotische of irrationele wilde, veronderstelt tegelijk de ontwikkelde, rationele *homo universalis* die de pen vasthoudt. Een van de hoofdbetrachtingen van *Orientalism* is dan ook om de artificialiteit van de grens tussen het Westen en het Oosten bloot te leggen door te wijzen op de paradoxen van elke monolithische identiteitsbepaling.

Deze analyse wordt uitgewerkt in drie grote delen, waarvan het eerste een beeld schildert van de voorstellingen van het Oosten van de laatste eeuwen. Aan de hand van uiteenlopende bronnen – gaande van de Napoleontische generaal de Lesseps, over Walter Scott en Gérard de Nerval, tot Victor Hugo – krijgt de lezer zicht op de geboorte van het Oosten als theater in reisverhalen, beleidsverklaringen en romans. Na verloop van tijd is die enscenering een eigen leven gaan leiden en zijn de grenzen tussen fictie en realiteit – voor zover die er al geweest zijn – steeds vager geworden. Het verslag van elke nieuwe reiziger werd een variatie op een aantal clichés die nog steeds bestaan. Het adjectief 'oosters' roept meestal beelden op van buikdanseressen, despoten gehuld in veelkleurige gewaden, gevaarlijke mannen en kromzwaarden. Kortom, wat een reiziger in zijn eigen wereld niet aantreft, krijgt een plaats in de discursieve machine van het oriëntalisme. Het concept representatie neemt vanaf het eerste deel een centrale plaats in: het accent ligt niet zozeer op *wat* Nerval, Scott en anderen geschreven hebben, maar veeleer op *hoe* de inhoud in een tekstueel beeld gegoten werd. Eerder dan aan de hand van feiten de valsheid van een beschrijving te bewijzen, moet een op het werk van Michel Foucault geënte vertooganalyse tonen hoe dat coherente arsenaal van thema's en beelden die de grenzen tussen fictie en non-fictie overschrijden, in de loop der eeuwen gegroeid is.

In het tweede deel gaat Said na hoe die beelden in de loop van de negentiende eeuw door verschillende wetenschappelijke disciplines in waarheden omgezet zijn. Historici als Ernest Renan en filologen als William Jones hebben geprobeerd de structuur van die andere wereld helemaal bloot te leggen: hoe spreken oosterlingen, wat geloven ze, wat vinden ze mooi, hoe gedragen ze zich? Op het eerste gezicht lijkt die zucht naar kennis een legitieme academische drijfveer, die de clichés had kunnen bevestigen of weerleggen, maar het objectieve, wetenschappelijke vertoog heeft volgens Said niet kunnen weerstaan aan de tand des tijds. Het blijkt uiteindelijk een constructie, een *manier* van voorstellen waarvan een aandachtige kritische lectuur de vooroordelen blootlegt. De oosterse volkeren wetenschappelijk analyseren en kwalificeren kon enkel op voorwaarde dat de blik eenzijdig bleef. Op geen enkel moment werd het hegemonische discours van het oriëntalisme in vraag gesteld, omdat de Ander de mogelijkheid niet had om te antwoorden. Said begint *Orientalism* trouwens met een beroemd citaat van Marx, dat niet alleen geldt voor de positie van het Europese proletariaat ten opzichte van het kapitalisme, maar evenzeer voor de oosterling ten opzichte van het oriëntalisme: "they cannot represent themselves, they must be represented" (*Orientalism*, p. xiii).

In het derde en laatste deel van de studie wordt het recentere oriëntalisme onder de loep genomen, dat zich in de twintigste eeuw ontwikkeld heeft in Frankrijk en het Verenigd Koninkrijk, de twee grootste Europese koloniale machten. Said eindigt met een analyse van het vertoog in het land dat hem in zijn academische armen gesloten heeft: de Verenigde Staten. De werken van historici als Bernard Lewis, een autoriteit op het gebied van de geschiedschrijving van het Midden-Oosten, en de studiecentra van het ministerie van Buitenlandse Zaken incarneren de moderne versie van het oriëntalisme. Ze blijven functioneren vanuit een strikte afbakening van een westerse, analyserende blik en een oosterse, onbetrouwbare schaduw.

Naast het begrip 'representatie' sturen twee andere dragende concepten het verhaal van Said. Het eerste, 'geografisering', ligt in het verlengde van de creatie van het Oosten als een theater. Om die scène in beeld te brengen, moet er eerst een afgebakende ruimte voor gecreëerd worden. Het uittekenen van een wereldkaart en het trekken van grenzen kunnen volgens Said niet los gedacht worden van het westers streven naar een wereldbeeld met Europa, en later de Verenigde Staten, als middelpunt van waaruit alle expedities naar overzeese gebieden vertrekken en gelegitimeerd worden. De exotische beschrijvingen van de lokale cultuur in de reisverhalen en romans van veel auteurs steunen op de schragende structuur van geografische kennis. Het kolonialisme en het uitbouwen van een imperium zijn dan ook nauw verbonden met het begrip plaats: een deel van de wereld kennen en in beeld brengen wordt pas mogelijk door er eerst geografisch bezit van te nemen.

Naast de geografisering benadrukt Said ook de *worldliness* ('wereldlijkheid') van teksten en auteurs; hieronder verstaat hij de complexe banden tussen een (fictionele) tekst, zijn auteur en het wereldlijke machtssysteem dat hen omringt. Said grijpt niet terug naar een theorie waarbij de tekst een eenduidige spiegel zou zijn van een tastbare werkelijkheid of een kenbare Zeitgeist, maar hij verzet zich evenzeer tegen de trend om een tekst te lezen als een loutere herhaling en vervorming van andere teksten, waarbij de auteur niet langer de verantwoordelijke, maar veeleer het product van de tekstuele arbeid zou zijn. Als getrainde lezer heeft de literatuurwetenschapper de opdracht om die *worldliness* zoveel mogelijk op het spoor te komen.

De link tussen wetenschap en macht, tussen academie en politiek die in *Orientalism* aan het licht komt, heeft tot felle reacties geleid. Naast een paar persoonlijk getinte aanvallen van vooraanstaande Amerikaanse historici, die in de stellingen van Said een bedreiging voor de westerse cultuur zagen van de hand van een onbetrouwbare academische terrorist, kwamen er ook meer diepgaande en inhoudelijke kritieken. Een van de belangrijkste opwerpingen betreft het exacte statuut van het Oosten. Aangezien Said het Oosten beschouwt als een tekstuele en ideologische creatie van het oriëntalisme, die het pad effent voor imperialisme, rijst de vraag of geen enkele kenbare realiteit beantwoordt aan het begrip. Said wordt verweten dat hij op dat punt, door de ambiguïteit van zijn stellingen, geen duidelijke positie inneemt. Zijn betoog zou niet alleen een kritische vertooganalyse van het oriëntalisme zijn, maar ook in de richting wijzen van een ander, echt Oosten dat kenbaar zou zijn, al zegt hij niet expliciet hoe. Die kritiek brengt de kern van *Orientalism* in gevaar, want als hij terecht is, zou Said zijn vernietigende claims moeten intrekken. Hij dient zich dan in te schrijven in het academische debat over het Oosten en kan het niet in zijn totaliteit verwerpen.

Said heeft het verwijt van een impliciet authentiek Oosten altijd betwist, maar de lezer kan zich toch niet van de indruk ontdoen dat zijn boek verder gaat dan een loutere deconstructie van het oriëntalisme. Het verzet tegen opgelegde representaties wordt echter losgekoppeld van het kennen van een echt Oosten, door op de relativiteit van de tot dan toe gangbare geografische verdeling te duiden. Eerder dan de islam of de Arabische wereld te verdedigen tegen de stereotiepe beelden die in het Westen circuleren, streeft Said een radicale hertekening van ideologische en culturele grenzen na. Een citaat van de middeleeuwse monnik Hugo de Saint Victor, dat hij meermaals gebruikt en expliciet als zijn *credo* voorstelt, geeft in een notendop aan hoe Said denkt over cultuur en identiteit en over het Ik en de Ander:

> The man who finds his homeland sweet is still a tender beginner, he to whom every soil is as his native one is already strong, but he is perfect to whom the entire world is a foreign land. The tender soul has fixed his love on one spot in the world, the strong man has extended his love to all places, the perfect man has extinguished his. (*Culture and Imperialism*, pp. 406-407)

De banneling, en dus eigenlijk Said zelf, wordt zo gepromoveerd tot de ideale toeschouwer, het minst 'gegeografiseerde' individu, de meest nomadische geest. Die uitgesproken link naar zijn eigen positie blijft een van de meest omstreden kenmerken van zijn wetenschappelijk werk, maar het weerhield Said er niet van om zijn leesstrategie verder uit te werken in *Culture and Imperialism* (1993).

Een imperialistische cultuur?

Hoe verhouden cultuur en imperialisme zich tot elkaar? Wat reeds doorschemerde in *Orientalism*, wordt de rode draad die *Culture and Imperialism* stuurt. Het perspectief wordt tegelijk verbreed en verengd. Enerzijds wordt de geografische aandacht, die in *Orientalism* vooral op het Midden-Oosten en Noord-Afrika ligt, uitgebreid naar het volledige historische westerse imperium: Centraal-Afrika, Australië en Indië, maar ook Ierland komen in beeld. Anderzijds beperkt Said zich vooral tot de literatuur, met name de roman. Het feit dat de opgang van dit genre samenvalt met de uitbouw van het overzeese rijk doet de vraag rijzen of beide evoluties met elkaar verband houden, en hoe die eventuele band gedacht kan worden.

Om hierop te kunnen antwoorden, haalt Said eerst cultuur van haar esthetische piëdestal. Literaire studies zijn er te vaak van uitgegaan dat proza en poëzie boven het alledaagse leven stonden:

literatuur zou, net zoals de andere kunsten, de menselijke gevechten en onvolmaaktheden transcenderen en, door de magie tussen vorm en inhoud, tot schoonheid leiden. Bovendien zou het doel van het lezen vooral plezier zijn, waarbij verhalen de lezer in een sensuele betovering meeslepen. Hoewel deze houding nog altijd veel bijval oogst bij literatuurcritici, introduceert Said literatuur in het domein van de strijd. Vertellen gebeurt niet alleen vanuit een drang naar esthetisch plezier, maar is ook een van de meest essentiële mechanismen van identiteitsvorming. Exotische reisverhalen of intriges met blanke hoofdpersonages die zich afspelen tegen een koloniale achtergrond hebben de westerse lezer misschien leesgenot bezorgd, maar ze hebben ook bijgedragen tot de imaginaire bovenbouw voor en de onbewuste aanvaarding van de overheersing van andere volkeren.

De lectuur van Said wordt des te interessanter wanneer hij romanciers als Joseph Conrad in zijn betoog opneemt. Het Westen heeft inderdaad niet alleen blinde bewonderaars van het imperialisme gekend, maar ook auteurs als Conrad, die scherp de vanzelfsprekende arrogantie van de kolonialisering aan de kaak gesteld hebben. De houding van Conrad blijft evenwel ambigu:

> Conrad was both anti-imperialist and imperialist, progressive when it came to rendering fearlessly and pessimistically the self-confirming, self-deluding corruption of overseas domination, deeply reactionary when it came to conceding that Africa or South America could ever have had an independent history or culture. (*Culture and Imperialism*, p. xx)

Dit citaat illustreert een belangrijke lijn in de gedachtegang van *Culture and Imperialism*: de westerse cultuur van de negentiende en het begin van de twintigste eeuw laat geen ruimte om een niet-imperialistisch standpunt in te nemen. Of een verhaal nu probleemloos de vanzelfsprekendheid van de overheersing aanneemt of ironisch de perversiteiten van het systeem aan de kaak stelt, het blijft geschreven door westerlingen die een niet-westerse visie nauwelijks kunnen denken en alleszins niet weergeven. Tot deze conclusie komt Said niet alleen bij Joseph Conrad, maar ook bij Albert Camus, Jane Austen en menig ander gecanoniseerd auteur. Bijgevolg is het verzet van de gekoloniseerde volkeren niet alleen een gevecht om politieke macht te verwerven, maar ook om een ander verhaal te kunnen vertellen.

De vraag of die weerstand tegen cultureel imperialisme mogelijk is en hoe die precies geconcipieerd moet worden, heeft op haar beurt veel inkt doen vloeien. Critici hebben Said verweten dat hij het denkkader in *Orientalism* te zeer baseert op het werk van Michel Foucault en Antonio Gramsci, die hem respectievelijk de concepten macht en hegemonie aanreiken. Door die twee te combineren lijkt het erop dat Said oriëntalisme beschouwt als een sluitend vertoog, dat als een ondoordringbaar net over het Oosten geweven wordt. Het eerste deel van *Culture and Imperialism* trekt die lijn door en vat cultuur op als een discursieve machine, waarbij kritische stemmen niet aan de grondvesten van het imperialisme raken. Daarnaast wordt vaak gewezen op het feit dat Said zelf gefascineerd blijft door de door hem zo bekritiseerde westerse cultuur en zich op die manier paradoxaal genoeg inschrijft in haar hegemonisch karakter. In het laatste deel van *Culture and Imperialism* verplaatst Said de focus dan ook, meer dan in *Orientalism*, naar de wegen die gekoloniseerde volkeren gezocht hebben om aan de culturele hegemonie van het imperialisme te ontsnappen. Zijn analyse neemt op dit punt duidelijk afstand van Michel Foucault, die in zijn latere werk hoofdzakelijk aandacht heeft besteed aan de manier waarop individuen door macht gekneed en gedetermineerd worden, met weinig hoop op bevrijding. Said daarentegen probeert een ideale manier te bedenken voor onderdrukte groepen en volkeren om antwoorden te bieden en ruimte te vinden voor culturele bevrijding.

Het verwerpen van het imperialisme door er een hervonden, onaangetaste cultuur tegenover te plaatsen, heeft als idee een onmiskenbare aantrekkingskracht, die haar neerslag gevonden heeft in concepten als *négritude*. Deze term, die door Aimé Césaire gelanceerd werd aan het eind van de jaren dertig, heeft lang symbool gestaan voor het affirmeren van een zwarte essentie en het uiten van de Afrikaanse aard die onderdrukt werd door het koloniserende Westen. De *négritude* heeft door dat confronterende karakter furore gemaakt: gedrag dat door de veroveraars als primitief bestempeld werd, werd door een generatie jonge Afrikaanse intellectuelen net hoog in het identitaire vaandel gedragen. Magie, totemisme en inheemse dans moesten niet verworpen worden om als beschaafd te kunnen doorgaan, ze werden integendeel gekoesterd als tekens van een herwonnen bewustzijn. Dit culturele gevecht voor een eigen identiteit werd vaak gekoppeld aan een radicaal nationalisme, dat moest leiden tot onafhankelijke natiestaten. Said neemt beide op de korrel. Doorgedreven nationalisme heeft in de loop van het dekolonisatieproces geen utopische, organische staten voortgebracht waar een volk zich kon identificeren met zijn grondgebied en zijn leiders; het heeft veeleer de mechanismen van het imperialisme bestendigd. Grenzen werden niet hertekend, waardoor gedekoloniseerde landen al te vaak een amalgaam van uiteenlopende culturen geworden zijn. Bovendien waren de leiders van die onafhankelijk geworden landen in die mate gekneed door westerse vormingskanalen dat ze, op een paar uitzonderingen na, de koloniale bestuurspolitiek voortzetten. Burgeroorlogen en interne verscheurdheid zijn voor landen als Kongo en Algerije tot vandaag een uitloper van die keuze. Ook de culturele eenheid die concepten zoals *négritude* nastreven, versterkt de grenzen getrokken door het imperialistische vertoog, aangezien de kloof tussen 'wij' en 'zij' niet verkleind wordt door het omwisselen van de naamkaartjes.

De strategie die Said zelf voorstelt, is die van de *voyage in*, waarbij de intellectuelen en kunstenaars uit de vroegere kolonies uitgenodigd worden om zelf een reis te maken in het conceptuele en artistieke raderwerk van dat Westen. Eerder dan de historische werkelijkheid van het imperialisme en de kolonisatie te negeren of te verwerpen, komt het erop aan ze te verwerken. Zo een verwerkingsproces moet ruimte bieden voor verzet, maar tegelijkertijd voor nieuwe, hybride culturele identificatieprocessen. *Midnight's Children* van Salman Rushdie, bijvoorbeeld, belichaamt die nagestreefde artistieke smeltkroes:

> The conscious effort to enter into the discourse of Europe and the West, to mix with it, transform it, to make it acknowledge marginalized or suppressed or forgotten histories is of particular interest in Rushdie's work, and in an earlier generation of resistance writing. This kind of work was carried out by dozens of scholars, critics and intellectuals in the peripheral world: I call this effort *the voyage in.* (*Culture and Imperialism*, pp. 260-261)

Het academisch parcours van Said beantwoordt eveneens aan deze kenmerken. Zijn zoektocht in het conceptuele woud van de westerse geesteswetenschappen heeft hem toegelaten om te komen tot de leesstrategieën van *Orientalism* en *Culture and Imperialism.* De *voyage in* impliceert een nomadische omgang met literatuur, aangezien die ervaring volop de complexiteit, de veranderlijkheid en de mobiliteit van culturele identiteitsvorming in zich draagt.

De migratiestromen, die door het imperialisme in de loop der eeuwen steeds sterker geworden zijn, maken een ordelijke, geografische opdeling van de wereld in een vast aantal stabiele culturen en landen onmogelijk. Said bestempelt dat streven als metafysisch en theologisch en plaatst er de seculiere *wordliness* tegenover, die zich inschrijft in de globalisering. Het logische gevolg van dit denken is dat het uiteindelijke doel van het verzet tegen imperialisme niet ligt in het creëren van een broos en labiel nationaal bewustzijn, maar in sociale vooruitgang en een dialoog die de grenzen van het oude imperium overstijgt. Said schaart zich achter Frantz Fanon, die in zijn beroemde *Les damnés de la terre* als eerste de beperkingen van een te sterk raciaal of nationalistisch getinte bevrijdingsstrijd verwoordde en pleitte voor een ruimer politiek en sociaal engagement. Vandaar ook de uitval op het einde van *Culture and Imperialism* naar de overheersende culturele representatievormen van vandaag, die vasthouden aan een imperialistisch wereldbeeld dat de nagestreefde identitaire mobiliteit blokkeert:

> No one can deny the persisting continuities of long traditions, sustained habitations, national languages and cultural geographies, but there seems no reason except fear and prejudice to keep insisting on their separation and distinctiveness, as if that was all human life was about. (*Culture and Imperialism*, p. 408)

Een intellectuele roeping

Gezien de *worldliness* die verdedigd wordt in *Orientalism* en *Culture and Imperialism*, is het niet verwonderlijk dat Said zich uitdrukkelijk manifesteert als publiek intellectueel. Hij mengt zich bewust in discussies over hete politieke hangijzers, vanuit de overtuiging dat hij de verhouding tussen cultuur en macht niet alleen moet bestuderen, maar ook zijn mening over problemen die voortvloeien uit die wetenschappelijke interesse moet kenbaar maken. Zijn keuze gaat in tegen de sterke professionalisering en specialisatie die het academische landschap in de tweede helft van de twintigste eeuw kenmerkt.

De verdeling van wetenschappelijke arbeid maakt de positie van de totale intellectueel die zich op een Sartriaanse wijze uitspreekt over universele principes, steeds brozer. Interventies over actuele politieke kwesties kregen in de loop van de jaren zeventig een lokaal karakter – denk aan Michel Foucault die concrete acties ondernam om het lot van de Franse gevangenen te verbeteren – of verdwenen gaandeweg uit de agenda van professionele menswetenschappers. Ook de opdeling van de literatuurwetenschap in verschillende subdisciplines zoals structuralisme, deconstructie of New Historicism heeft volgens Said de mogelijkheid ingeperkt om de literatuurstudie in te schakelen in een controversiële en kritische lezing van de band tussen cultuur en macht. De opkomst van het postmodernisme, dat het bestaan van universele waarden relativeert door hun contingente historische karakter bloot te leggen, heeft die tendens nog versterkt.

Orientalism en *Culture and Imperialism*, maar ook Saids talrijke kritische essays en artikels, doorbreken die disciplinaire grenzen. Historische, etnografische, literaire en politieke vertogen worden bewust in een zelfde polyfone vertelling opgenomen en verbonden door een rode draad: macht confronteren met waarheid. Said beschouwt het als de taak van de intellectuelen om uit de veilige maar besloten grenzen van de instituten die hen tewerkstellen te treden en de beleidsmakers te confronteren met feiten, interpretaties en waarheden die sluitende verhalen in een ander perspectief plaatsen. Net als Noam Chomsky wordt hij aanzien als een van de grootste luizen in de pels van de Verenigde Staten, zijn adoptieland. Terwijl de Golfoorlog en de aanslagen op het WTC ook in de academische gemeenschap het patriottisme aanwakkerden, publiceerde Said artikelen waarin hij niet naliet om de analyses uit zijn oeuvre toe te passen. Na de aanslagen van 11 september 2001 trok hij, onder andere in de Franse krant *Le Monde*, hard van leer tegen de stellingen van Samuel Huntington, die in zijn *Clash of Civilisations* stelt dat de conflicten van de eenentwintigste eeuw geen economisch of nationalistisch karakter meer zullen hebben. Volgens Huntington zullen de breuklijnen zich veel meer op cultureel vlak situeren, waarbij vooral de islam de westerse cultuur zou bedreigen. Na een ondubbelzinnige veroordeling van de aanslagen, betwist Said die stelling door Huntington te verwijten wat hij de oriëntalisten aanrekende, namelijk een simplistische, ideologisch getinte opdeling van de wereld in afgelijnde monolithische culturen.

Hij plaatst er de realiteit van het veelkleurig cultureel *patchwork* tegenover, dat westerse metropolen als Frankrijk, Duitsland en de Verenigde Staten kenmerkt. Het wegvallen van grenzen, dat de economische globalisering op gang gebracht heeft, ziet Said ook op cultureel gebied gebeuren. Dit vormt de basis voor zijn verzet tegen fanatisme en oorlogszucht vanuit nationalistische of religieuze motieven, die niet meer aan de veelzijdige werkelijkheid van vandaag beantwoorden.

Het zou daarom ook te makkelijk zijn om te besluiten dat, onder het masker van een gerespecteerde literatuurwetenschapper, een intelligente maar gevaarlijke verdediger van de islam en de Arabische wereld schuilt. Niet alleen verwerpt Said in zijn literatuurwetenschappelijke publicaties de idealisering van een authentieke Arabische of Afrikaanse cultuur en het beeld van het Westen als de bron van alle kwaad; ook zijn interventies over Palestina belichamen het streven naar een kritische inslag, die synoniem staat voor een vrijheid die zich niet wil laten inkapselen in een monolithisch groepsbewustzijn. In *The Question of Palestine* (1979) en *Covering Islam* (1981) gaat Said na hoe de Palestijnen een thuisloos volk geworden zijn. De hoofdoorzaak daarvan legt Said, net zoals in *Orientalism*, bij de onmogelijkheid om zichzelf te representeren, waardoor hun door anderen een identiteit opgedrongen of veel meer nog ontnomen kon worden. Volgens hem laat het zionisme de feitelijke bewoners van het grondgebied dat de joden na de Tweede Wereldoorlog gaandeweg veroverd hebben, buiten beschouwing. Door zelf een thuisland te vinden, hebben ze van de Palestijnen vluchtelingen gemaakt, geprangd tussen Israël en de even onherbergzame Arabische buurlanden. Said heeft jarenlang gevochten om dat deel van het verhaal kenbaar te maken in het Westen. Nochtans heeft hij ook afstand genomen van de PLO, waar hij aanvankelijk sterk in geloofde. Zo vond hij de Oslo-akkoorden uit 1993 een capitulatie ten opzichte van Israël, wat hem opnieuw veel tegenwind opleverde. Hij bekritiseerde echter ook meermaals Arafats beleid, omdat het te weinig streefde naar een Amerikaans maatschappijmodel, gebaseerd op vrijheid van meningsuiting en democratie.

Deze op het eerste gezicht tegenstrijdige voorbeelden bewijzen eens te meer hoe nomadisme aan de basis ligt van het oeuvre van Said. Hij maakt van de ballingschap die hij zelf aan den lijve ondervonden heeft, de theoretische basis voor intellectuele interventies, omdat ze de nodige afstand schept om nationale en culturele essenties tegenover elkaar te plaatsen en te relativeren. Het doel van die confrontatie is niet om tot een postmoderne besluiteloosheid te komen, maar om bij te dragen aan universele waarden als waarheid en rechtvaardigheid. Zo een positie leidt haast automatisch tot hybride meningen die op de rand van de tegenstrijdigheid balanceren. Hoe bekritiseerbaar Saids stellingen echter ook mogen zijn, ze hebben een plaats verworven in de discussie over hoe cultuur en macht, representatie en identiteit samen gedacht kunnen worden.

Beknopte Bibliografie

Primaire literatuur

Joseph Conrad and the Fiction of Autobiography. Cambridge: Harvard UP, 1966.

Beginnings: Intention and Method. New York: Basic Books, 1975.

Orientalism. New York: Pantheon, 1978.

The Question of Palestine. New York: Times Books, 1979.

Covering Islam: How the Media and the Experts Determine How We See the Rest of the World. New York: Pantheon, 1981.

The World, the Text and the Critic. Cambridge: Harvard UP, 1983.

After the Last Sky, Palestinian Lives. New York: Pantheon, 1986.

Culture and Imperialism. London: Chatto & Windus, 1993.

Out of Place: A Memoir. New York: Knopf, 1999.

Reflections on Exile and other Essays. Cambridge: Harvard UP, 2002.

Freud and the Non-Europeans. London: Verso, 2003.

Humanism and Democratic Criticism. New York: Columbia UP, 2004.

From Oslo to Iraq and the Road Map: Essays. New York: Pantheon, 2004.

Secundaire literatuur

ASHCROFT, Bill en Pal AHLUWALIA. *Edward Said*. London: Routledge, 2001.

BARSAMIAN David. *Culture and Resistance: Conversations with Edward W. Said*, New York: Consortium, 2002.

BAYOUMI, Moustapha en Andrew RUBIN (red.). *The Edward Said Reader*. New York: Vintage, 2000.

BOVE, Paul. *Edward Said and the Work of the Critic*. Durham: Duke UP, 2000.

DE PRINS, Bart. "Het failliet van Said?! Postkoloniale verkenningen in de periferie van de historische methodologie", *Tijdschrift voor geschiedenis* (2000), pp. 540-556.

GAURI Viswanatha. *Power, Politics and Culture. Interviews with Edward W. Said.* New York: Pantheon, 2001.
KENNEDY, Valery. *Edward Said. A Critical Introduction.* London: Polity, 2000.
MARROUCHI, Mustapha. *Edward Said at the Limits.* New York: State University of NY, 2004.
SING, Armritjit en Burce G. JOHNSON (red.). *Interviews with Edward W. Said.* Jackson: University of Mississipi Press, 2004.
WILLIAMS, Patrick. *Edward Said.* London: Thousand Oaks, 2001.

HOMI K. BHABHA
(1949-)

Erwin JANS

Homi K. Bhabha is een markante, erg invloedrijke, maar allesbehalve ongecontesteerde figuur binnen het academische onderzoeksveld van de postkoloniale studies. Sinds het midden van de jaren tachtig van de vorige eeuw heeft hij zijn onmiskenbare stempel op de postkoloniale theorievorming gedrukt. De door hem samengestelde en ingeleide bundel opstellen over nationalisme *Nation and Narration* (1990) en zijn eigen essays in *The Location of Culture* (1994) worden nog steeds veelvuldig geciteerd en becommentarieerd. Samen met Edward Said en Gayatri Chakravorty Spivak heeft Bhabha de postkoloniale studies hun theoretische en academische legitimiteit gegeven. In zijn talrijke wetenschappelijke publicaties en kortere bijdragen in tijdschriften (o.a. het kunsttijdschrift *Art Forum*), analyseert hij de complexe culturele processen die de moderne postkoloniale en geglobaliseerde samenleving vormgeven en de ingrijpende impact daarvan op de metropool, op het multiculturele samenleven en op de kunsten.

Homi Bhabha werd in 1949, het jaar van de Indische Onafhankelijkheid, in de Parsi-gemeenschap in Bombay geboren. De Parsi's zijn een kleine, vrij onbekende minderheid in India, afstammelingen van Perzische immigranten uit de zevende eeuw. Traditioneel zijn de Parsi's volgelingen van de profeet Zoroaster, maar in hun rituelen betuigen ze ook een formeel respect aan de hindoegewoontes. Bhabha beschrijft de Parsi-gemeenschap als een 'gehybridiseerde' gemeenschap. Het is een term die een centrale rol speelt in zijn theorie. Culturele identiteit is voor Bhabha geen voor altijd gegeven en vaststaande entiteit, maar steeds het resultaat van negotiëren, vertalen en performatief handelen. Dat geldt zowel voor de koloniale als voor de postkoloniale periode. Bhabha herleest hij het koloniale discours niet als een tegenstelling tussen kolonisator en gekoloniseerde, maar als een ambivalent, in zichzelf gespleten discours. Bhabha's aandacht gaat echter vooral uit naar een analyse van de culturele dynamiek die de eigentijdse postkoloniale wereld gestalte geeft: een proces waarin de westerse metropool en de ex-kolonies nieuwe culturele relaties aangaan door de grote influx van migranten, politieke vluchtelingen en illegalen, waarvan de verhalen en ervaringen het nationale zelfbewustzijn grondig aan het veranderen zijn.

Bhabha groeide op en studeerde in Bombay, en daarna in Oxford. Hij schreef zijn doctorale dissertatie over het werk van V.S. Naipaul, die bekend staat voor zijn scherpe analyses van de postkoloniale samenlevingen. Naipauls gevoel van ontworteling is van grote betekenis geweest voor Bhabha's ideeën over het kosmopolitisme. In "The location of culture" ondermijnt Bhabha, in een voor hem typische denkbeweging, de binaire tegenstelling tussen 'home' (thuis) en 'homeless' (thuisloos) met een derde term 'unhomed' (onthuisd), die functioneert als een 'third space'. In die tussenruimte worden de grenzen tussen het publieke en het private, tussen het politieke en het persoonlijke, tussen het binnen en het buiten gedelokaliseerd en gehybridiseerd. Echo's van Freuds analyse van het 'Unheimliche' zijn hier expliciet hoorbaar. Dit 'onthuisd zijn' brengt Bhabha in verband met "that rite of extra-territorial and cross-cultural intiation" (*The Location of Culture*, p. 9), die kenmerkend is voor een tijdperk van diaspora, migratie en culturele vermenging. Het kenmerkt ook Bhabha's academische carrière aan Engelse en Amerikaanse universiteiten en zijn graaggeziene en veelvuldige aanwezigheid op internationale symposia en colloquia. De meest verfijnde en complexe verwoording van deze nieuwe ervaring herkent Bhabha echter in de romans van schrijvers als Wole Soyinka, Nadine Gordimer, Chinua Achebe, Salman Rushdie, V.S. Naipaul, Tony Morrison, Ben Okri e.a. Meer dan eens erkent hij zijn schatplichtigheid aan *The Satanic Verses* (S. Rushdie) en *Beloved* (T. Morrison) voor zijn begrip van cruciale termen als migratie, diaspora, hybriditeit, narrativiteit en historisch bewustzijn. "De kunstenaar, actief in het 'grensgebied', brengt een poëtica voort die het gevolg is van een openheid tussen culturen. Hij of zij toont de 'tussengebieden', de overlappingen en invloeden uit diverse culturen, het her en der, dat deel uitmaakt van de geschiedenis van mensen wier identiteit is opgebouwd uit het gevoel van ontworteling", aldus Bhabha ("Beyond the pale", p. 23).

Theorie als engagement

Homi Bhabha's theorie situeert zich op een belangrijk keerpunt in de ontwikkeling van het postkoloniale denken. In de jaren vijftig en zestig van de vorige eeuw stond de postkoloniale literatuur en de postkoloniale theorie nadrukkelijk in het teken van een nationalistische, anti-koloniale agenda. De vroege romans van Afrikaanse schrijvers als Chinua Achebe, Wole Soyinka en Ngugi wa Thiong'o, en de theoretische teksten van Frantz Fanon, de psychiater uit Martinique die zich in de Algerijnse onafhankelijkheidsstrijd engageerde, getuigen hiervan. In de jaren '70 zagen vele van de voorheen onafhankelijk geworden kolonies het revolutionaire elan echter in rook opgaan en plaats maken voor economische ontbering, politieke corruptie, gewelddadig nationalisme, bloedige burgeroorlogen en vormen van neo-imperialisme en neo-kolonialisme. De afstand tussen de geëmotioneerde welsprekendheid en het humanisme van Frantz Fanon enerzijds en het technische en post-humanistische kritische vocabularium van Bhabha anderzijds maakt een diepgaande historische verschuiving zichtbaar, die alles te maken heeft met de 'onttovering' van de revolutionaire hoop uit de naoorlogse decennia. Het geloof in het militante verzet en de radicaal politieke oppositie was niet langer vanzelfsprekend. De doelstellingen werden verlegd en bijgesteld. Voor sommigen betekende dat een gedwongen terugtocht uit de politieke strijd, voor anderen was het de ontdekking van nieuwe wapens en strategieën. In een interview verklaarde Bhabha: "Ik heb altijd geloofd dat kleine verschillen en nauwelijks op te merken verschuivingen of verplaatsingen vaak de meest significante elementen van processen van subversie en transformatie zijn." Het postkoloniale denken reflecteerde niet langer over de mogelijkheden en strategieën van aktief en militant verzet, maar concentreerde zich op de culturele theorie van de discursieve en visuele representatie. Edward Saids invloedrijke studie van het oriëntalistische discours in *Orientalism* (1978) markeerde het duidelijkst deze verschuiving van politieke aktie naar discoursanalyse. Bhabha formuleerde het zo: "het politieke subject – zoals ook het subject van de politiek – is een discursieve gebeurtenis." (*The Location of Culture*, p. 23).

Net als Said is Bhabha een culturele 'ex-pat', die doceert en leeft in en tussen de belangrijkste westerse metropolen. Ze delen die ervaring van migratie met veel schrijvers uit de ex-kolonies als Derek Walcott, Salman Rushdie, Caryl Philips, Ben Okri, Amitav Ghosh, Vikram Seth... Het is wellicht geen toeval dat het romans van deze schrijvers zijn die als referentiepunt opduiken in het werk van theoretici als Bhabha en Spivak. Deze migrantenliteratuur, geboren uit de voortdurende wrijving van en vertaling tussen culturen in de metropolen, wordt nu wereldwijd geaccepteerd als een van de belangrijkste oppositionele, anti-autoritaire literaire of tekstuele strategieën van onze tijd. Theorie en literatuur vinden elkaar in het transnationale, geglobaliseerde bewustzijn van de metropool en zijn universiteiten.

Omwille van de theoretische moeilijkheidsgraad en de theoretische voorkeuren van zijn geschriften is Bhabha meer dan eens beschuldigd van elitarisme, bourgeois academisme en eurocentrisme (verwijten die ook Spivak en Said ten deel vielen). Een ander verwijt is dat Bhabha's concepten, ondanks al hun theoretische sofisticatie, toch te universeel zijn en te weinig gender- en context-specifieke gevoeligheid hebben. De zwaarste beschuldigingen slaan evenwel op Bhabha's intellectuele verbondenheid met het Franse poststructuralisme van denkers als Jacques Lacan, Louis Althusser, Michel Foucault en Jacques Derrida, dat in bepaalde intellectuele kringen uit de Derde Wereld beschouwd wordt als een uitvloeisel van recente neo-kolonialistische en neo-imperialistische bewegingen in het Westen. De westerse theorie zou, met andere woorden, de geopolitieke machtsdeling en de westerse hegemonie hernemen: de theorievorming in de westerse metropool tegenover de ontwikkelingen in de vroegere kolonies. Bhabha (en Spivak) zouden, zo wordt gezegd, een overdreven belang hechten aan de problematiek van discours en representatie en dat ten nadele van een studie van de materiële omstandigheden van de kolonisatie. Daarenboven worden het postmodernisme en zijn varianten buiten Europa vaak gezien als een typisch westers fenomeen, dat meer twijfel en nihilisme genereert dan dat het politieke actie en verzet mogelijk maakt. Bhabha heeft zich steeds met klem afgezet tegen die al te makkelijke tweedeling tussen theorie en praktijk. Hij weigert een tegenstelling te zien tussen theorie en activisme en verdedigt het belang van een complexe theorie om een complexe werkelijkheid te begrijpen.

'BEYOND' EN 'IN BETWEEN'

Bhabha's theoretisch project is diepgaand beïnvloed door het poststructuralisme en de Lacaniaanse psychoanalyse, maar tegelijk vindt er ook een essentiële verschuiving plaats. Het postmodernisme en het postkolonialisme vinden elkaar in hun gezamelijke interesse voor het voorlopige, toevallige en arbitraire van de betekenisgeving; in hun kritiek op de 'grote verhalen'; in hun gevoeligheid voor de geconstrueerde natuur van cultuur en identiteit; in hun voorkeur voor polyfonie, ironie, parodie, pastiche. Maar dat is niet genoeg voor Bhabha, omdat het eurocentrisme van het postmodernisme niet wordt opengebroken: "De verderstrekkende betekenis van de postmoderne tijd is gelegen in het besef dat door de kennistheoretische 'beperkingen' van zulke etnocentrische ideeën, 'andere' afwijkende en dissidente stemmen en geschiedenissen worden buitengesloten." ("Beyond the pale", p.25)

Bhabba is minder geïnteresseerd in het falen van het logocentrisme, dan in de door de moderniteit zelf geproduceerde koloniale marges. Het verschil tussen logocentrisme en moderniteit is daarbij belangrijk: het logocentrisme is een filosofische categorie, terwijl de moderniteit expliciet een historische categorie is. Bhabha is op zoek naar een nieuwe positie van waaruit hij de moderniteit kan herbenoemen, herformuleren en opnieuw articuleren. Die positie kan alleen maar gevonden worden door de moderniteit en haar (koloniale, imperialistische, racistische) schaduwzijde als één geheel te beschouwen. Bhabha wil het postmoderne herbenoemen vanuit het perspectief van het postkoloniale. Hij zoekt naar een postkoloniale contramoderniteit, waarvan hij de aanzetten vindt in een subaltern vertoog dat steeds luider klinkt in de westerse multiculturele en multi-etnische metropool.

De poststructuralistische taaltheorie, met haar inzichten in de arbitrariteit van het teken, de onbepaaldheid van het schrijven, de dissiminatie van de betekenis en het gespleten subject van de enunciatie, gebruikt Bhabha als strategie tegen een discours dat cultuur en identiteit verbindt met noties als 'authentiek', 'oorspronkelijk', 'essentieel' en 'eigen'. Hij maakt een onderscheid tussen enerzijds 'culturele diversiteit' en anderzijds 'cultureel verschil'. Bhabha wijst de term 'culturele diversiteit' (of 'multiculturaliteit') af, omdat die staat voor een vreedzame co-existentie van verschillende culturen in een pluralistisch ingestelde samenleving. Het 'culturele verschil' daarentegen verwijst naar een oppositioneel minderheidsdenken: "The aim of cultural difference is to rearticulate the sum of knowledge from the perspective of the signifying position of the minority that resists totalization." (*The Location of Culture*, p. 162).

De postkoloniale ruimte is de ruimte van de internationalisering, de migratie, de diaspora, de interculturele en multiraciale samenleving. De transnationale dimensie van deze culturele transformaties verstoort het discours van nationale identiteit, volkseigenheid, traditie en ethnocentrisme. De 'manicheïstische' structuur van de koloniale ruimte – 'wij' hier en 'zij' daar – wordt radicaal opengebroken. Die tweedeling herkent en bekritiseert Bhabha ook in *Orientalism* van Said, waarin Oost en West als twee los van elkaar staande categorieën worden beschreven, zij het dat 'het Oosten' discursief geproduceerd wordt door 'het Westen'. In tegenstelling tot Said, die beweert dat de macht en het discours volledig in handen zijn van de kolonisator, gaat Bhabha ervan uit dat de machtsrelaties op een veel ambiguere manier functioneren en dat het koloniale discours in zichzelf gespleten is. Voor Bhabha wordt de stem van de subalternen nooit volledig gesmoord door het koloniale discours. De identiteit van de kolonisator en van de gekoloniseerde zijn van elkaar afhankelijk, en beide subjectposities zijn onstabiel en voortdurend in beweging. Het zijn geen twee duidelijk van elkaar onderscheiden oppositionele termen; ze zitten beide gevangen in een complex netwerk van afhankelijkheid, en de barsten in het dominante discours kunnen op verschillende manieren onderhandeld worden. Voor Bhabha is de vorming van koloniale subjectiviteiten nooit voltooid of af. Op die manier corrigeert hij Said, die te veel de nadruk legt op de dominantie van het koloniale discours en laat hij ruimte voor de "agency of the colonised".

Een van de belangrijkste concepten uit Bhabha's denken is dat van het 'in-between', de 'interstice', de tussenruimte. Het denken van Bhabha wordt beheerst door grenzen en grensoverschrijdingen. Die grensoverschrijdingen kunnen fysiek, maar evengoed imaginair zijn. De grens is de plek waar conventionele, holistische en binaire manieren van denken over cultuur, identiteit en natie worden bevraagd en ontbonden. Op de grens wordt het verschil geproduceerd, en uit die articulaties ontstaan nieuwe, tijdelijke en open identiteiten, zowel individuele als collectieve. De grens is ook de plek van 'the beyond'. Dit is geen nieuwe horizon, aldus Bhabha, en evenmin het achterlaten van het verleden: "we find ourselves in the moment of transit where space and time cross to produce complex figures of difference and identity, past and present, inside and outside, inclusion and exclusion." (*The Location of Culture*, p. 1).

HYBRIDISERING

Alle belangrijke termen waarrond Bhabha zijn betoog opbouwt – 'ambivalentie', 'stereotype', 'hybriditeit', 'mimicry' – zijn door deze dubbelheid of interne gespletenheid getekend. Bhabha zet deze termen in de eerste plaats in tegen een statische en monolithische lezing van het koloniale discours. Hij baseert zich daarvoor nadrukkelijk op de inzichten van Freud, Lacan en Fanon (die ook een psychiater was). Bhabha ondervraagt de constructies van identiteiten en van culturele en raciale verschillen. Hij wil het proces van 'subjectwording' begrijpen en legt daarbij meer de nadruk op psychoanalytische dan op historische categoriën. Freud definieerde 'ambivalentie' als de expressie van het bestaan van twee tegenstrijdige instincten, Eros en Thanatos. Bhabha herkent hetzelfde conflict in de verhouding tot het koloniale object, dat tegelijkertijd gedenigreerd en begeerd ("denied and desired") wordt. Dat geldt zowel voor de kolonisator als de gekoloniseerde. Hun beider identiteit zit gevangen tussen vrees en verlangen, tussen agressiviteit en narcisme. In een opmerkelijke interpretatie definieert Bhabha het stereotype als het compromis of de bemiddeling tussen deze twee uitersten. Terwijl het stereotype door Said begrepen wordt als een gedeformeerde representatie, functioneert het voor Bhabha als een Freudiaanse fetisj: het is een gefixeerde vorm van representatie. Het stereotype fixeert een bepaald beeld van de andere en geeft dus zekerheid en macht, maar het moet ook voortdurend herhaald worden, wil het zijn werking behouden. Precies in die herhaling wordt evenwel de andere term zichtbaar (de angst, de zwakte, de onzekerheid) en toont zich de crisis van de autoriteit.

Ook de 'mimicry' functioneert volgens eenzelfde dubbelzinnige modus. De invloed van Fanons *Peau noire, masques blancs* (1952) is hier voelbaar. In eerste instantie is de mimicry voor Bhabha een strategie van de koloniale macht om de gekoloniseerde ander naar eigen beeld en gelijkenis te 'vormen'. Het is een poging om de gekoloniseerde de taal, de waarden, de cultuur en het gedrag van de kolonisator bij te brengen. Maar mimicry is ambivalent, omdat gelijkheid geëist wordt maar geen volledige gelijkheid ("almost white, but not quite"): het verschil moet duidelijk blijven, de imitatie moet steeds te onderscheiden zijn van het origineel. Maar net hier zit de verstorende werking van de mimicry: in de 'gelijkenis' van de ander ziet de kolonisator zichzelf plots als constructie, als inauthentiek, als geparodieerd, bespot en bedreigd. Toegepast op het Empire betekent dit dat het 'verengelste' subject problematiseert wat het betekent 'Engels' te zijn. Het hoeft weinig betoog dat Bhabha's duidingen van het stereotype en van de mimicry zeer bruikbaar zijn bij literaire analyses. In de koloniale en postkoloniale literatuur krioelt het van de stereotypen en 'mimic men', zoals Dr. Aziz in E.M.Fosters *A Passage to India* (1924) of Ralph Singh in V.S. Naipauls *The Mimic Men* (1967). Bhabha analyseert de mimicry niet als een teken van koloniale afhankelijkheid en narcistische identificatie, maar als een parodie en een bedreiging van de koloniale autoriteit, ook al gaat het niet om een bewuste verzetsstrategie van de personages in kwestie. Hoe mimicry kan omslaan in bedreiging, wordt duidelijk in een passage uit *Heart of Darkness* (1899) van Joseph Conrad, waarin de verteller Marlow over de Afrikanen opmerkt: "the thought of their humanity – like yours – the thought of your remote kinship with this wild and passionate uproar. Ugly.".

Al deze koloniale ambivalentie verzamelt zich in de term 'hybriditeit'. Het is een van de meest gebruikte termen in het postkoloniale debat en ook een van de meest gecontesteerde, omwille van zijn biologische en racistische implicaties (een 'hybrid' is een kruising van twee verschillende dieren- of plantensoorten). Zijn populariteit heeft de term de voorbije decennia voor een deel te danken aan Bhabha's eigenzinnige lezing ervan. Voor Bhabha is hybridisering een effect van het kolonialisme en tegelijk een mogelijkheid tot subversie en verzet: "If the effect of colonial power is seen to be the production of hybridization rather than the noisy command of colonialist authority or the silent repression of native traditions, then an important change of perspective occurs. The ambivalence at the source of traditional discourses on authority enables a form of subversion, founded on the undecidability that turns the discursive conditions of dominance into the grounds of intervention."

(*The Location of Culture*, p. 112) Dat houdt in dat het koloniale discours nooit volledig met zichzelf samenvalt, dat het nooit kan waarmaken wat het zich voorneemt.

Dat geldt ook voor de natie en voor nationale representaties, zoals Bhabha scherpzinnig aantoont in zijn invloedrijke essay "DissemiNation: Time, Narrative and the Margins of the Modern Nation". Nationale representaties zijn zeer onstabiel en komen hun beloftes uiteindelijk niet na. Volgens Bhabha is dat omdat het nationalistische discours intern gespleten is in een pedagogische en een performatieve modus, die beide een eigen verhouding tot de temporaliteit hebben. Het nationalisme is enerzijds een pedagogisch discours: het claimt een oorsprong en een continue lineaire, geschiedenis (een accumulatieve temporaliteit) die de vorige generaties met de huidige verbindt. Daartegenover staat echter dat het nationalistische discours tegelijkertijd ook performatief moet zijn: de nationale verhalen, symbolen en rituelen moeten eindeloos herhaald en uitgevoerd worden om stabiliteit te verwerven. Het volk is, met andere woorden, tegelijk object én subject van het nationalistische discours. Er ontstaat bijgevolg een conceptuele ambivalentie: enerzijds is de natie een vaste identiteit die zich doorheen de geschiedenis heeft ontwikkeld (pedagogische modus), anderzijds is de natie een lege betekenaar die voortdurend opnieuw geconstrueerd moet worden (performatieve modus). Deze interne gespletenheid geeft de kans aan de groepen die in de marges van de natie leven om in het betekenisproces te interveniëren en de dominante representaties te bekritiseren. Zij kunnen tegenverhalen vertellen die het op een valse consensus berustende nationale verhaal openbreken. Op die manier wordt het nationale geheugen "the site of hybridity of histories and the displacement of narratives." (*The Location of Culture*, p. 169)

De act van het vertellen

Het belang van andere temporaliteiten, van niet vertelde en verdrongen geschiedenissen die als een geestverschijning het heden bespoken, maakt Bhabha duidelijk aan de hand van zijn analyse van Toni Morrisons roman *Beloved.* Het is het verhaal van de zwarte vrouw Sethe, die een van haar kinderen, Beloved, vermoordt om het de ervaring van slavernij te besparen. Sethe wil verder leven, maar haar dode kind begint haar huis te bespoken. Het is, paradoxaal genoeg, precies de confrontatie met haar daad die Sethe opnieuw een kans geeft om te leven, de confrontatie met een geschiedenis waarin zijzelf slachtoffer was. Voor Bhabha is Sethe "the enunciatory site for seeing the inwardness of the slave world from the outside". Dat 'buiten' is de spookverschijning van haar vermoorde kind. Morrison laat het slavenverleden herleven tegen de achtergrond van een feministische fabel over het leven van een vrouw, die tegelijk het verhaal is van het geheugen van een zich ontwikkelende openbare ruimte zowel voor mannen als voor vrouwen. Een persoonlijke emancipatie laat zich niet denken zonder een collectief dispositief. Morisson karakteriseert haar roman als "'the fully realized presence of a haunting' of history". Bhabha vertaalt Morissons omschrijving in een opdracht voor de criticus, "that must attempt to fully realize, and take responsibility for, the unspoken, unrepresented pasts that haunt the historical present." (*The Location of Culture*, p. 12).

In recente essays en interviews komt het belang van het 'vertellen' steeds prominenter naar voren. Bhabha spreekt over "the right to narrate" en verwijst naar de Internationale Oorlogstribunalen en in het bijzonder naar de Waarheidscommissie in Zuid-Afrika, waar door middel van 'verhalen' aan een nieuwe, post-apartheid-gemeenschap wordt gebouwd. Het gaat Bhabha daarbij niet in de eerste plaats om het expressieve, individuele recht om te vertellen maar om het 'enunciatieve' (*enunciatory*) recht, om een heel netwerk van discursieve, culturele, politieke, institutionele constructies die het vertellen (on)mogelijk maken. Het gaat Bhabha uiteindelijk om de vraag naar solidariteit en gemeenschap vanuit het persectief van de postkoloniale 'tussenruimte'. Die tussenruimte is een meerstemmige ruimte, een ruimte voor een fundamentele hertekening van de discursieve praktijken. Bhabha wijst op het belang van de verhalen van migranten en vluchtelingen voor een herdefiniëring van de postkoloniale ruimte in het Westen: "The Western metropole must confront its postcolonial history, told by the influx of migrants and refugees, as an indigenous or native narrative internal to its national identity; and the reason for this is made clear in the stammering, drunken words of Mr 'Whiskey' Sisodia from 'The Satanic Verses': 'The trouble with the Engenglish is that their hiss hiss history happened overseas, so that they dodo don't know what it means.'" (*The Location of Culture*, p. 6). De postkolonialiteit is uiteindelijk een perspectief dat een verschuiving in het concept van de gemeenschap mogelijk maakt. De monolithische categorieën van ras, klasse en gender moeten opnieuw gearticuleerd worden in termen van grensgebieden, grenoverschrijdingen, overgangsruimtes, passages, drempels. Bhabha's concepten als 'hybriditeit', 'ambivalentie', 'mimicry', 'liminaliteit', 'tussenruimte', etc. zijn de indicatoren van een denken dat zich permanent begeeft in de nog niet gearticuleerde en contingente zones van de culturele dialectiek. Bhabha verzet zich met klem tegen essentialistisch of binair begrepen invullingen van culturele, nationale of religieuze identiteiten, en richt zijn aandacht op verhalen van migratie en van verzet tegen de hegemonische cultuur: "Kunstenaars die actief zijn in het grensgebied hebben dan misschien gefragmenteerde verhalen, lege archieven en intens sterke maar machteloze herinneringen, toch verschaft hun gevoel voor overleven hun een bijzonder inzicht in het geconstrueerde, kunstmatige, strategische en relatieve karakter van die gebeurtenissen die door de machtebbers worden herdacht als dé belangrijke 'feiten' van het leven of de geschiedenis." ("Beyond the pale", p. 23).

Uit recente teksten spreekt tegelijk ook een grote bezorgheid over het terroristisch en imperialistisch geweld, over extreem nationalistische en religieuze reflexen, over de moeilijke geboorte van een geglobaliseerde toekomst. Voor Homi Bhabha blijft de culturele praktijk echter het meest productief en creatief daar waar ze het meest ambivalent is. Zijn eigen schriftuur en zijn eigen denken zijn daarop geen uitzondering.

BEKNOPTE BIBLIOGRAFIE

Primaire literatuur

"Representation and the Colonial Text: A Critical Exploration of some Forms of Mimeticism", in: Frank GLOVERSMITH (red). *The Theory of Reading.* Sussex: The Harvester Press, 1984, pp. 93-122.

(red.). *Nation and Narration.* London: Routledge, 1990.

"Beyond the Pale: Art in the Age of Multicultural Translation", in: Ria LAVRIJSEN (red.). *Cultural Diversity in the Arts.* Amsterdam: Royal Tropical Institute, 1993, pp. 21-30.

The Location of Culture. London: Routledge, 1994.

"Freedom's Basis in the Indeterminate", in: John RAJCHMAN (red.). *The Identity in Question*. New York/London: Routledge, 1995, pp. 47-61.

(met Douglas CRIMP en Margaret IVERSEN). *Mary Kell.* London: Phaidon, 1996.

"Unpacking My Library... Again", in: Iain CHAMBERS en Lidia CURTI (red.). *The Post-Colonial Question. Common Skies, Divided Horizons*. London/New York: Routledge, 1996, pp. 199-211.

(met Sheldon POLLOCK, Carol A. BRECKENRIDE en Dipesh CHAKRABARTY). "Cosmopolitanisms", in: *Public Culture*, 2000, 12(3), pp. 577-589.

"The Right to Narrate: Interview with Homi Bhabha By Kerry Chance (3/19/ 2001)". http://www.bard.edu/hrp/interviews:Homi_bhabha.htm

(met John COMAROFF). "Speaking of Postcoloniality, in the Continuous Present: A Conversation", in: David Theo Goldberg en Ato Quayson (red.). *Relocating Postcolonialism*. Oxford: Blackwell Publishers, 2002, pp.15-44.

Secundaire literatuur

AHMAD Aijaz. *In Theory: Classes, Nations, Literatures*. London/New York: Verso 1992.

BOEHMER Elleke. *Colonial and Postcolonial Literature*. Oxford: Oxford University Press, 1995.

CHILDS Peter and Patrick WILLIAMS. *An Introduction to Post-Colonial Theory.* London: Harvester Wheatsheaf, 1997.

GHANDI Leela. *Postcolonial Theory: An Introduction*. Edinburgh: Edinburgh UP, 1998.

LOOMBA Ania. *Colonialism/Postcolonialism*. London: Routledge, 1998.

McLEOD John. *Beginning Postcolonialism*. Manchester/New York: Manchester UP, 2000.

MOORE-GILBERT Bart. *Postcolonial Theory: Contexts, Practices, Politics*. London/New York: Verso, 1997.

YOUNG Robert. *White Mythologies: Writing History and the West*. London/New York: Routledge, 1990.

WALDER Dennis. *Post-Colonial Literatures in English*. Malden: Blackwell Publishers, 1998.

IV. LITERATUUR EN MAATSCHAPPIJ: CULTURELE EN INSTITUTIONELE KRITIEK

RAYMOND WILLIAMS
(1921-1988)

Sascha Bru

In een interview met het tijdschrift *New Left Review* beweert Raymond Williams dat hij in elke tekst een strijd aanbindt met de "officiële Engelse cultuur" (*Politics and Letters*, p. 316). Deze strijd loopt dan ook als een rode draad door het veelkantige œuvre van Williams, dat meer dan 750 (academische en andere) publicaties telt. Blijvende sporen van Williams' strijd vinden we vooral in zijn invulling van het begrip 'cultuur' in de literatuurstudie en de *cultural studies*. Meer nog, Williams wordt door de band genomen eigenhandig verantwoordelijk geacht voor het ontstaan van deze laatste discipline in de Angelsaksische academie. De vele inzichten die hij de literatuur- en cultuurgeschiedschrijving bijbracht met zijn cultuurbegrip kunnen niet genoeg in de verf worden gezet. Volgens Williams is cultuur immers "a special kind of map", die in haar evolutie verwijst naar de "wider changes in life and thought" (*Culture and Society*, p. 13).

Het ligt dan ook voor de hand dat wij ons hier vooral op Williams' cultuurconcept concentreren en op enkele belangrijke onderzoekstradities die dit concept met zich meebracht. Uiteraard worden niet alle aspecten van Williams' œuvre daardoor belicht. De meest markante aspecten ervan vatten we samen aan de hand van enkele sleutelbegrippen. Deze synthetische aanpak ligt evenwel volledig in de lijn van Williams' eigen werk. Williams ontvouwt namelijk ook zelf zijn theorie meermaals in sleutelwoorden. Zo opent zijn *Culture and Society 1780–1950* (1958) met een uitweiding over de termen 'industrie', 'democratie', 'klasse', 'kunst' en 'cultuur', en is zijn *Keywords* (1976) een verzameling van meer dan 100 termen die op belangrijke deelaspecten wijzen van dat ene begrip *cultuur*. Overigens valt eveneens in Williams' *Keywords* de strijd te lezen met de 'officiële cultuur', een cultuur die hij af en toe ook het 'Cambridge English' noemt (*Writing and Society*, p. 177). De drie lemma's onder de letter B zetten de toon: *Behaviour*, *Bourgeois*, *Bureaucracy*.

Literatuur als Cultuur

Cultuur, stelt Williams, is "one of the two or three most complicated words in the English language" uit de geschiedenis (*Keywords*, p. 76). Het begrip wordt namelijk in erg uiteenlopende intellectuele disciplines gebruikt en betekent vele dingen tegelijk. In *Culture and Society* illustreert Williams aan de hand van een historische semantiek bijvoorbeeld dat de term 'cultuur' vanaf het midden van de negentiende eeuw tegelijk staat voor "the general body of the arts", "the general state of intellectual development, in a society as a whole", en "a whole way of life, material, intellectual and spiritual" (*Culture and Society*, p. 16). Dat de eerste twee betekenissen domineren in de literatuurstudie en de *English studies*, heeft volgens Williams onder meer te maken met de opkomst van de bourgeoisie, die in de loop van de negentiende eeuw de term 'cultuur' gelijkschakelt met het begrip 'kunst'. Nagenoeg het gehele vroege werk van Williams kan worden gelezen als een poging om de beperkingen van deze gelijkschakeling aan te tonen. Al in zijn formatieve werk, onder andere in een bijdrage aan het tijdschrift *Essays in Criticism*, geeft Williams te kennen dat hij 'cultuur' begrijpt in de meest brede zin van het woord, als een manier van leven die bepaalde betekenissen en waarden uitdrukt, niet alleen in de kunst, maar ook in het onderwijs en in andere instituties uit het alledaagse leven, zoals de populaire media.

Een eerste belangrijke tekortkoming van de *English studies* is, volgens Williams, dat ze zich uitsluitend concentreren op de 'hoge' (niet populaire of gecanoniseerde) cultuur. Deze enge focus is problematisch, wanneer we de concrete betekenis willen inschatten van verwijzingen uit de 'hoge' cultuur naar bepaalde maatschappelijke ontwikkelingen. De New Critics, naar wier formalisme Williams meer dan eens uithaalt, laten doorgaans na die concrete betekenis te onderzoeken. Williams wijst er meermaals op dat het New Criticism de 'hoge' literatuur als een soort eiland in (of los van) de alledaagse taal beschouwt. Dat gebeurt volgens Williams echter geheel onterecht, want de literatuur vormt net een deel van de (alledaagse) taal, en interageert daardoor ook met de omgeving. Wanneer in de *English studies* de betekenis van verwijzingen uit de 'hoge' cultuur naar bepaalde maatschappelijke ontwikkelingen wel wordt onderzocht, gebeurt het dan weer frequent dat die betekenis nagenoeg letterlijk wordt genomen.

Het is bijvoorbeeld bekend dat de Britten een bijzondere, haast affectieve betekenis toekennen aan het plattelandsleven, en geregeld wordt daarbij verwezen naar de eeuwenoude, pastorale traditie van 'the country house poem', die sinds de zeventiende eeuw (bijvoorbeeld in Jonsons "Penhurst" (1616) of Carews "To Saxham" uit 1638) de degelijke waarden en de schoonheid van het bucolische platteland bejubelt. Williams toont echter overtuigend aan dat dit geïdealiseerde beeld van het plattelandsleven niet te rijmen valt met de realiteit, wanneer we de ervaringswereld en de waarden uit de *gehele* culturele productie onder de loep nemen. In *The Country and the City* (1973) koppelt Williams het idyllische 'country house poem'-beeld uit de zeventiende eeuw bijvoorbeeld aan de alledaagse ervaring zoals die zich toont in de toenmalige ('lage') cultuur die niet tot de hedendaagse canon doordrong. Daaruit blijkt dat de schoonheid en de morele deugdelijkheid in de pastorale traditie een mystificatie zijn van het harde zeventiende-eeuwse plattelandsleven. Deze mystificatie kan dus niet zomaar met de algemene, sociale werkelijkheid worden gelijkgeschakeld. Wie de gehele culturele productie aanschouwt, stelt namelijk vast dat de 'hoge' pastorale traditie oorspronkelijk diende als een antidotum voor de 'lelijkheid' en het 'morele verval' van de stad (*The Country and the City*, pp. 13-34). Dat de 'country house poem'-mystificatie nog altijd leeft bij het leeuwendeel van de Britse populatie, roept bijgevolg vragen op naar welke maatschappelijke ontwikkeling deze mystificatie vandaag compenseert. In geen geval beperkt Williams zich dus tot de 'hoge' literatuur om de cultuur te bestuderen. Zijn aandacht gaat zowel naar de 'hoge' als de 'lage' cultuur. Tussen 1968 en 1972 schrijft hij bijvoorbeeld met regelmaat ook columns over televisie in *The Listener.* In 1974 publiceert hij zijn *Television: Technology and Cultural Form*, vandaag een klassieker in de culturele studies.

Een tweede beperking van de klassieke *English studies* is, volgens Williams, dat ze doorgaans weinig oog hebben voor de sociale krachten en processen die bepalen wat wel en wat niet tot de 'hoge' cultuur mag behoren. Vaak wordt bijvoorbeeld over het hoofd gezien dat die 'hoge' cultuur wordt vormgegeven door culturele instituties zoals uitgeverijen en de literatuurkritiek. (Tot die laatste rekent Williams overigens alle literatuurstudies die geen aandacht schenken aan hun eigen institutionele rol.) Deze instituties mediëren of filteren de weergave van maatschappelijke ontwikkelingen in de 'hoge' cultuur. Zo worden bepaalde onderwerpen doorgaans gecensureerd of worden sommige teksten genegeerd om gevestigde literaire tradities in ere te houden; omgekeerd wordt de vernieuwing door andere instituties traditioneel hoog naar waarde geschat (*Communications*, pp. 129-137). Een onderzoek van de werkelijke, maatschappelijke betekenis van de 'hoge' cultuur houdt bijgevolg enkel steek wanneer ook aandacht wordt besteed aan de processen die de selectieve tradities in die cultuur bepalen.

Selectieve tradities wijzen er dus op dat de literatuur, en volgens Williams in het bijzonder de mimetische toneeltekst en de roman, altijd worden geschreven voor een publiek dat een bevestiging zoekt van bepaalde (alledaagse) waarden en normen. De literatuur levert dan ook als geen ander document toegang tot het culturele verleden. In enkele memorabele, vroege studies over het moderne toneel – *Drama from Ibsen to Eliot* (1952), *Modern Tragedy* (1966), *Drama in Performance* (1954) en het zesde hoofdstuk van het recentere *Culture* (1981) – maakt Williams bijvoorbeeld duidelijk dat het drama van Ibsen tot Miller kritisch gestalte geeft aan de alledaagse ervaring van de bourgeoisie. Dat deze gecanoniseerde toneelteksten in hoofdzaak handelen over de bourgeoisie, is daarbij geen toeval. De teksten die worden gecanoniseerd in de 'hoge' literatuur om het culturele leven op een bepaald ogenblik te belichamen, gelden namelijk als een spiegel van zaken die op dat moment relevant worden geacht door de dominante sociale krachten en *hun* culturele instituties. Vandaar dat Williams zich steevast ook tot de eerder populaire cultuur en media zal richten om een beeld te krijgen van de door iedereen beleefde werkelijkheid op een bepaald ogenblik. Overigens bepalen niet alleen de sociale (klassen)verhoudingen en hun culturele instituties de aanblik van de ('hoge') mimetische literatuur.

Even bepalend is volgens Williams het generatieverschil. Op elk moment in de geschiedenis haken namelijk minstens drie generaties in op de literatuur, die ieder hun eigen tradities creëren en selecteren, en vaak aan dezelfde teksten geheel andere betekenissen toekennen; ook daarom is de literatuur een belangrijke bron. Tot slot acht Williams ook de regionale afkomst van een lezerspubliek relevant, wanneer de waarde en de betekenis van een literaire tekst worden ingeschat. De ervaringswereld van iemand uit een ruraal gebied verschilt immers grondig van die van iemand uit een stedelijke regio. Beiden kunnen zich echter niet zelden identificeren met dezelfde tekst. In de mimetische literatuur komen, met andere woorden, meerdere maatschappelijke determinanten samen (instituties, klasse, generatie, en regionale afkomst), die de literatuur omvormen tot een (gebroken) spiegel van de culturele *identiteit(en)* op een bepaald ogenblik.

Cultureel materialisme

In *The Long Revolution*, dat in 1965 de inzichten en het belang van zijn formatieve werk consolideert, schetst Williams wat volgens hem de belangrijkste, grootschalige ontwikkelingen zijn die we kunnen afleiden uit de literatuur- en cultuurgeschiedenis. Hij argumenteert dat de cultuurgeschiedenis een concreet, alledaags en levend samenspel is van drie langzame (r)evoluties die sinds het midden van de negentiende eeuw op elk ogenblik in de culturele productie zichtbaar zijn: de groeiende drang naar soevereiniteit van bevolkingsgroepen en het ontstaan van de moderne democratie om deze drang te reguleren; de gestage uitbouw van het kapitalisme en de sociale klassenverhoudingen die ermee gepaard gaan; en de ongeziene expansie van communicatietechnologieën en -mogelijkheden. Een substantieel deel van Williams' werk is erop gericht aan te tonen dat deze drie langzame (r)evoluties niet voor iedereen (te)gelijk opgaan. Williams zal bijvoorbeeld herhaaldelijk benadrukken dat de democratisering zich lang niet volledig heeft voltrokken, in het bijzonder op het niveau van de 'hoge' cultuur. Haar soms erg verfijnde, selectieve tradities maken de 'hoge' literatuur bijvoorbeeld allerminst democratisch. Meermaals zal Williams in dit verband opperen dat het de taak van de cultuurhistoricus is te zoeken naar een 'common culture', een ietwat ambivalent begrip in zijn werk dat tegelijk doelt op de samenhang van alle culturele verschijnselen en op een culturele expressievorm die boven sociale (klassen)verschillen uitstijgt.

Williams' werk kan in dezelfde lijn ook worden gezien als een (didactische) poging om de tradities uit de literatuur voor iedereen toegankelijk te maken. Deze opzet wordt ingegeven door zijn humanistische overtuiging dat de cultuurgeschiedenis aan het subject ook een historisch bewustzijn van zijn identiteit verschaft. Tijdens zijn lange carrière als tutor in het volwassenenonderwijs te Oxford, waarop ik later nog bondig terugkom, staat de literatuur dan ook niet toevallig bovenaan het curriculum. Nog in dezelfde lijn ontwikkelt Williams' strikt literatuurwetenschappelijke werk een leesmethode die moet onderzoeken hoe de (ongelijke) communicatieve, economische en politieke ontwikkelingen zich *in* de literatuur manifesteren. In *Marxism and Literature* (1977) – dat met *The Long Revolution* tot de meest gedenkwaardige studies van Williams behoort – zal hij die leesmethode bestempelen met de term *cultural materialism.* Zoals de term zelf aangeeft, wil het culturele materialisme tegelijk onderzoeken hoe de cultuur wordt geïnformeerd door haar materiële context én ons over diezelfde context informeert.

Structures of feeling

Williams' culturele materialisme wil de concrete ervaring van subjecten in het verleden en het heden aan de oppervlakte brengen. Vanaf *The Long Revolution* probeert hij daarom uit het mimetische toneel en de roman concrete ervaringen te puren, die hij *structures of feeling* noemt. Zulke structuren moeten we begrijpen als de manifestatie of de zichtbaar gemaakte vorm die een geleefde, alledaagse ervaringswereld van (en voor) meerdere subjecten aanneemt in de literatuur. Enerzijds gaat het om (*betekenis*)*structuren*, waarmee Williams wijst op het feit dat er voor subjecten met een verschillende achtergrond gangbare betekenissen, waarden en tradities in voorkomen. Anderzijds gaat het om concrete *gevoelens*, ervaringen die specifiek zijn voor een bepaalde generatie of groep (auteurs), maar precies kunnen worden gecommuniceerd aan andere generaties of groepen door de structuren (tradities) waarin ze zijn ingebed.

In *Writing and Society* (1984) argumenteert Williams bijvoorbeeld, na een grondige analyse van de institutionele context die zijn bronnen omgeeft, dat de romans van de Brontës en Dickens vanaf de jaren 1840 in belangrijke mate de wereld en de waarden van de bourgeoisie representeren én een nieuwe generatie, tegelijk de jonge arbeidersklasse, voor het voetlicht halen. De Brontës en Dickens trachten immers een aantal nieuwe ervaringen te beschrijven in de traditie van de vroege bourgeoisliteratuur, ervaringen die voortkomen uit de langzame Industriële Revolutie en de institutionalisering van de moderne democratie. Dickens' *Hard Times* (1854) geeft personages uit het arbeidersmilieu door deze langzame ontwikkelingen bijvoorbeeld een plaats in de maatschappij. Dit maakt van de roman, "in tone and structure, [...] the work of a man who has 'seen through' society". Tegelijk portretteert Dickens de identiteit van dezelfde personages echter in een soort diagram, als een "generalization and abstraction" (*Culture and Society*, p. 104). "He recognizes them as objects of pity", maar suggereert dat ze niet zoeken naar een uitweg (*Culture and Society*, p. 107). In *The Long Revolution* knoopt Williams daaraan een markante conclusie vast:

> Unless an individual, in the process of his growth, achieves a real personal identity, he is incomplete and can be dismissed as 'unauthentic'. He must become deeply conscious of the validity of his ways of thinking and acting, so that he is not merely 'a creature' of the society, but also an individual, a man in his own right. (*The Long Revolution*, p. 104)

Structures of feeling leggen bijgevolg ook erg vaak vormen van sociale discriminatie bloot. Dickens' romantische, universele weergave van het leven van de verpauperde klasse geeft volgens Williams namelijk aan dat Dickens in hoofdzaak vanuit een (dominante) bourgeoisstructuur kijkt naar de wereld, die (nog) niet in staat is om de werkelijke, beleefde ervaring of het gevoel van de arbeider te representeren. Dat de arbeidersklasse in de jaren 1840 haar stem nog niet laat (of kan laten) horen in de ontluikende democratie, staat daarmee in direct verband.

In *Marxism and Literature* (1977) introduceert Williams een drietal begrippen om de verschillende betekenissen en ervaringen uit elkaar te houden, die elkaar kunnen kruisen in een *structure of feeling*. Ten eerste wijst Williams erop dat traditioneel cultuurhistorisch of epochaal onderzoek de neiging kent om uit *structures of feeling* enkel de *dominante* component te halen. Zo wordt er vaak gepraat over een "feudal culture or bourgeois culture or a transition from one to the other" (*Marxism and Literature*, p. 121). Dickens' werk lijkt op het eerste gezicht bijvoorbeeld geheel in de bourgeoiscultuur te kaderen. De vele nuances die de cultuur tijdens dezelfde periode in zich draagt, gaan door een te sterke nadruk op de dominante component echter onopgemerkt voorbij. Elke periode draagt, volgens Williams, ten tweede namelijk ook een *residuale* component in zich, een geheel van culturele betekenissen en waarden dat werd ontwikkeld in het verleden, maar nog altijd functioneert. Het godsgeloof of de al vermelde 'country house poem'- traditie zijn daarvan illustraties. Een goede cultuurhistoricus moet echter niet alleen aandacht schenken aan de residuale component. Zijn aandacht moet, zoals in Williams' lectuur van Dickens, ook gaan naar een derde component: *the emergent*, het nieuwe, het opkomende (en letterlijk ook: het urgente). Enkel dan wordt immers duidelijk dat de cultuur ook een levend geheel is, voortdurend onderhevig aan veranderingen in de geschiedenis en evenzeer de geschiedenis voortdurend veranderend.

KLASSE EN HEGEMONIE

Terwijl *Marxism and Literature* tot op zekere hoogte Williams' vroege opzet verderzet, signaleert het tegelijk een belangrijke wending of vernauwing in zijn œuvre. In het werk van Williams duikt vanaf de jaren zeventig namelijk meermaals het inzicht op dat de imposante explosie in communicatietechnologieën en -middelen sinds de jaren 1950 de mediëring van sociale machtsverhoudingen veel complexer maakt. Machtsverhoudingen in meer ontwikkelde, westerse maatschappijvormen lijken door deze explosie immers veel diffuser dan in de negentiende eeuw, waar nog een aantal duidelijke sociale klassen kunnen worden aangewezen, die lijken overeen te stemmen met hun economische rol in de maatschappij. Het is dan ook niet geheel verwonderlijk dat Williams zich vanaf de jaren zeventig vooral toelegt op en afzet tegen enkele marxistische literatuur- en cultuurtheorieën. Enerzijds scherpt dit zijn werk wetenschappelijk enorm aan. Hij maakt namelijk niet zonder meer komaf met het marxisme, maar spant het veeleer voor de kar van zijn culturele materialisme en isoleert een aantal bruikbare concepten voor een analyse van de meer recente culturele productie. Anderzijds resulteert de *Marxist turn* in Williams' latere werk ook geregeld in een grotere graad van abstractie.

Dat het marxisme een aantrekkingskracht uitoefent op Williams, ligt voor de hand. Het marxisme, en het orthodox-marxistische *historische materialisme* in het bijzonder, kan immers als een belangrijke voorloper worden gezien van een cultuurhistorische methode die zich ook toespitst op *the emergent*. Het historische materialisme – dat, zoals bekend, uitgaat van het principe dat de literatuur en de 'culturele bovenbouw' een weerspiegeling zijn van een 'economische onderbouw' – leidde namelijk met succes de opkomst van de arbeidersklasse af uit de culturele praktijk. Verkeerdelijk verankerde het historische materialisme de opkomst van deze nieuwe klasse echter geheel in de economische productie. Economische ontwikkelingen en de sociale verschillen die ze met zich meebrengen, zijn voor Williams weliswaar erg belangrijk als culturele determinanten, maar van een alles bepalende cultuur ingegeven door productiewijzen en –verhoudingen kan nooit sprake zijn. De cultuur is er immers altijd getuige van dat meerdere (residuale, dominante en opkomende) krachten en identiteiten zich met elkaar meten. In een veel geciteerde passage stelt Williams het zo:

> No mode of production, and therefore no dominant society or order of society, and therefore no dominant culture, in reality exhausts the full range of human practice, human energy, human intention [...]. (*Problems in Materialism and Culture*, p. 43)

In een cultureel-materialistische analyse is de literatuur daarom geen weerspiegeling van een aantal ideeën, bepaald door een economische onderbouw. Veeleer is de literatuur in deze analyse een geheel van tekens waarvan de betekenis wordt gegenereerd door het samenspel van socio-economische en regionale verhoudingen, generatieverschillen, culturele instituties en bestaande conventies of tradities. 'Klasse' wordt door Williams met andere woorden even belangrijk geacht als de generatie waartoe een subject behoort of de regio waaruit het vandaan komt. Het zijn allemaal materiële determinanten.

Omdat Williams' methode de spiegeltheorie en de strikte klassenleer van het historische materialisme wil overstijgen, kan zijn methode 'post-marxistisch' worden genoemd. Enerzijds bouwt Williams namelijk voort op het 'westerse marxisme' van onder anderen Lukács, Benjamin en Goldmann; anderzijds onderschrijft hij voortdurend de beperkingen ervan. Zelf vat hij het als volgt samen: "I now wouldn't want to write on any question without tracing the history of it in Marxist thought and then seeing where I stood in relation to that" (*Politics and Letters*, p. 316). Williams veegt het marxisme dan ook niet geheel van tafel. Met *Marxism and Literature* introduceert hij bijvoorbeeld als een van de eersten de sociolinguïstiek van Voloshinov en Bakhtin in de Angelsaksische literatuurwetenschap. In hetzelfde boek blijkt hij voorts het werk van de Italo-communist Gramsci erg genegen. Vooral Gramsci's *egemonia*-concept acht Williams compatibel met zijn eigen culturele materialisme, omdat het kan worden gelezen als een synoniem van wat hij 'cultuur' noemt:

> [Hegemony] is a whole body of practices and expectations, over the whole of living: our senses and assignments of energy, our shaping perceptions of ourselves and our world. It is a lived system of meanings and values – constitutive and constituting – which as they are experienced as practices appear as reciprocally confirming. It thus constitutes a sense of reality for most people in the society, a sense of absolute because experienced reality beyond which it is very difficult for most members of the society to move, in most areas of their lives. It is, that is to say, in the strongest sense a 'culture'. (*Marxism and Literature*, p. 110)

In tegenstelling tot marxistische theorieën die een cultuur vaak reduceren tot een ideologie of het bewustzijn van een dominante sociale groep of klasse, draagt Gramsci's hegemonieconcept volgens Williams bovendien de sociale ongelijkheid in zich. De sociale verschillen zitten ingebakken in de 'culturele horizon' of hegemonie die het alledaagse leven van een mens stuurt.

> [Hegemony] of course does not exclude the articulate and formal meanings, values and beliefs which a dominant class develops and propagates. But it does not equate these with consciousness, or rather it does not reduce consciousness to them. Instead it sees the relations of domination and subordination, in their forms as practical consciousness, as in effect a saturation of the whole process of living – not only of political and economic activity, nor only of manifest social activity, but of the whole substance of lived identities and relationships, to such a depth that the pressures and limits of what can ultimately be seen as a specific economic, political, and cultural system seem to most of us the pressures

and limits of simple experience and common sense. (*Marxism and Literature*, pp. 109-110)

Gramsci's hegemoniebegrip maakt duidelijk dat sociale ongelijkheid niet zonder meer materieel gefundeerd is en dus niet per definitie onontkoombaar is. Macht impliceert namelijk ook de aanvaarding van deze macht door iedereen, in de cultuur. De cultuur is, met andere woorden, niet alleen een weergave van de machtsverhoudingen; ze zorgt er ook voor dat deze machtsverhoudingen overeind blijven in een *status quo*. Voor het cultuurhistorische onderzoek biedt Gramsci's hegemonieconcept de mogelijkheid om het epochale denken te overstijgen, dat doorgaans ganse periodes ophangt aan de dominante machthebbers, zonder aandacht te hebben voor de (kleinere) concrete krachten die inwerken op de productie van culturele documenten en teksten.

Om dezelfde reden acht Williams Gramsci's hegemonieconcept uitermate geschikt om de complexiteit te onderzoeken van de diffusere, sociale machtsverhoudingen in meer ontwikkelde, hedendaagse maatschappijvormen. De hegemonische 'officiële Engelse cultuur' van na 1950 gaat er namelijk al te snel van uit dat iedereen over gelijke kansen beschikt. Een voorbeeld daarvan geeft Williams in *Writing and Society*, waar hij onderzoekt wat precies wordt bedoeld met *English literature* in de 'officiële Engelse cultuur'. Eerder dan te benadrukken dat die literatuur al meer dan zes eeuwen oud is en daardoor de geschiedenis van de Britse natie representeert, moet een cultuurhistoricus zich, volgens Williams, afvragen wiens literatuur het hier betreft. Wanneer een cultuurhistoricus dat doet, stuit hij op het probleem van de ongeletterdheid. De hegemonische, 'officiële Engelse cultuur' stelt volgens Williams dat "this inherited problem [...] will resolve itself as the whole of society develops [...] I do not think so" (*Writing and Society*, p. 212). Het probleem van het analfabetisme in de naoorlogse maatschappij wordt in deze hegemonische redenering niet ontkend, maar het wordt gekoppeld aan een vanzelfsprekende democratische vooruitgang die nog moet komen, wat uiteindelijk leidt tot een voorlopige status quo.

Om de doorwerking van een hegemonie in de literatuur te onderzoeken, draagt het culturele materialisme de ideale instrumenten aan. De titels van enkele hoofdstukken die in *Marxism and Literature* volgen op

Williams' interpretatie van Gramsci, spreken voor zich: "Dominant, Residual, and Emergent"; "Structures of Feeling". In deze hoofdstukken schuilt tevens een ietwat problematische belofte uit Williams' culturele materialisme, die op de keper beschouwd meerdere tekortkomingen van zijn culturele materialisme voelbaar maakt. Gewapend met Gramsci's hegemoniebegrip poneert Williams namelijk dat het mogelijk moet zijn om, net als in de teksten van Dickens en de Brontës uit de negentiende eeuw, ook in de hedendaagse literatuur *structures of feeling* te vinden die *the emergent* in zich dragen, teksten die alluderen op bepaalde identiteiten die, net als de negentiende-eeuwse arbeidersklasse, een belangrijker rol in de maatschappij voor zich opeisen en dus tevens wijzen op (de mogelijkheid en de noodzaak van) een verandering in de cultuur of de hegemonie.

Orwell

Williams zelf zal in zijn literatuurwetenschappelijke werk echter nooit illustreren hoe een contemporaine literaire bron nieuwe identiteiten aan het daglicht brengt. Met een opmerkelijke esthetische sensibiliteit toont hij wel herhaaldelijk hoe bepaalde verschuivingen in de literatuur niet altijd worden ingegeven door ontluikende, nieuwe identiteiten, maar even vaak door de heropname van al geïnstitutionaliseerde tradities. Misschien het meest markante voorbeeld hiervan vinden we in Williams' monografie *George Orwell* (1981) en in een interview over Orwell in het boek *Politics and Letters*. Orwell, die zoals bekend voor de Tweede Wereldoorlog als een voornaam links intellectueel door het leven gaat, lijkt met *1984* het socialisme geheel af te schrijven als een utopische illusie die, eens gerealiseerd, in een nachtmerrie moet uitmonden.

De oorzaak van deze verschuiving is niet meteen duidelijk. Zo wordt veelal verwezen naar de desillusie die de Wereldoorlog met zich meebracht, maar andere auteurs met vergelijkbare politieke overtuigingen bleven ook na de oorlog hun principes trouw. Volgens Williams blijft Orwells werk, wars van zijn *volte-face*, bovendien dezelfde "plain style" hanteren. "Orwell's strategy is always to try to write as if any decent person standing where he was would be bound to see things in this way" (*Politics and Letters*, p. 388). Williams meent echter dat

1984 niet zozeer werd beïnvloed door een nieuwe, maatschappelijke ontwikkeling, maar door de heropname van een literatuurhistorische traditie, die stamt uit een *structure of feeling* uit een voorafgaande fase in de geschiedenis: "the mode of an extreme distaste for humanity of every kind, especially concentrated in figures of the working class, goes back [...] to the early Eliot – it was a mode of probably two successive generations and it has not yet exhausted itself" (*Politics and Letters*, p. 390). Deze literaire traditie maakt de exacte culturele betekenis van Orwells werk uiterst dubbelzinnig. Betreft het hier een strikt literaire traditie, of is Orwells beroep erop tegelijk de voorbode van een culturele evolutie? Orwells *1984* wijst dus niet probleemloos op een algemene culturele of hegemonische evolutie, hooguit op een tendens van de naoorlogse 'hoge' literatuur om zich helemaal van de populaire cultuur af te wenden.

Williams legt in zijn latere werk echter geen ontluikende identiteiten bloot *in* de literatuur. Waarschijnlijk is het dan ook geen toeval dat hij, onder meer in de essaybundel *The Politics of Modernism* (1989), stelling neemt tegen de recentere 'hoge' literatuur. Zo beschuldigt hij de hedendaagse literator van inhoudsloos formalisme. "In the sixties", bijvoorbeeld, "there was a development of incredibly complex seeing, but of nothing very much" (*Politics and Letters*, p. 232). De tendens om zich te onttrekken aan de culturele realiteit, die volgens Williams al in het werk van Eliot te merken is, zet zich in de literatuur vanaf de jaren zestig dan ook verder. Tijdens het Thatcherisme bereikt deze ontwikkeling volgens Williams haar hoogtepunt. Hij duidt het 'hoge' culturele leven tijdens die periode dan ook aan met de term "The New Conformism". Keer op keer zal hij erop wijzen dat de 'nieuwe conformisten' een ding gemeen hebben: een tekort aan voeling met de concrete, alledaagse ervaring, met de *gehele* cultuur.

Cultural Studies

Bij het postuum verschijnen van *The Politics of Modernism* in 1989 kennen al heel wat Angelsaksische universiteiten een departement of vakgebied *cultural studies*. Tot op vandaag blijft dit vakgebied explosief aangroeien. Deze evolutie is het gevolg van een *cultural turn* in de literatuurwetenschap, die onder meer mogelijk werd gemaakt door Williams' brede cultuurbegrip en zijn culturele materialisme. Voor een deel zetten de *cultural studies* vandaag Williams' onderzoeksproject dan ook verder. Door de innovatieve inbreng van het feminisme en de *postcolonial studies* is ondertussen gebleken waarom Williams er mogelijks niet in slaagde om nieuwe identiteiten uit de hedendaagse literatuur te halen. Hij houdt namelijk te weinig rekening met nieuwe determinanten die vanaf de jaren 1950 op selectieve tradities inspelen, met name die van gender en ethniciteit. Voorts, en dit geeft Williams ook toe aan het eind van zijn leven, laat het begrip *structure of feeling* enigszins aan duidelijkheid te wensen over. Williams lijkt er namelijk niet zelden meerdere zaken tegelijk mee te bedoelen. In *The Long Revolution* koppelt hij het concept bijvoorbeeld nu eens aan één generatie, dan weer aan meerdere generaties tegelijk. Soms lijkt het een conventie of traditie, dan weer een breuk met de traditie. Nergens blijkt deze verwarring duidelijker dan in Williams' analyse van Orwell. Williams' vaagheid accentueert echter vooral de pragmatische manier waarop hij met de literatuur omspringt. De *structure of feeling* is in zijn werk namelijk veel minder een concept dan een opstap naar het verwoorden van zijn concrete leeservaring, naar de manier waarop hij uit teksten de gehele cultuur meent te lezen.

Al tijdens Williams' leven duikt in de culturele studies een andere onderzoekstraditie op, waartegen Williams zich met klem verzet: het structuralisme. Williams' 'culturalisme' onderzoekt in hoofdzaak hoe het subject zich bewust kan worden of zich bewust is van zijn identiteit in een hegemonie of cultuur, hoe vanuit het perspectief van het subject de gehele ("common") cultuur zichtbaar kan worden gemaakt. Het structuralisme, dat vooral door toedoen van Althusser ook Gramsci's hegemoniebegrip hanteert, legt zich veeleer toe op wat het subject determineert, op hoe hegemonische elementen het subject maken tot wat het is. Deze twee invalshoeken sluiten elkaar uiteraard niet helemaal uit. Toch tekent Williams tegen het structuralisme een bezwaar aan dat doet denken aan zijn kritiek op de hedendaagse literatuur. Ook het structuralisme gaat namelijk niet uit van de alledaagse ervaring. Het is al te zeer abstraherend en verliest daardoor de mogelijkheid tot concrete hegemonische verschuivingen niet zelden uit het oog. Daarom zal Williams zichzelf genoodzaakt zien zijn leven lang te benadrukken wat zijn formatieve werk al impliceerde: dat cultuur een levend, talig geheel is, waarop geen enkele structuur finaal vat krijgt.

Er zijn weinig literatuurtheoretici wiens levensloop zo nauw aansluit bij hun werk. Opgegroeid in een arbeidersmilieu in Pandy, South Wales, en tijdens de Tweede Wereldoorlog actief als kapitein in een Brits antitankbataljon, wordt Williams van 1946 tot 1961 in Oxford aangesteld als hoofddocent in het volwassenenonderwijs, waarna hij als Fellow wordt verkozen aan het Jesus College in Cambridge, dat hem in 1974 uiteindelijk promoveert tot Professor of Drama. Naar Williams' eigen zeggen gaat aan de sprong van het volwassenenonderwijs naar het academische onderricht een langdurig gewetensonderzoek vooraf. De volwassenen aan wie hij in Oxford doceert, behoren namelijk tot de arbeidersklasse, een sociale groep waarmee Williams zich zal blijven identificeren tot aan zijn dood. Williams' aanvaarding van een mandaat in Cambridge betekent voor hem dan ook dat hij zich voortaan tot de gegoede middenklasse zal richten. Die ommezwaai in zijn grondig gedocumenteerde en erg uitgebreid bestudeerde levensloop, zorgt er verder voor dat hij zijn strijd met de 'officiële Engelse cultuur' vanaf 1961 moet voeren vanuit een van de belangrijkste Britse universiteiten die de officiële cultuur uitdraagt. Williams blijkt echter in zijn opzet meermaals succesvol. Zo kunnen we bijvoorbeeld verwijzen naar de ophef die in 1967 wordt veroorzaakt door het *New Left May Day Manifesto*, een polemische tekst die Williams samen met Stuart Hall en Edward Thompson op zijn kantoor in Cambridge concipieert. Opmerkelijk aan dit politieke pamflet is dat het de Britse politiek oproept tot meer voeling met de cultuur in al haar complexiteit, met de manier waarop de maatschappij leeft. Net daarin slaagt ook het werk van Williams nochtans niet zonder meer. De *cultural studies* getuigen er vandaag echter van dat, ondanks het wisselende gelaat van de 'officiële cultuur', Williams' theoretische instrumentarium in wezen nog altijd erg bruikbaar is om op lacunes, openingen en mogelijkheden in die cultuur te wijzen.

Beknopte bibliografie

Primaire literatuur

Culture and Society. Harmondsworth: Pelican, 1961.
The Long Revolution. Harmondsworth: Pelican, 1965.

Met Stuart HALL en Edward THOMPSON. *New Left May Day Manifesto*. 8 Elsworthy Terrace. NW3, 1967.
The Country and the City. St Albans: Paladin, 1975.
Keywords. Glasgow: Fontana, 1976.
Communications. Harmondsworth: Penguin, 1976.
Marxism and Literature. Oxford: Oxford UP, 1977.
Politics and Letters. London: Verso, 1979.
Problems in Materialism and Culture: Selected Essays. London: Verso, 1980.
George Orwell. New York: Columbia UP, 1981.
Culture. Glasgow: Collins, 1981.
Writing and Society. London: Verso, 1984.
The Politics of Modernism: Against the New Conformists. London: Verso, 1989.

Secundaire literatuur

DWORKIN, D.L. en L. G. ROMAN (red.). *Views Beyond the Border Country: Raymond Williams and Cultural Politics*. London: Routledge, 1993.
EAGLETON, Terry (red.). *Raymond Williams. Critical Perspectives*. London: Polity, 1989.
HALL, Stuart. "Communities, Nation and Culture", *Cultural Studies* 7.3 (1993), p. 349-63.
HIGGINS, John. *Raymond Williams. Literature, Marxism and Cultural Materialism*. London: Routledge, 1999.
– (red.). *Raymond Williams Reader*. Malden: Blackwell, 2001.
INGLIS, Fred. *Raymond Williams*, London: Routledge, 1995.
PIETERS, Jürgen. *Moments of Negotiation: The New Historicism of Stephen Greenblatt*. Amsterdam: Amsterdam UP, 2001.
PRENDERGAST, Christopher (red.). *Cultural Materialism: on Raymond Williams*. Minneapolis: University of Minnesota Press, 1995.
WALLACE, Jeff en JONES, Rod (red.). *Raymond Williams Now. Knowledge, Limits and the Future*. London: Macmillan, 1997.

FREDRIC JAMESON
(1934-)

Bart KEUNEN

Fredric Jameson studeerde Frans aan Haverford in zijn geboortestreek New Jersey (VSA), waar één van de coryfeeën van het New Criticism, Wayne Booth, op dat moment zijn belangrijkste leermeester was. In 1959 promoveerde hij aan Yale University op een studie over Sartre. Hij doceerde Frans en Vergelijkende Literatuurwetenschap aan gerenommeerde instituten als de University of California (1967-76), Yale University (1976-83) en Harvard (1983-85), vooraleer hij zich definitief vestigde aan Duke University, een rijke (door de tabaksindustrie gefinancierde), maar daarom niet minder prestigieuze universiteit, waarvan hij op dit moment nog steeds het literatuurdepartement (met o.a. figuren als Frank Lettrichia, Barbara H. Smith, Michael Hardt, Toril Moi en Janice Radway) leidt.

Jameson dankt zijn reputatie aan diverse types van onderzoek. Enerzijds maakt hij al vroeg naam als kenner van de nieuwere Europese literatuurtheorieën, met name door de introductiewerken over linguïstisch geïnspireerde methodes zoals structuralisme en semiotiek (*The Prison-house of Language*, 1972) en door zijn overzicht van de belangrijkste marxiaanse literatuurtheorieën (*Marxism and Form*, 1975). Anderzijds is er het meer oorspronkelijke werk uit zijn Ivy League-periode in Yale en Harvard. In een aantal originele essays uit die periode past hij een combinatie van beide methodologische tradities toe op concretere (literatuurhistorische en tekstuele) fenomenen, bijvoorbeeld in zijn magnum opus *The Political Unconscious* (1981) en *The Ideologies of Theory* (1988). Die werken vestigden Jamesons wetenschappelijke faam, zij het voornamelijk binnen de grenzen van de Verenigde Staten.

Echt populair werd hij pas door zijn publicaties over het postmodernisme en over de postmoderne conditie van de westerse cultuur. Uit essays in verzamelwerken en tijdschriften die sinds 1983 verschenen, en vooral uit *Postmodernism, or the Cultural Logic of Late Capitalism* (het beroemde essay uit 1984 dat de basis vormde voor het gelijknamige boek uit 1991), blijkt dat zijn interesse voor de literatuur zich gaandeweg heeft verplaatst naar algemenere culturele fenomenen. Hoewel andere politiek geëngageerde intellectuelen het fenomeen 'postmodernisme' vóór hem bespraken, is de stem die Jameson laat horen de eerste uit de extreem linkse hoek van het politieke spectrum die het concept 'postmodernisme' aanvaardt en als analytisch concept naar voren schuift. Die houding legt hem geen windeieren. In korte tijd wordt Jamesons postmoderniteitsconcept een van de referentiekaders bij uitstek voor theorieën die het postmoderne als de laat-twintigste-eeuwse cultuurdominante naar voren willen brengen.

Jamesons vroegste werk toont duidelijk de coördinaten van zijn literatuurwetenschappelijke denkwereld. Enerzijds zijn dat de Franse literatuurtheorieën uit de jaren zestig-zeventig van de vorige eeuw (cf. *The Prison-house of Language*), anderzijds is er de Duitse marxiaanse ideologiekritiek van de *Frankfurter Schule* (vooral Adorno), Ernst Bloch en Georg Lukács (cf. *Marxism and Form*). Dankzij de eerste coördinaat sloot zijn denkwereld naadloos aan bij de Amerikaanse en Europese theorievorming uit die dagen, de optie voor de tweede was eigengereider. Vanaf de late jaren zeventig verloor de marxiaanse literatuurtheorie, door de toenemende aandacht voor poststructuralistische filosofieën, steeds meer krediet, zowel in de VSA als in Europa. Niettegenstaande de niet altijd latente aversie tegenover de marxiaanse literatuursociologie zorgde Jameson met zijn claim dat de politieke interpretatie van teksten prioritair is voor de literatuurwetenschap (*The Political Unconscious*, p. 17) voor een originele en waardevolle marxiaanse inbreng in de literatuurwetenschappelijke debatten van de jaren tachtig. Uit het overzicht van de publicaties van Jameson blijkt echter ook dat er een onderscheid kan worden gemaakt tussen de periode voor en na *The Political Unconscious* (1981).

Na het verschijnen van dit sleutelwerk zijn literatuurwetenschappelijke problemen immers niet meer de motor achter de argumenten die Jameson op poten zet. Veeleer richt hij zich op alledaagse fenomenen, die hij intuïtief selecteert (een gebouw als het postmodernistische Westin Bonaventure Hotel, nostalgische tendensen in de Hollywoodfilm, een schilderij van Warhol,...) en vervolgens op een vrij nonchalante wijze onderwerpt aan de interpretatiemethode die hij in *The Political Unconsious* voor literaire werken ontwikkelde. Hoewel Jameson het graag voorstelt alsof hij zijn onderzoeksdomein verbreedde van het puur literaire naar het algemeen culturele – zoals impliciet blijkt uit de titel van de essaybundel *The Cultural Turn* (1998) en expliciet uit een uitspraak in de inleiding tot *The Ideologies of Theory* (1988) – kan men niet blind blijven voor het feit dat een zeker opportunisme en een 'Amerikaanse' hang naar studentgerichtpopulistische en daarom modegevoelige theorievorming meespeelde in de heroriëntering van zijn interesses. Zeker is alleszins dat de marxiaan Jameson (die zich graag marxist noemt) het in de jaren tachtig erg goed doet op de academische transfermarkt. Niettemin kan men stellen dat Jameson op het vlak van de literatuurkritiek nauwelijks nog tot nieuwe inzichten komt in de tweede helft van zijn academische carrière. Afgezien van zijn werk over het postmodernisme, houdt hij zich vooral bezig met marxiaanse theorievorming (bij voorbeeld *Late Marxism* (1990) en *Brecht and Method* (1998)). Vanuit dit perspectief kan men *The Political Unconscious* – het werk waarop in deze bijdrage wat uitgebreider wordt ingegaan – Jamesons belangrijkste bijdrage tot de literatuurstudie noemen.

Het epistemologische statuut van de literaire tekst

De interpretatie van teksten, zo luidt de basisstelling van *The Political Unconscious*, hoort een politieke lectuur te zijn, want "everything is 'in the last analysis' political" (*The Political Unconscious*, p. 20). Net als alle andere marxiaanse literatuurwetenschappers gaat Jameson ervan uit dat de sociale context onontbeerlijke informatie bevat om tot een goed begrip van de literaire tekst te komen. Het probleem van de politieke bepaaldheid van literatuur is voor Jameson echter een complexe zaak, in die zin dat hij zich ervan bewust is dat sociale fenomenen zich niet zomaar aan het menselijke bewustzijn tonen. Het vulgair-materialisme – dat, sinds het negentiende-eeuwse positivisme, een soort van constante is over tijden en academische culturen heen – wil Jameson tot alle prijs vermijden. Dat dit voor hem een centrale bekommernis vormt, kan men verklaren vanuit het feit dat het er op het eind van de jaren zeventig naar uitzag dat structuralisten, semiotici en poststructuralistische deconstructivisten het concept 'referent' definitief hadden begraven. Zeker in Yale University, het instituut waar Jamesons leermeester Erich Auerbach en Paul de Man het mooie weer maakten, liet de *linguistic turn* zich sterk voelen. Stellingen als die van Paul de Man – "it is [...] not a priori certain that literature is a reliable source of information about anything but its own language" (*The Resistance to Theory*, p. 10-11) – domineerden het denken over literatuur. Sterk beïnvloed door dit epistemologische uitgangspunt zal Jameson op zijn beurt verklaren dat de sociale en historische context van de literaire tekst enkel te begrijpen is als een complex van determinanten die zich enkel via hun (niet-literaire) tekstuele verschijningsvorm aanbieden aan lezers en schrijvers. Zelfs wanneer de sociaal-historische context niet manifest de vorm aanneemt van een tekst of een talige uiting, dan nog kan men ervan uitgaan dat hij zich op een onbewust niveau schikt naar de logica en de expressiemiddelen van taal: "history is not a text, not a narrative, master or otherwise, but [...], as an absent cause, it is inaccessible to us except in textual form" (*The Political Unconscious*, p. 35). De impact van het politieke (de sociaal-historische realiteit) toont zich, met andere woorden, als een onbewuste en bovendien tekstuele invloed. Het politieke vindt zijn neerslag in de literatuur via een subtekst. Deze politieke subtekst, aldus Jameson, ontsnapt onvermijdelijk aan het bewustzijn en kan enkel door nauwgezette analyse worden gereconstrueerd: "our approach to it and to the Real itself necessarily passes through its prior textualization, its narrativization in the *Political* unconscious" (*The Political Unconscious*, p. 35).

Men onderkent hierin duidelijk sporen van de Lacaniaanse theorie: het onbewuste is gestructureerd als een taal. Het politieke onbewuste – de traumatische, problematische realiteit – kan je niet rechtstreeks kennen, maar je kan wel proberen om via de talige symptomen de dwang van de realiteit te leren kennen. Zoals een psychisch trauma zijn sporen nalaat in het discours van de patiënt op de sofa, zo ook laat het sociale en politieke trauma zijn sporen na in de narratieve cultuurgoederen. In die zin wordt Jamesons visie op de politieke wereld achter de teksten goed weergegeven in een bekende uitspraak uit de laatste bladzijden van Thomas Manns *Der Zauberberg*:

> Een mens leeft niet alleen zijn persoonlijk leven als individu, maar ook, bewust of onbewust, dat van zijn tijdperk en tijdgenoten, en al zou hij de algemene en onpersoonlijke grondslagen van zijn bestaan ook beschouwen als absoluut gegeven en vanzelfsprekend, en van het idee daar kritiek op te oefenen even ver af staan als de brave Hans Castorp inderdaad deed, dan nog is het heel goed mogelijk dat hij zijn zedelijk welzijn vagelijk geschaad voelt door hun gebreken. (*De Toverberg*, p. 45; vertaling Pé Hawinkels)

Op basis van de Lacaniaanse epistemologie zal Jameson het studieobject van zijn politieke literatuurwetenschap scherpstellen. De traditionele bekommernissen van de marxiaanse literatuursociologie – het ontdekken van (als stabiel en kenbaar voorgestelde) buitentalige referenten of van (vooraf gegeven) ideologische codes – staan in zijn werk niet langer centraal; hij richt zich veeleer op het reconstrueren van de semantische mogelijkheidsvoorwaarden die aan de tekst ten grondslag liggen. In een tekst uit 1977 drukt Jameson het als volgt uit: "The study of the referent is the study, not of the meaning of the text, but of the limits of its meanings and of their historical preconditions, and of what is and must remain incommensurable with individual expression" (*The Ideologies of Theory*, p. 108). Elke individuele kunstuiting is een begrensd universum dat gevangen zit binnen de semantische coördinaten van talige constructies over de (al dan niet vermeende) aard van de werkelijkheid. Literatuurwetenschap is, in de optiek van Jameson, bijgevolg niets anders dan een poging om de impliciete reactie van de kunst op haar omgeving te beschrijven; het is "the unmasking of cultural artifacts as socially symbolic acts" (*The Political Unconscious*, p. 20). De symbolische taalhandelingen van literatoren moeten worden gezien als strategieën die in een bepaalde culturele constellatie het onzegbare bespreekbaar trachten te maken. "Art, along with mythic narrative," stelt Jameson in een aan Lévi-Strauss gewijde paragraaf uit *The Prison-house of Language*, "may be seen as a working out in formal terms of what a culture is unable to resolve concretely" (p. 162).

Met de vaststelling dat de sociale context van literatuur via de taal haar invloed doet gelden en enkel analyseerbaar is via de lectuur van de talige subtekst, legt Jameson het fundament voor zijn eigenlijke lectuurmethode. Om de talige subtekst van de literatuur te lezen, volstaat het niet historische feiten en politieke theorieën te koppelen aan de tekst. Integendeel, Jameson toont dat de subtekst van literatuur in feite bestaat uit een complex van drie, met elkaar interagerende talige horizonten. De interpretatie, zo stelt hij expliciet in de inleiding op *The Political Unconsious* en impliciet in de interpretaties die hij aanbiedt, moet in feite drie studieobjecten tegelijk onderzoeken. De studie van een cultuurgoed houdt immers een opname in vanuit drie zoom-instellingen. Eerst komt men de historische en sociale problematiek van het verhaal (de subtext in enge zin) op het spoor. Daarna wordt die referent uitvergroot, zodat grotere eenheden – in concreto de ideologische structuren (ideologemen) van de gehele symbolische orde in de westerse wereld – naar voren komen. Zo kan men uiteindelijk van op grote hoogte neerkijken op culturele revoluties, op de conflicten tussen culturele formaties (dat wil zeggen culturele expressies van de verschillende productiewijzen die in de geschiedenis van de mensheid het licht zagen).

De contextuele horizon van de politieke geschiedenis

Vanuit een eerste perspectief neemt Jamesons methode de vorm aan van een traditionele *close reading*, met dien verstande dat hij in de tekstduiding vooral op zoek gaat naar de politieke problematiek die in de literaire tekst sluimerend aanwezig is. In die zin wijkt de methode natuurlijk sterk af van wat hij zelf de "explication de texte" (*The Political Unconscious*, pp. 76-77) noemt, maar ook van de formalistische methodes die hij in *The Prison-house of Language* besprak. De immanente tekstanalyse vergeet namelijk dat een tekst ook een sociale relevantie heeft, dat hij een symbolische act (een door politieke problemen gemotiveerde taalhandeling) realiseert. Jameson wil aantonen dat men de literaire vorm in zijn totaliteit kan zien als een cultuurgoed dat wordt gemotiveerd door ideologische problemen die niet rechtstreeks worden gethematiseerd in de tekst. Meer bepaald wil hij de literaire tekst zodanig herschrijven, dat hij naar voren komt als een variant van een diepere tekstuele structuur; een onbewuste en politiek geïnspireerde subtekst. Samen met het verhaal wordt er een impliciet, tweede verhaal geconstitueerd waarin de extratekstuele (niet-fictionele) realiteit wordt besproken. De methode die Jameson voorstelt, is toegespitst op twee types van subteksten. De primaire subtekst bestaat uit de sociale contradictie die om een symbolische oplossing roept, maar die niet kan worden gekend; als een afwezige oorzaak is die latent actief: "the individual narrative, or the individual formal structure, is to be grasped as the imaginary resolution of a real contradiction" (*The Political Unconscious*, p. 77). Daarnaast is er een secundaire, veeleer ideologische subtekst, die de vorm aanneemt van een aporie of een antinomie (*The Political Unconscious*, p. 82). Jameson herhaalt geregeld dat die antinomie het symptoom is van de eerste contradictie; het is een intellectuele projectie van een wereld die buiten de tekst als problematisch wordt ervaren.

Voor de literatuurwetenschappelijke reconstructie van de (subtekstuele) antinomieën achter het literaire fenomeen (of: voor de duiding van zijn 'politiek onbewuste') gaat Jameson erg grondig te werk. Aan Lukács ontleent hij de idee dat in elke literaire tekst een karaktersysteem is terug te vinden waarin personages verschillende spanningsverhoudingen uitbeelden. Zo vormen de personages in Balzacs *La Vieille Fille* (*The Political Unconscious*, pp. 151-184) een systeem dat men kan lezen als een politieke allegorie. Balzac worstelde ontegenzeglijk met het probleem hoe hij de nieuwe bestaansvoorwaarden van de postrevolutionaire Franse samenleving moest inschatten, geconfronteerd als hij zich wist met een cultureel hoogstaande, maar ook machteloze adel enerzijds en een energieke en zelfbewuste, maar a-culturele burgerstand anderzijds. Het karaktersysteem weerspiegelt dus geen entiteiten of situaties uit de buitenwereld, maar wordt samengehouden door een protonarratieve politieke fantasie, door een nog-niet-gearticuleerd verhaal over de politieke realiteit en vooral over de problematische spanningsverhoudingen in die realiteit. In de onbewuste, politieke tekst waarvan het literaire werk blijk geeft, komen de problemen aan bod waarvoor de werkelijkheid ons stelt. Balzac schotelt ons een bijzondere constructie voor; een maaksel dat doordrongen is van een imaginaire en affectieve spanning, van een fantasie die de wensen en de hoop van een hele generatie in zich lijkt op te slorpen. De subtekst kan verder worden omschreven als een coherent systeem van semantische coördinaten, waaraan de personages van het literaire werk participeren en waaraan ze een bepaalde betekenisvolle samenhang ontlenen.

Om de semantische coördinaten op het spoor te komen doet Jameson een beroep op het semiotische vierkant van Greimas om de in de tekst aanwezige politieke symptomen te duiden: hoe werkt de antinomie, met welke binaire opposities confronteert de tekst de lezer, welke aporieën konden door de auteur niet worden opgelost? De "ideological closure" in de tekst is immers formaliseerbaar via de relatie tussen twee contraire begrippen, aangevuld met de spanningsverhouding van hun subcontrairen (*The Prison-House of Language*, pp. 162-168). Een voordeel van die analysemethode is het feit dat de literatuurwetenschapper er beter in zal slagen om de verborgen ideologische oplossingen in de tekst op het spoor te komen. De door Greimas als 'complexe' en 'neutrale' term geijkte semantische constructies (respectievelijk de synthese van de contraire en de subcontraire posities in het semiotische vierkant) vormen binnen het karaktersysteem een imaginaire oplossing van het geschetste ideologische conflict tussen 'inefficiënte' burgerlijke nieuwlichterij en 'heilzame' aristocratische anachronismen.

De contextuele horizon van de klassevertogen

In het eerste stadium zoekt Jameson de ideologische spanningsverhoudingen alleen in de formele structuur van het individuele object: "our discovery of a text's symbolic efficacy must be oriented by a formal description which seeks to grasp it as a determinate structure of still properly formal contradictions" (*The Political Unconscious*, p. 77). Op een tweede, algemener en veeleer cultuurtheoretisch georiënteerd interpretatieniveau verandert het studieobject grondig. Het perspectief verschuift nu naar het geheel van de taaluitingen in de westerse cultuur. Een tekst kan immers begrepen worden als een taaluiting (vergelijkbaar met wat men in de linguïstiek *parole* noemt) die teruggaat op een reeks van collectieve talige structuren (de *langue*). Die grotere structuren worden binnen het marxiaanse jargon 'klassenvertogen' genoemd. Binnen dit brede perspectief gaat het met andere woorden om het probleem van de hegemonie. De literatuurwetenschapper reconstrueert aan de hand van een tekst het verhaal van specifieke klassenstemmen en toont hoe die het geluid van andere groepen overstemmen of hoe zij de boodschap van andere groepstalen hertalen en inpassen in een dominant (of naar dominantie strevend) vertoog.

In concreto gaat Jameson op zoek naar de manier waarop in de tekst ideologemen werkzaam zijn. Een ideologeem is voor de analyse van de moderne klassenmaatschappij zowat het pendant van de door Lévi-Strauss bestudeerde mythemen uit de cultuur van premoderne samenlevingen; het is "the smallest intelligible unit of the essentially antagonistic collective discourses of social classes" (*The Political Unconscious*, p. 87). Jameson suggereert, zich deels baserend op het werk van Michael Bakhtin, dat de belangrijkste ideologemen de vorm aannemen van verhalen (zoals de mythe van het land van Cocagne, luilekkerland) en dat het onbewuste, narratieve aspect meer naar voren treedt in culturen die voor de negentiende-eeuwse kapitalistische samenleving gesitueerd zijn. Het ideologeem dat hij in Balzac ontdekt, noemt hij bijvoorbeeld een grensgeval. Het gaat om een protonarratieve of libidinale fantasie die verbonden is met een utopie, namelijk het verlangen naar eigendom en naar een gelukkig, intiem privé-leven in een veilige thuishaven. Balzac laat in *La Vieille fille*, maar ook in *Les Paysans* – het onderwerp van een van Lukács' beroemdste lectuuranalyses – de politieke wensvoorstellingen van de moderne burger doorschemeren in respectievelijk een beschrijving van het begerenswaardige landhuis van de al even begerenswaardige juffrouw Cormon (*The Political Unconscious*, p. 154 e.v.) en het kasteel van de tragische Bonapartist Montcornet. De utopische beelden in de tekst zijn allegorische figuren waarin de ideologische conflicten tussen de burgerlijke koopmansactiviteit en de aristocratische grandeur tijdelijk aan bod komen en in zekere zin ook worden opgeheven. In andere, recentere literaire teksten vindt men sporen van veeleer theoretische ideologemen. In het werk van de Engelse naturalist George Gissing is dat de theorie van het ressentiment en de impliciete kritiek op de binaire moraal van de joods-christelijke cultuur (cf. *The Political Unconscious*, pp. 185-205).

De contextuele horizon van de westerse cultuurgeschiedenis

Het laatste perspectief van de politieke tekstinterpretatie staat het verst van de inhoud van de literaire tekst. Op dit interpretatieniveau gaat het om de studie van de romanvorm als dusdanig. De tekst wordt, met andere woorden, gezien tegen de achtergrond van de hele cultuurgeschiedenis en meer bepaald van de vormideologie ("the ideology of form") die het romangenre uitdraagt. Jameson wil aantonen dat de roman een cultuurgoed is dat gelijktijdig van totaal verschillende cultuurhistorische informatietypes is doordrongen. Het is een amalgaam van merktekens van oude culturele geplogenheden (oude vormideologieën), van contemporaine invloeden, en van anticipaties van toekomstige culturele mogelijkheden. Men zou kunnen stellen dat de roman een miniatuurversie ensceneert van de culturele revolutie van de moderniteit. Culturele revoluties zijn historische breukmomenten waarbij co-existerende cultuurpatronen (een agrarisch, premodern cultuurpatroon en een mercantiel, modern cultuurpatroon bijvoorbeeld) met elkaar in conflict treden en naar het centrum van het politieke en sociale leven oprukken. Ook literatuur kan bol staan van impulsen uit contradictorische culturele tradities en kan opgevat worden als een discursief slagveld waarin de grote momenten van de cultuurgeschiedenis, via hun onderscheiden literaire vormen, een rol opeisen (*The Political Unconscious*, pp. 94-95).

Jameson stelt, met betrekking tot de roman, terecht de culturele omslag van de eeuw van de Verlichting centraal. Het gaat immers om een periode waarin de moderne romankunst haar actuele vorm krijgt en de dominante literaire expressievorm wordt. In de romankunst van de achttiende eeuw, maar ook in latere romans, zien we duidelijk de verschillen tussen de historische sedimenten (mythes uit de productiewijze van de oudheid, aristocratische resten uit de feodaliteit) aan het werk. Tegelijk toont de romankunst het contrast van de traditionele verhaalvormen met een nieuwe narratieve cultuur, waarin een zelfstandig agerend subject op zoek gaat naar zingeving. De romanvorm is sinds de Verlichting duidelijk geen narratief paradigma meer als de andere (de komedie, de tragedie, de *romance*, de *chansons de geste*, het melodrama,...). Laatstgenoemde zijn genres in de werkelijke zin van het woord: fictionele vormen met gecanoniseerde regels en gestructureerd door de ideologemen van een specifieke sociale groep. De roman is een uitzonderlijk narratief paradigma, doordat hij zijn energie put uit het opnemen van de andere genres in de eigen vorm. De roman is geen privilege meer van een bepaalde klasse of sociale groep, heeft geen vastomlijnde structuur, maar bestaat veeleer uit een reeks van operaties en procedures; in en doorheen deze operaties slorpt de romanvorm de ideologemen van de voorgaande genres op.

GENEALOGIE VAN DE ROMAN

Jameson ontwikkelde in de loop van zijn carrière een impliciete genealogische visie op de literatuurgeschiedenis die men kan beschouwen als de rode draad in zijn oeuvre. Die toont ook perfect aan dat het derde studieobject uit zijn methodologie veruit het belangrijkste aandachtspunt vormt. De basis voor zijn geschiedenisvisie, zo leert men uit een vroeg essay uit 1975 (cf. *The Ideologies of Theory*, pp. 115-131) en uit *The Political Unconscious* (pp. 103-150; vooral pp. 130-131), is het historisch interpretatiemodel van Gilles Deleuze en Felix Guattari. Als genealoog is Jameson, net als deze poststructuralistische filosofen, op zoek naar discontinuïteiten en breuklijnen in de westerse geschiedenis. Op die manier komt hij twee literatuurtypes op het spoor. In zekere zin stemmen die types overeen met de cultuurparadigma's die Deleuze en Guattari in *L'Anti-Oedipe* associëren met respectievelijk de premoderne en de moderne samenlevingsstructuur: de zogenaamde 'despotische' versus de 'geciviliseerde' *Socius*.

In de literatuur van autocratische en theocratische samenlevingen (het eerste literatuurtype) ziet men dat erecodes en religieuze codes de bouwstenen vormen van de cultuur. Epische literatuur – die vanaf de Scandinavische *Edda's* en de *Carmina Barbara* uit de Karolingische Renaissance tot aan de *chansons de geste* één van de belangrijkste literaire uitdrukkingsvormen vormt – is een soort van allegorische verhaalkunst die gestructureerd wordt door binaire, met behulp van aristocratische en religieuze codes gestructureerde, tegenstellingen (tussen goed en kwaad, sterken en zwakken, helden en intriganten, ordebrengers en chaoten). Via zulke binaire opposities verheerlijkt het heldenepos de leidinggevende en ordestichtende positie van de maatschappelijke elites. Dit positionele denken is voor Jameson het kenmerk bij uitstek van het prekapitalistische verhaaltype (*The Political Unconscious*, pp. 110-111). Voor het tweede type werkt Jameson de deleuziaanse idee van het decoderingsproces van de moderniteit (de geciviliseerde *Socius*) verder uit. De ontwikkeling van de decodering is nauw verbonden met de kapitalistische productiewijze en met de opkomst van de burgerlijke cultuur, die in het zog van het kapitalistische moderniseringsproces individualistische cultuurpatronen introduceerde. De burgerlijke cultuur onttrekt zich aan de codes van de oudere, hiërarchisch georganiseerde sociale groepen en wordt daarom geplaagd door collectief zelfbeklag over het verval van waarden. Jameson herneemt die gedachte vanuit marxiaans perspectief en spreekt van een "bourgeois-cultural revolution" (*The Political Unconscious*, p. 152). De moderniteit kan worden beschouwd als de periode waarin de burgerij het kapitalisme introduceert en daardoor een nieuw type van moreel besef binnenhaalt.

In het kapitalisme heerst de schijnbaar absolute equivalentie van koopwaren; alle transacties worden herberekend volgens de logica van schizoïde financiële stromen. Individuen krijgen daardoor een aura van subjectieve vrijheid. Jameson stelt vast dat er in de literatuur een individualiseringsproces plaatsgrijpt, dat de moderne auteur "in the increasingly secularized and rationalized world that emerges from the collapse of feudalism" op zoek moet gaan naar thema's die "the older magical categories of Otherness which have now become so many dead languages" moeten vervangen (*The Political Unconscious*, p. 131). Hij illustreert die tendens door te verwijzen naar vroeg-negentiende-eeuwse voorbeelden van psychologisch realisme. Bij auteurs als Manzoni, Stendhal en Eichendorff merkt men dat de 'vreemde' elementen van de romance vervangen worden door eigentijdse, 'bekende' elementen en gegevens. Stendhal bijvoorbeeld gebruikt in de plotstructuur van zijn *La Chartreuse de Parme* binaire opposities die sterk verwant zijn met de oudere tegenstelling tussen zwarte en witte magie, maar met dit belangrijke verschil dat hij de polariteit thematiseert door de analyse van de individuele psyche van de personages (*The Political Unconscious*, pp. 132-133).

In de negentiende-eeuwse roman worden er bovendien pogingen ondernomen om de decodering die de geciviliseerde *Socius* doorvoert, rechtstreeks aan te kaarten; in een gedecodeerde samenleving wordt aan het verhaal de mogelijkheid geboden de sociale werkelijkheid onbevangen (los van politieke machtscentra) te observeren. In de realistische literatuur is het dominante ordeningsprincipe het waarheidsstreven; voorop staat het kennen van de werkelijkheid. In die zin zijn realistische teksten gespecialiseerd in het ontmaskeren van de premoderne morele codes en werken ze mee aan een algemeen proces van morele 'decodering'. Tegen het einde van de negentiende eeuw constateert Jameson evenwel een zekere "fatigue with the whole process of decoding". Hij stelt vast dat er steeds meer ruimte komt voor het allegorische en het mythische, voor het recoderen van de "henceforth decoded flux" (*Ideologies*, p. 129). De connotatieve waarde van symbolen, rituelen, allegorieën, mythes – kortom, het magische van talige constructies – wordt herontdekt, zij het niet meer in een collectief beleefde vorm. Het gaat immers niet langer om het thematiseren van morele codes, maar veeleer om het evoceren van esthetische codes.

Modernisme en postmodernisme

Jameson stelt dat de relatie tussen literatuur en sociale codes na de eeuwwisseling grondig verandert: "The perfected poetic apparatus of high modernism represses History [...]. The *Political*, no longer visible in the high modernist texts, any more than in the everyday world of appearance of bourgeois life, and relentlessly driven underground by accumulated reification, has at last become a genuine Unconscious" (*The Political Unconscious*, p. 280). Vanaf de twintigste eeuw wordt de roman steeds minder een direct politiek instrument. Onderhuids echter blijft het politieke werkzaam en blijft de roman getuigen van de *condition humaine* onder het kapitalisme. Centraal in de westerse roman staan niet toevallig subjectiviteitsproblemen: het modernistische subject lijkt krampachtig op zoek naar een solide subjectpositie in een toenemend objectiveerbaar geachte en objectiverend ingestelde samenleving. Vanuit een genealogisch perspectief kan men die tendens beschouwen als een laatste transformatie van de interioriseringsmechanismen waartoe de geciviliseerde *Socius* zijn subjecten dwingt. Aanvankelijk, in het realisme van Balzac bijvoorbeeld, gaat het waarheidsstreven nog uit van een vrij coherent, gecentreerd subject (zowel op semantisch als op verhaaltechnisch vlak – denk aan de rol van personages als Rastignac en aan de alwetende verteller). In de loop van de negentiende eeuw transformeert het interioriseringsproces zich en lijkt het, zoals Jameson in navolging van Lukács' studies over het realisme aantoont, vaak de richting uit te gaan van een subjectief desintegratieproces. Kunstenaars claimen sinds de tweede helft van de negentiende eeuw, en zeker sinds het *fin de siècle*, de vrijheid om een fictionele wereld te construeren 'voorbij goed en kwaad'. Vaak leidt dit tot een enscenering van geïsoleerde en zelfs gedesintegreerde of gefragmenteerde subjectieve centra.

Niettemin geldt het modernisme (in de Angelsaksische literatuurkritiek synoniem voor de moderne literatuur sinds de late negentiende eeuw) voor Jameson als het hoogtepunt van het individualisme en van de interioriseringstendensen. Het waarheidsstreven blijft immers in getemperde vorm aanwezig, met name in het streven naar een mimetische reconstructie van 'authentieke ervaringen'. Modernisten scheppen graag een rijk van authentieke subjectieve ervaringsinhouden, omdat ze lijken te verwachten dat die strategie weerstand kan bieden aan de onttoverde, gerationaliseerde marktmaatschappij. In die zin streven zij naar een utopische compensatie voor het verval van de subjectiviteit in de gedecodeerde moderne wereld. Pas vanaf het postmodernisme ontstaat er een culturele constellatie waarin het subject 'dood' is: subjectiviteit is een illusie, zodat het ook geen zin meer lijkt te hebben de relatie tussen het subject en de geobjectiveerde leefwereld aan te kaarten.

Het samengaan van verschillende vormen van culturele codering in het literaire werk (zowel van premoderne als moderne, maar ook van verschillende types van premoderne of moderne codering) zorgde er traditioneel voor dat de roman een uitzonderlijke epistemologische taak kon vervullen. Hij scherpte de geest voor het feit dat culturele systemen naast elkaar bestaan en elkaar doordringen. In die zin werd door de roman het historische besef gestimuleerd. In het meest recente tijdsgewricht – dat Jameson, in het spoor van Ernest Mandel, het late kapitalisme noemt (*Postmodernism*, p. 35) – komt dit vermogen onder druk te staan. Literatuur en historisch besef groeien uit elkaar. In het modernisme was dit historische besef nog een relevante literaire inspiratiebron. Modernisme haalde zijn voedingsbodem uit een culturele situatie die sterk betrokken was op het moderniseringsproces. Het toonde hoe tradities onder druk komen te staan van de moderniteit. In recentere tijden lijken zulke spanningsverhoudingen hopeloze anachronismen; plattelandsgemeenschappen lijken in het Westen niet langer te bestaan, en de oudere morele erecodes spelen in de populaire cultuur geen rol van betekenis meer. In die cultuur – waarin het besef van de modernisering van het niet-moderne niet meer dwingend lijkt – kan men spreken van een nieuw cultuurtype: de postmoderniteit. De culturele symptomen die Jameson associeert met de postmoderne conditie, zijn alle verbonden met dit (onvermijdelijke, want door historische dwang ingegeven) tanen van het historische besef.

Een eerste symptoom is de postmodernistische voorkeur voor de pastiche, een fenomeen dat afwijkt van de 'modernistische' parodie doordat de relatie met een historische stijlvorm niet bewust wordt gethematiseerd. Parodistisch is Don Quichotes poging om de premoderne Amadische roman te herbeleven; pastiche is de manier waarop Thomas Pynchon in *Vineland* Brock Vond als een held à la Fleming ten tonele voert zonder bewust te reflecteren op de culturele code van het premoderne heldenverhaal. Een ander element is de schizofrenie van de subjectrepresentatie in postmodernistische literatuur. De subjectieve centra zijn niet langer de spreekbuizen van historisch gegroeide klassendisposities (die van plattelandsdokters, notarissen, aristocraten en provinciale deernes in *Madame Bovary*), het zijn allegorische figuren die verwijzen naar affectieve afsplitsingen van een centrale verteller waarvan de extreme fragmentering en onverzoenbaarheid op de voorgrond worden gebracht. Beide symptomen duiden volgens Jameson op de dominantie van een nieuwe culturele situatie: de postmoderniteit. Het laatkapitalistische individu slaagt er niet langer in om op cultureel niveau subjectposities in te nemen waarin de totaliteit van samenleving en geschiedenis object van reflectie wordt. Het hoeft dan ook niet te verwonderen dat het (zichzelf als gedecentreerd en pluriform concipiërend) postmoderne subject zich niet zozeer op de historische totaliteit richt, als wel op de spatiale omgeving.

Jameson stelt vast dat de dominante cultuurelementen worden beheerst door spatiale reflecties. Doorgaans gaat het in de postmoderne esthetica en theorie om negatieve spatiale categorieën, zoals desoriëntatie, fragmentering en gebrek aan distantie. Het postmoderne subject is zowel op theoretisch als op esthetisch vlak gefascineerd door het gebrek aan oorsprong, doel en causaliteit, zodat het niet langer in staat is met historische verklaringsmodellen te werken en bovendien niet langer over de mogelijkheden beschikt om de postmoderne wereld anders op te vatten dan als niet-representeerbaar en chaotisch (*Postmodernism*, pp. 25-26). Voor een marxiaans literatuursocioloog vormt die tendens een grote uitdaging, want hij staat haaks op de ordestichtende en historiserende interpretatiemethode. Jameson probeert echter van die ondeugd een deugd te maken. De dialectische en historische methode levert volgens hem een belangrijke bijdrage aan het debat over de postmoderniteit, omdat ze erin slaagt mentale kaarten aan te leveren. Het gebrek aan representatievermogen en de onmacht tot spatiale visualisering kan vanuit een marxiaans kader niet alleen gediagnosticeerd worden, maar ook geremedieerd. Jameson claimt dat hij vanuit zijn perspectief geslaagde pogingen tot heroriëntatie, defragmentering en identiteitsvorming op het spoor komt – pogingen zoals sommige vormen van postkoloniale literatuur, Perecs *La Vie: mode d'emploi*, of bepaalde architecturale praktijken.

Een van de kernbegrippen uit zijn cultuurdiagnose is 'cognitive mapping', een concept dat duidt op de mogelijkheid om te communiceren via mentale kaarten en daardoor een soort van Brechtiaans vervreemdingseffect te sorteren. Sommige kunstwerken en sommige theoretische studies slagen erin om de fragmenten en de verstrooide ervaringsmomenten van onze cultuur dialectisch samen te denken als een reeks interagerende componenten. Het (in principe voorlopige) totaalbeeld dat het resultaat is van die dialectische denkbeweging, noemt Jameson een 'cognitieve kaart'. De bedoeling van die mentale cartografie is enerzijds om, met behulp van een niet-historiserende strategie, het historische besef te heroveren. Het gaat immers om "a pedagogical political culture which seeks to endow the individual subject with some new heightened sense of its place in the global system", die ertoe leidt dat "the truth of postmodernism, [...] its fundamental object – the world space of multinational capital" op een nieuwe wijze wordt waargenomen (*Postmodernism*, p. 54). Anderzijds beperkt de operatie van 'cognitive mapping' zich niet alleen tot het in kaart brengen van spatiale elementen, want in sommige van Jamesons analyses krijgt de historische duiding van de ontwikkelingsstadia van de bestudeerde fragmenten een belangrijke rol toebedeeld. In die laatste vorm is het Jamesoniaanse perspectief niets anders dan een nieuwe naam voor marxiaans-dialectisch denken, maar dan aangepast aan de gevoeligheden, gewoonten en problemen van onze tijd.

De relevantie van Jamesons literatuurtheorie

Problematisch in het latere werk van Jameson is dat het alternatief van cognitieve cartografie niet echt goed wordt onderbouwd vanuit hermeneutisch perspectief. Het is, in tegenstelling tot de analyses uit *The Political Unconscious*, niet helemaal duidelijk op welk tekstueel niveau de culturele determinanten moeten worden gezocht. Een ander, verwant aspect van het late werk betreft de literaire historiografie. Zo laat zijn werk niet toe om aan te duiden op welke manier men teksten van Robbe-Grillet, Perec of Peter Verhelst moet situeren ten opzichte van niet-literaire studie-objecten uit de postmoderne cultuur (nostalgische pastiche-films als *Body Heat*, architecturale emblemen als het Westin Bonaventure Hotel in Los Angeles, ...). Omdat de lectuurmethode zich concentreert op de pragmatische aspecten van de tekst (de zogenaamde 'cognitive mapping'), krijgen de analyses een louter illustratief karakter en blijven de tekstuele mechanismen onbesproken. Bovendien documenteert Jameson onvoldoende de relatie tussen modernistische en postmodernistische cultuur: gaat het om een gradatieverschil in het individualiseringsproces of om een totaal nieuwe vorm van subjectiviteit? In welke mate anticipeert het twintigste-eeuwse modernisme (ik denk hier vooral aan de rol van de historische avant-gardebewegingen) op de culturele dominanten van de postmoderniteit? Betekenisvol in dit verband zijn Jamesons eigen anticipaties op zijn latere postmoderniteitstheorie in zijn studie over de ambivalenties van de avant-gardist Wyndham Lewis (*Fables of Aggression*). Het belangrijkste probleem van Jamesons literatuurtheorie sluit aan bij die lacune en betreft de rode draad van zijn cultuurhistorische metaverhaal (dat zowel in het vroege als het late werk aanwezig is), met name zijn visie op de vervalsgeschiedenis van de subjectiviteit. Over de verhouding tussen de verschillende stadia van de kapitalistische wereld en de toenemende desintegratie van het burgerlijke subject heerst er onder cultuursociologen grote overeenstemming, maar Jamesons uitspraken over subjectsdecentrering, desoriëntatie en schizoïde existentiële ervaringen lijken vaak hyperbolische uitvergrotingen van de reële culturele problemen van onze tijd. De recentste theorieën over globalisering en nieuwe vormen van sociale stratificatie (Manuel Castells bijvoorbeeld) en over de concrete symptomen van het individualiseringsproces (Ulrich Beck, Michael Featherstone) komen tot genuanceerdere conclusies, maar worden niet in zijn werk geïntegreerd.

Het belang van Jamesons literatuurwetenschap schuilt echter niet zozeer in zijn bijdrage aan de cultuurtheorie in het algemeen. Zijn werk is vooral relevant omwille van de literatuursociologische lectuurmethode uit zijn vroege werk. De wijze waarop Jameson literaire teksten leest als impliciete getuigen van historische en sociale ontwikkelingen, kan gelden als een van de weinige geslaagde pogingen om in tijden van poststructuralisme en deconstructivisme nog aan literaire sociologie te doen. In een tijdsgewricht waarin cultuur haar geprivilegieerde relatie met een specifieke groep (de bourgeoisie) heeft verloren en waarin de dominante tendensen worden beheerst door een haast algemene individualisering of verburgerlijking, slaagt hij erin teksten met een vaak zeer laag politiek en sociaal-kritisch reflectiegehalte te laten getuigen van belangwekkende culturele gebeurtenissen in de geschiedenis van de westerse beschaving.

Beknopte bibliografie

Primaire bibliografie

Sartre: The Origins of a Style. New York: Columbia UP, 1961.

Marxism and Form: Twentieth-Century Dialectical Theories of Literature. Princeton: Princeton UP, 1971.

The Prison-house of Language: A Critical Account of Structuralism and Russian Formalism. Princeton: Princeton UP, 1972.

Fables of Aggression: Wyndham Lewis, The Modernist as Fascist. Berkeley: University of California Press, 1979.

The Political Unconscious: Narrative as a Socially Symbolic Act. London: Methuen, 1981._

The Ideologies of Theory. Essays 1971-1986. London: Routledge, 1988.

Late Marxism: Adorno, or, The Persistence of the Dialectic. London: Verso, 1990.

Signatures of the Visible. London: Routledge, 1990.

Postmodernism, or, the Cultural Logic of Late Capitalism. London: Verso, 1991.

The GeoPolitical Aesthetic: Cinema and Space in the World System. London: The British Film Institute, 1991.

Seeds of Time. New York: Columbia UP, 1994.

Brecht and Method. London: Verso, 1998.

The Cultural Turn: Selected Writings on the Postmodern 1983-1998. London: Verso, 1998.

A Singular Modernity: Essay on the Ontology of the Present. London: Verso, 2002.

Secundaire bibliografie

BURNHAM, Clint. *The Jamesion Unconscious: The Aesthetics of Marxist Theory.* Durham: Duke UP, 1995.

DOWLING, William C. *Jameson, Althusser, Marx: An Introduction to the Political Unconscious*. London: Methuen, 1984.

HARDT, Michael en Kathi WEEKS (red.). *The Jameson Reader*, Oxford: Blackwell, 2000.

HELMLING, Steven. *The Success and Failure of Fredric Jameson: Writing, the Sublime, and the Dialectic of Critique*. Albany: State University of New York Press, 2001.

HOMER, Sean. *Frederic Jameson: Marxism, Hermeneutics, Postmodernism*. Cambridge: Polity Press, 1998

KELLNER, Douglas (red.). *Postmodernism, Jameson, Critique*. Washington: Maisonneuve, 1989.

STEPHEN GREENBLATT
(1943-)

Jürgen PIETERS

Het is moeilijk om precies vast te stellen wanneer het 'instituut' Stephen Greenblatt voor het eerst op het toneel van de internationale literatuurwetenschap verschijnt. Verder dan een voorzichtige benadering van dat tijdstip komen we niet. Hooguit kunnen we een moment post quem en een moment ante quem vastleggen, 1980 en 1988 bijvoorbeeld, de publicatiejaren van zijn belangrijkste twee boeken tot op vandaag: *Renaissance Self-Fashioning from More to Shakespeare* en *Shakespearean Negotiations*. De begindagen van de 'mens' Greenblatt zijn wel eenduidig gedocumenteerd. Hij werd geboren in 1943, in Cambridge, Massachussets, uit een familie van Oost-Europese joden. Zijn grootouders waren Litouwers, die in het begin van de jaren 1890 naar de VS emigreerden. Ook over de publicatiedata van zijn werken bestaat geen twijfel. Zijn eerste boek, *Three Modern Satirists: Waugh, Orwell and Huxley*, verschijnt in 1965: Greenblatt is dan 22, maar het werk gaat terug op een scriptie die hij als 19-jarige aan de universiteit van Yale schreef. Het eerste product van zijn echte academische carrière publiceert hij in 1973, op zijn dertigste dus. Het gaat om het proefschrift dat hij eveneens in Yale afleverde: *Sir Walter Ralegh. The Man and his Roles.* Met de publicatie van dat boek presenteert Greenblatt zich weliswaar als een gediplomeerd Renaissancist, maar hij is nog lang niet het grote icoon van het vakgebied dat hij drie decennia later zal zijn.

BOVEN DE DOOPVONT

Die iconische status dankt Greenblatt aan een beslissing die hij zelf achteraf sterk heeft gerelativeerd. In 1982 stelt hij een themanummer van het tijdschrift *Genre* samen, dat hij de titel *The Forms of*

Power and the Power of Forms in the Renaissance geeft. Hij heeft er een aantal opstellen in bijeengebracht van collega's en geestesgenoten als Franco Moretti, Harry Berger Jr., Jonathan Goldberg, Richard Helgerson, Walter Cohen en Leonard Tennenhouse. Het gaat om een groep literatuurhistorici die, net als hij, geïnteresseerd zijn in de wederzijdse verhoudingen tussen de vormelijke keuzes die auteurs van literaire werken maken (of gedwongen worden te maken) en de maatschappelijke omstandigheden waarin die werken hun plaats moeten vinden. Die aandacht is op zich vanzelfsprekend niet origineel; ze stuurt het werk van een aantal Renaissancisten die in de jaren zestig al actief waren (we kunnen daarbij denken aan Robert Weimann, Wilbur Sanders en J. W. Lever, maar ook aan Stephen Orgel, van wie Greenblatt in dit themanummer een tekst opnam). Toch bestempelt Greenblatt in zijn korte inleiding de opstellen die hij verzameld heeft als voorbeelden van een nieuwe leespraktijk, die hij hier voor het eerst expliciet typeert als een "new historicism". Daarmee is de toon meteen gezet en de beweging definitief gelanceerd.

Als we achteraf de ontwikkeling bekijken die de Angelsaksische Renaissance-studies vanaf het begin van de jaren tachtig van de vorige eeuw ondergingen, dan kunnen we niet anders dan vaststellen dat Greenblatts term onwaarschijnlijk snel ingang vond. Nog geen vijf jaar later heeft de samensteller van het themanummer van *Genre* met zijn New Historicism al duidelijk school gemaakt. Niet alleen verschijnen er vrij snel een aantal overzichtsartikelen waarin hij keer op keer wordt geafficheerd als de voorman van een nieuwe kritische beweging, iedereen die zich in de Angelsaksische wereld bezighoudt met Shakespeare of andere auteurs uit diezelfde periode, positioneert zich hetzij voor, hetzij tegen de praktijk waarvoor Greenblatts naam symbool staat. Wanneer daarenboven ook specialisten die niet over de literatuur uit de zestiende en zeventiende eeuw schrijven, in het werk van Greenblatt en de zijnen het begin zien van een nieuwe fase in de ontwikkeling van de literatuurwetenschap, is de institutionalisering van het New Historicism een feit.

Om een antwoord te krijgen op de vraag of de beweging die hij aanvoert, daadwerkelijk de beloftes waarmaakt die sommigen er halverwege de jaren 1980 in vermoedden, is het goed eerst even kort stil te staan bij de betekenis die Greenblatt oorspronkelijk aan de term gaf. Dat het niet eenvoudig is om eenduidig vast te stellen waar die aanvankelijk voor stond, zal Greenblatt zelf niet ontkennen. Wanneer hij bij een latere gelegenheid zelf terugblikt op de tekst waarin hij de term voor het eerst liet vallen, beklemtoont hij ten stelligste dat het New Historicism altijd heeft gestaan voor een praktijk die zich voortdurend ontwikkelt en niet voor een of ander welomlijnd kritisch dogma. Ook in zijn korte inleiding tot het beruchte themanummer van *Genre* wijst hij op de diversiteit van de leespraktijken die onder de nieuwe noemer samenhoren: de teksten die in het nummer zijn bijeengebracht, "represent no single critical practice" (*Genre*, p. 5). Onder meer om die reden definieert Greenblatt de nieuwe leespraktijk in eerste instantie vooral *ex negativo*, als een reactie *tegen* veeleer dan als een nieuwe bijdrage *tot*. Het "new historicism", zo schrijft hij, "[is] set apart from both the dominant historical scholarship of the past [een leespraktijk die in de literatuur over het New Historicism al snel als het 'old historicism' wordt getypeerd, jp] and the formalist criticism that partially displaced this scholarship in the decades after World War Two [het New Criticism, met andere woorden, jp]" (*Genre*, p.5)

Dialogisme

Wat betreft dat eerste, is de balans volgens Greenblatt snel opgemaakt: de methode die de vertegenwoordigers van het 'old historicism' voorstonden, was monologisch, in een tweeledige betekenis van het woord. Zijn nieuwe aanpak zal bijgevolg in diezelfde twee betekenissen *dialogisch* zijn. In tegenstelling tot de traditionele literatuurhistoricus zal de New Historicist er niet van uitgaan dat zijn leespraktijk zich op een punt buiten de geschiedenis bevindt, van waaruit het verleden zich in alle pracht en objectiviteit vertoont. Voor Greenblatt houdt de historische aanpak per definitie een dialoog met het verleden in, een conversatie met de doden, zoals hij het in de inleiding tot *Shakespearean Negotiations* stelt. De praktijk van de criticus is, met andere woorden, al evenzeer historisch gedetermineerd als het onderzoeksobject waarop die praktijk zich richt. Historici die de spanningsverhouding tussen de historiciteit van het onderzoeksobject en die van het onderzoekend subject niet in hun praktijk expliciteren, schrijft Greenblatt, gaan voorbij aan het fundament van het historisme: alles is historisch bepaald. Vandaar de opvallende en zelfbewuste aandacht van een aantal New Historicists voor een aantal vroegmoderne fenomenen die in hun eigen tijd niet minder aan de orde zijn dan in de renaissance en volgens Greenblatt zelfs aan het begin van onze moderniteit staan: het contact met andere culturen, de positie van de vrouw, de complexe verhouding van het private tot het publieke leven.

Maar het 'old historicism' is volgens Greenblatt ook nog in een tweede opzicht monologisch. In het beeld dat het van het verleden schetst (de Elizabethaanse periode bijvoorbeeld) heeft het enkel aandacht voor 'het grote verhaal', niet voor de vele, onderling vaak conflicterende gebeurtenissen en ontwikkelingen die het verleden al even onoverzichtelijk en chaotisch maken als het heden van waaruit dat verleden wordt bekeken. In het alternatief dat Greenblatt voorstelt, staat het fundamenteel heterogene karakter van het verleden centraal. Teksten die sporen van dat verleden bevatten, zijn dialogisch in die zin dat ze de verschillende 'stemmen' die op elk moment van het verleden hoorbaar zijn, ook 'aanwezig' stellen. Deze gedachte herinnert duidelijk aan het werk van de Russische cultuurfilosoof Mikhail Bakhtin. Net als Bakhtin steunen de New Historicists op een taalfilosofie die ervan uitgaat dat elke uiting deel uitmaakt van en dus haar betekenis ontleent aan een discursief veld dat mee wordt samengesteld door andere uitingen waarop de bestudeerde tekst inspeelt, reageert, kortom: antwoordt. Voor Greenblatt is het duidelijk: de teksten die de literatuurhistoricus bestudeert, kunnen niet worden losgeweekt uit de omstandigheden waarin ze werden geproduceerd. Ze geven ons informatie over die omstandigheden, en ze doen dat op een bijzonder complexe manier. Niet, zoals in de traditionele historische aanpak, als eenvoudige illustraties van een tijdgeest of als doorzichtige vensters op een politiek bestel, maar als plaatsen waar de betekenissen die een maatschappij van zichzelf geeft, worden gepresenteerd, bijgestuurd, bevochten en geloofd. Teksten, zo vat Greenblatt het samen, zijn "fields of force, places of dissension and shifting interests, occasions for the jostling of orthodox and subversive impulses" (*Genre*, p. 6).

Ook in zijn kritiek op het New Criticism roept Greenblatt de idee van het monologisme in. De aanpak van New Critics als Allen Tate, John Crowe Ransom, Cleanth Brooks of William Wimsatt (Greenblatt studeerde in Yale nog bij die laatste) is gericht op het blootleggen van de organische gegroeide eenheid van het gedicht en stelt zich tot doel aan te tonen hoe de formele harmonie van de literaire tekst de dichter en de lezer in staat stelt een betekenis te verwoorden c. q. te ontdekken die voor andere vormen van tekstproductie (wetenschappelijke, politieke, economische,... teksten) onbereikbaar blijft. Voor de New Critic is een gedicht geen tekst tussen andere, niet-literaire teksten, maar een superieur menselijk product, dat zich onttrekt aan het soort aardse kwesties waardoor de literatuur volgens elke historische en sociologische aanpak wordt bepaald. Het zijn net dat soort kwesties – "who controlled access to the printing press, who owned the land and the factories, whose voices were being repressed as well as represented in literary texts, what social strategies were being served by the aesthetic values we constructed" (*Learning to Curse*, p. 2) – die Greenblatt in zijn werk centraal wil stellen.

CULTUUR EN MATERIALISME

De jonge Stephen Greenblatt wordt zich voor het eerst scherp bewust van het belang van de hierboven geciteerde vragen tijdens de twee jaar waarin hij, als voorbereiding op zijn 'graduate studies', met een Fulbright-programma in Cambridge verblijft en les volgt bij Raymond Williams. Diens invloed op de ontwikkeling van het New Historicism zal achteraf van groot belang blijken, temeer omdat Williams ook de grote inspirator blijkt voor een groep Britse Renaissancisten die zich halverwege de jaren 1980 voor het eerst profileren als "cultural materialists", met een boek (*Political Shakespeare*) waaraan ook Greenblatt een opgemerkte bijdrage levert. Ook al is er veel geschreven over wat het Amerikaanse New Historicism onderscheidt van het werk van de meeste Britse Cultural Materialists, feit is dat de vertegenwoordigers van beide stromingen zich zonder uitzondering beroepen op het centrale uitgangspunt van Williams' werk. Volgens hen moet de aandacht van de literatuurcriticus uitgaan naar de *hele* cultuur (niet enkel naar de als superieur beschouwde uitingen ervan), en die cultuur moet worden begrepen in de breedst mogelijke zin van het woord – als een verzameling van objecten en praktijken die een groep mensen aanwendt om betekenis te geven aan de werkelijkheid waarin ze leven. Op die manier wordt het onderzoek van literaire teksten een onderzoek naar de manier waarop een cultuur in elkaar zit en hoe die zich voortdurend ontwikkelt: het wordt een *poetics of culture*. (Greenblatt gebruikt de term al vrij vroeg als een alternatieve (en door hem eigenlijk geprefereerde) term voor het New Historicism.)

Evenzeer in de lijn van het marxistische geloof dat Williams in de Angelsaksische wereld uitdroeg, zal Greenblatt de cultuur niet verengen tot een geheel van ideeën en waarden, maar vooral oog hebben voor de materiële vorm waarin die ideeën en waarden gestalte krijgen en in de praktijk worden gebracht. Die brede aandacht voor de materialiteit van het culturele artefact impliceert meteen ook een aandacht voor een fenomeen dat in de Amerikaanse literatuurwetenschap vooral door de deconstructionist Paul de Man werd beklemtoond: de materialiteit van de taal. Grote afwezigen in het ontstaansverhaal van het New Historicism dat Greenblatt in 1982 vertelt, zijn nochtans de vertegenwoordigers van de deconstructie. Dat is significant en niet toevallig. Naar eigen zeggen verhoudt Greenblatts werk zich op een ambivalente manier tot het werk van Derrida, De Man en Hillis Miller, wier leespraktijk hij omschrijft als "not only the negative limit but the positive condition for the emergence of New Historicism" (persoonlijke communicatie, 26-6-1997). Dat het New Historicism voortbouwt op centrale verworvenheden van de deconstructie is evident. Zelf wijst Greenblatt erop dat de deconstructie hem deed inzien dat de taal van de literaire tekst in wezen niet verschilt van de taal die in niet-literaire teksten wordt gebruikt. Het categorieke onderscheid is geen intrinsiek kenmerk van deze of gene tekst, stelt Greenblatt vast; daarom spreekt het ook voor zich dat de niet-literaire sporen die in de vorm van teksten uit het verleden tot ons zijn gekomen, met dezelfde scrupuleuze aandacht kunnen worden gelezen als de literaire artefacten die Paul de Man in zijn nauwgezette retorische analyses deconstrueerde. Gedichten, politieke pamfletten, preken, volksliedjes, wetenschappelijke traktaten zijn immers allemaal onderhevig aan het algemene principe van de 'tekstualiteit'; ze creëren de werkelijkheid waarnaar ze beweren te verwijzen met hetzelfde verraderlijke medium: de menselijke taal.

Wat de meeste deconstructionisten in de praktijk evenwel over het hoofd zagen, stelt Greenblatt, is dat de concrete retorische werking van die taal altijd afhankelijk is van de sociale omstandigheden waarin de bestudeerde tekst ontstond en initieel functioneerde. Deconstructionisten durfden hun vernuftige retorische analyses wel eens in het teken te stellen van een abstracte lofzang op de fundamentele onbeslistheid waarin het betekenisproces steeds opnieuw en steeds in dezelfde mate moest resulteren, alsof die onbeslistheid een vanzelfsprekende en onveranderlijke essentie was die inherent was aan de taal. Greenblatt verwerpt het principe van het eeuwige uitstel van de betekenis niet dat Derrida in zijn denken aan de orde stelde; hij wijst er alleen op dat dat uitstel in de praktijk tijdelijk en onder druk van welbepaalde historische omstandigheden wordt opgeschort: "the perplexities into which one is led are not moments of pure, untrammeled *aporia* but localized strategies in particular historical encounters" ("Shakespeare and the Exorcists", pp. 164-165).

Het 'zelf' in de renaissance

Het eerste echte 'grote' boek dat Greenblatt publiceert – *Renaissance Self-Fashioning: From More to Shakespeare* (1980) – wordt achteraf beschouwd als het 'officiële' beginpunt van het New Historicism. Nochtans geeft de auteur in dit boek veel minder de indruk bewust met een methodologische vernieuwing bezig te zijn dan in de korte tekst waarin hij de term twee jaar nadien voor het eerst introduceerde. In *Renaissance Self-Fashioning* typeert Greenblatt zijn eigen leespraktijk wel al als een "poetics of culture". Blijkens de inleiding tot het boek gaat het om een aanpak die op een gelijkmatige manier oog moet hebben voor "both the social presence to the world of the literary text and the social presence of the world in the literary text" (*Renaissance Self-Fashioning*, p. 5). De literaire teksten die hij in zijn boek analyseert, maken niet alleen deel uit van het algemene tekensysteem waardoor een cultuur wordt gevormd, ze bieden ook inzicht in de manier waarop de leden van die cultuur betekenis geven aan hun ervaringen van de werkelijkheid waarin ze leven. De literatuurwetenschap die Greenblatt voorstaat, heeft op die manier in zekere zin ook antropologische wortels. Vooral het werk van Clifford Geertz blijkt een inspiratie: net als Geertz wil Greenblatt de mens als een *homo semioticus* beschouwen en de cultuur als een "set of control mechanisms [...] for the governing of behavior" (geciteerd in *Renaissance Self-Fashioning*, p. 3).

Literaire teksten verhouden zich op drie manieren tot de cultuur waarvan ze tegelijk het product zijn en een plaats waar die cultuur geproduceerd wordt: "as a manifestation of the concrete behavior of its particular author, as itself the expression of the codes by which behavior is shaped, and as a reflection upon those codes" (*Renaissance Self-Fashioning*, p. 4). Om zicht te krijgen op de complexe verbanden die teksten en auteurs tot hun culturele omgeving kenmerken, biedt Greenblatt in *Renaissance Self-Fashioning* zes diepgaande analyses van een werk van evenveel prototypische Britse auteurs uit de vroegmoderne periode: Thomas More (het eerste hoofdstuk van Greenblatts boek bevat een analyse van de *Utopia* die in de More-studie al snel een klassieke status verwierf), William Tyndale (diens *Obedience of a Christian Man* is zowat de geloofbrief bij uitstek van het Britse protestantisme), Sir Thomas Wyatt (auteur van erotische verzen die volgens Greenblatt de culturele codes van het moment beter lichamen dan welke andere liefdespoëzie ook), Edmund Spenser (centraal in hoofdstuk vier staat de twaalfde canto van zang twee van de *Faerie Queene*), de toneelauteur Christopher Marlowe (wiens *Tamburlaine* hier in de context van de ontdekking van de Nieuwe Wereld wordt gelezen) en, ten slotte, Shakespeare. Van die laatste gaat Greenblatt dieper in op *Othello*, dat, net als Marlowes tekst, in een interdiscursief verband wordt geplaatst met passages uit contemporaine reisjournalen van ontdekkingsreizigers. Ook in zijn zeven jaar oudere boek over Sir Walter Ralegh had Greenblatt zich al gebogen over *Othello*, op een manier overigens die aangeeft dat de auteur van *Renaissance Self-Fashioning* al langer bezig was met de thema's die in het begin van de jaren tachtig door velen als nieuw werden ervaren.

De centrale these die Greenblatt in de zes hoofdstukken van *Renaissance Self-Fashioning* wil uitwerken, wordt al in de eerste pagina's van het boek aangehaald. In de renaissance ontstaat een nieuw systeem van structuren, dat ervoor zorgt dat de mens zijn gevoel van identiteit op een andere manier beleeft dan voorheen. Het is Greenblatt met zijn kernbegrip allerminst te doen om het soort lofzang dat bij Burckhardt nog klonk over de eerste zelf-ontplooiing van het individu na de duistere middeleeuwen. 'Zelfvorming' is Greenblatts synoniem voor het proces dat in de meeste ideologietheorieën als subjectivering (*assujettissement*) wordt beschreven: het gaat om het besef dat het individu subject wordt in een constellatie van maatschappelijke, religieuze, economische en politieke structuren, die de ontplooiing en de wording van het 'zelf' mogelijk maken en vervolgens ook sturen. Wat Greenblatt duidelijk maakt (de vergelijking met Foucaults geschriften over de vroegmoderne *gouvernementalité* roept interessante perspectieven op), is dat de vorming van het zelf in de renaissance ook duidelijk een *zelf*vorming is. Het subject neemt actief deel aan het proces waarvan het dynamische 'zelf' de uitkomst is. Door in zijn studie voluit te kiezen voor makers van teksten geeft Greenblatt aan dat het auteurschap een subjectpositie vormt die de problematiek van de zelfvorming goed illustreert: het schrijven van teksten stelt de auteurs niet alleen in staat hun omgeving te interpreteren en een betekenis te geven, het biedt hun ook een (vrij)plaats waar ze, door middel van allerhande improvisatorische technieken, hun eigen identiteit kunnen creëren.

De sociale energie van het kunstwerk

De volgorde waarin Greenblatt in *Renaissance Self-Fashioning* de zes verschillende auteurs aan bod laat komen, is behalve chronologisch ook teleologisch. Dat is op zijn minst ironisch te noemen. Op die manier roept zijn boek immers net het soort kritiek op dat vanuit het New Historicism vaak wordt gegeven op de neiging van meer traditionele historici om het verleden te lezen volgens de logica van de 'grote verhalen'. De geleidelijke opkomst van het verschijnsel van de 'zelfvorming' heeft in elk geval iets van zo een groot verhaal: de ontwikkeling die van More naar Shakespeare loopt, is er één van meer zelfbewustzijn en, vooral, van meer mogelijkheden om vormen van vrijheid te vinden in het dwingende samenspel van allerhande normatieve structuren. Dat die vrijheid in de eerste plaats een prerogatief wordt van de kunstenaar, zegt meer over Greenblatts werk dan we bij de publicatie van *Renaissance Self-Fashioning* kunnen vermoeden. In *Renaissance Self-Fashioning* laat de lofzang op het vermogen van grote kunst en het uitzonderlijke talent van (sommige) kunstenaars zich maar heel sporadisch horen: "great art is an extraordinarily sensitive register of the complex struggles and harmonies of culture", klinkt het nog vrij neutraal in de inleiding tot het boek (*Renaissance Self-Fashioning*, p. 5). In latere teksten gaat de idee evenwel meer op een terugkerend motief lijken, dat Greenblatt niet alleen vaker aanhaalt dan nodig is, maar dat ook de vraag oproept hoe deze intuïtie te rijmen valt met wat misschien wel de centrale premisse van het New Historicism is, namelijk de idee dat elk subject, juist door zijn historische gedetermineerdheid, blind moet blijven voor de werking van het bestel waarvan hij deel uitmaakt.

Wat er ook van zij, wanneer Greenblatt acht jaar later terugkijkt op *Renaissance Self-Fashioning* lijkt hij het eens te zijn met de kritiek dat hij zijn betoog over de vroegmoderne zelfvorming veel te teleologisch heeft opgebouwd. In zijn volgende boek – het in 1988 gepubliceerde *Shakespearean Negotiations: The Circulation of Social Energy in Elizabethan England* – kiest hij dan ook voor een veel lossere structuur. Het boek bestaat uit vier afzonderlijk te lezen essays, die weliswaar aspecten van een zelfde cultureel moment uittekenen, maar die op geen enkele manier pretenderen dat ze dat culturele moment ten volle vatten of uitdrukken. In elk van de deze vier teksten komen een of meerdere stukken van Shakespeare aan bod: er is een hoofdstuk over de 'history plays' (de twee *Henry IV*-stukken en *Henry V*), een over een komedie (*Twelfth Night*), een over een tragedie (*King Lear*), en een waarin twee van de zogeheten 'problem plays' centraal staan (*Measure For Measure* en *The Tempest*). Aan deze vier hoofdstukken gaat een theoretische inleiding vooraf, waarin Greenblatt de ietwat mysterieuze ondertitel van zijn nieuwe boek uiteenzet.

Van belang is de inleiding tot *Shakespearean Negotiations* vooral, omdat Greenblatt voor het eerst een poging onderneemt zijn denken over de *poetics of culture* van een sociologisch fundament te voorzien. Zijn conceptualisering van de vroegmoderne maatschappij houdt een correctie in op het traditionele marxistische model, waarin de (economische) onderbouw zich verticaal en hiërarchisch – als een waar fundament dus – tot een culturele bovenbouw verhoudt. Greenblatts model is horizontaal: bij hem geen eenrichtingsverkeer tussen zogeheten basispraktijken en 'suprastructurele' verschijnselen. Om te verklaren hoe culturele en artistieke artefacten functioneren, stelt Greenblatt het zo voor als zou de maatschappij bestaan uit aan elkaar palende en van elkaar afgegrensde 'zones', waartussen sociaal materiaal wordt uitgewisseld. Zo zijn er de zones van de religie, van de economie, het recht, ..., maar ook de zone van de kunst. Wat Greenblatt bovenal interesseert, is de grens tussen die laatste en de andere zones: wat gebeurt er wanneer materiaal dat afkomstig is uit andere zones in de zone van de kunst terechtkomt? Welke betekenisprocessen ontstaan er dan, en hoe reageren mensen op een object dat in een welbepaalde zone thuishoort (de mijter van een bisschop, om Greenblatts eigen voorbeeld te nemen) plots opduikt in de schouwburg?

Om de concrete antwoorden die hij op dit soort vragen geeft toch in een veralgemenend theoretisch kader te kunnen vatten, verbindt Greenblatt een tweede conceptueel gegeven aan zijn zonetheorie. Behalve materiële goederen circuleert in de vroegmoderne maatschappij ook een (in wezen onzichtbaar) verschijnsel dat hij als *social energy* bestempelt. Die *social energy* manifesteert zich enkel indirect, in de kracht die bepaalde culturele objecten en praktijken hebben om bij de mensen deze of gene reactie los te weken: angst, bewondering, medelijden, opluchting, genegenheid,... De sociale energie zit vervat in de artefacten die uit het verleden tot ons zijn gekomen; ze is de potentialiteit ervan, in die mate zelfs dat zij het is die ons zoveel eeuwen later in staat stelt de reacties van een oorspronkelijk publiek aan te voelen en te reconstrueren. Dat vooral kunstwerken de energetische kracht hebben om hun oorspronkelijke ontstaansomstandigheden te overleven, is een idee die Greenblatt bij Aby Warburg had kunnen terugvinden, maar wellicht ontleent hij ook deze gedachte aan Raymond Williams. Meer dan Williams evenwel beklemtoont Greenblatt ook hier opnieuw de rol die de kunstenaar in het overlevingsproces van kunstwerken speelt. Grote artiesten als Shakespeare, zo stelt hij, hebben een bijzonder talent om de stromen van sociale energie die hun tijdgewricht kenmerken, bloot te leggen en te manipuleren. Hun subtiele transformatie ervan geeft de kunst niet alleen een speciale, relatief autonome positie in het historische moment; ze slagen er ook in dat moment als het ware direct voor de ogen van de lezer te toveren. In dat opzicht is het overigens geen toeval dat Greenblatt zijn concept rechtstreeks verbindt met de Aristoteliaanse notie van de linguïstische 'energeia', de retorische kracht van de taal om datgene wat enkel van op een afstand kan gerepresenteerd worden levend en aanwezig te maken.

Resonantie en verwondering

De leespraktijk die Greenblatt ontwikkelt in *Shakespearean Negotiations* is minder dan die van *Renaissance Self-Fashioning* gericht op de symbolische mechanismen en tekensystemen die de culturele ervaringen bepalen van de actoren die participeren aan het samenspel van de dagelijkse praktijken waardoor een maatschappij wordt gevormd. In dit nieuwe boek gaat zijn aandacht veel meer uit naar de concrete betekenisverschuivingen die optreden wanneer bestaande discursieve fenomenen op een nieuwe manier of in een nieuwe 'context' worden gearticuleerd. Een mooi voorbeeld biedt het hoofdstuk over Shakespeares komedies, waarin Greenblatt *Twelfth Night* leest naast een aantal contemporaine medische en juridische teksten over hermafroditisme. In deze lectuur tracht hij aan te geven hoe de opvattingen over de seksuele identiteit die in die laatste teksten worden verwoord, mee resoneren in de geslachtswissel die Shakespeare op scène brengt. Omgekeerd gaat zijn aandacht evenzeer uit naar de impact van Shakespeares fictionalisering van het medische en het juridische discours op het oorspronkelijke ideologische materiaal. De fictie toont die ideologie voor wat ze is: een artificieel kader dat de tegenstellingen die het zelf heeft gecreëerd als evident en 'natuurlijk' voorstelt.

De bekendste bijdrage aan *Shakespearean Negotiations* is zonder enige twijfel het tweede hoofdstuk van het boek, "Invisible Bullets". Van die tekst bestaan vier versies, waarvan deze de laatste is. Het is Greenblatts meest becommentarieerde tekst en ook diegene waarop hij het meest kritiek heeft gekregen. Ironisch genoeg betreft die kritiek niet zozeer de eigenlijke lectuur die hij in het essay presenteert van Shakespeares *Henry*-tetralogie, als wel de politieke boodschap die zijn critici achter die lectuur vermoeden. In de literatuur rond Greenblatts New Historicism staat deze kwestie bekend als het "subversion and containment"-debat. Wat zijn critici Greenblatt verwijten, is dat hij aan de hand van Shakespeares teksten de boodschap lijkt te verkondigen dat elke poging tot ideologisch verzet gedoemd is gerecupereerd te worden door het systeem waartegen het verzet bedoeld was. Het verwijt heeft bredere politieke implicaties: nogal wat New Historicists krijgen te horen dat ze in wezen conservatief lezen en denken en geen oog hebben voor datgene wat altijd centraal heeft gestaan in de materialistische traditie waarin ze werken: de bevrijdende, kritische kracht van de kunst en van de literatuur. Precies op dit punt positioneren de Britse Cultural Materialists zich tegenover hun Amerikaanse collega's. Voor de Cultural Materialists, onder wie met name Alan Sinfield een vooraanstaande plaats inneemt, is een literaire tekst de plaats bij uitstek waar de breuklijnen van een ideologisch systeem komen bloot te liggen. Het is dan ook, volgens Sinfield, niet de taak van de literatuurwetenschap om de (al dan niet succesvolle) recuperatiemechanismen van een ideologie aan te geven, maar om op die punten te wijzen waar de fragiliteit van het systeem zichtbaar wordt.

Greenblatt reageert op de steeds terugkerende kritiek van een aantal vertegenwoordigers van het Cultural Materialism in het essay "Resonance and Wonder" uit 1990. Deze tekst, een van de weinige expliciet methodologische stukken die hij geschreven heeft, vormt het slotstuk van de bundel *Learning to Curse: Essays in Early Modern Culture*, een verzameling teksten die werden gepubliceerd tussen 1976 en 1990. Zijn antwoord op de vele verwijten die zijn "Invisible Bullets"-stuk opriep, ligt voor de hand: de uitspraken die hij deed over het machtsmechanisme dat Shakespeares stukken blootleggen, vormen vanzelfsprekend geen algemene uitspraak over dé werking van dé macht door de eeuwen heen. Ongetwijfeld, zo zegt hij in "Resonance and Wonder", zijn er historische voorbeelden aan te halen waar subversie effectief werkt. Hoe zou het anders kunnen dat er ooit maatschappelijke veranderingen optreden? Maar de tekst is nog om een andere reden belangrijk. In zijn reflectie op de twee titelbegrippen van het essay geeft hij een nieuwe omschrijving van wat hij ziet als de taak van het New Historicism. De leesmethode, zo zegt hij, moet een evenwicht trachten te vinden tussen de zoektocht naar enerzijds het resonerende potentieel van een tekst, met andere woorden, naar de mate waarin *in* de tekst de omstandigheden waarin hij tot stand kwam weerklinken – de tekst roept immers, indien hij goed en precies gelezen wordt, het culturele moment op waarvan hij deel uitmaakt – en anderzijds naar de manier waarop de tekst ons met verwondering slaat, gewoonweg door wat hij is, los van de verklarende omgeving waartoe hij behoort: een formeel bouwsel dat onze esthetische gevoeligheid aanspreekt. Voor Greenblatt houdt het lezen van teksten geen keuze in tussen een historische (contextuele) en een formele (textuele) aanpak. Het New Historicism wil beide verenigen, in een poging "continually to renew the marvelous at the heart of the resonant" (*Learning to Curse*, p. 181).

De praktijk van het lezen

Het volgende boek dat Greenblatt publiceert, heet *Marvelous Possessions: The Wonder of the New World*. Het werk vormt de neerslag van de Clarendon en de Carpenter Lectures die Greenblatt in 1988 gaf aan de universiteiten van Oxford en Chicago. Daarin werden een aantal facetten van de ontdekking van de Nieuwe Wereld verder uitgediept, die ook in Greenblatts eerdere boeken aan bod kwamen: de rol van de schrift, de ervaring van de verwondering, het denken over de ander,... In het midden van de jaren negentig steeg Greenblatts roem nog meer doordat hij werd gevraagd om hoofdredacteur te worden van de prestigieuze Norton-editie van het verzamelde werk van Shakespeare. Rond die tijd besloot hij ook de universiteit van Berkeley, Californië, te verlaten, waar hij sinds 1969 actief was. Zijn nieuwe thuishaven werd de universiteit van Harvard, waar hij op 1 juli 1997 werd benoemd als Professor of English and American Literature, en van waaruit hij de rest van de wereld tracht te veroveren. In de loop van de jaren negentig worden een aantal van zijn titels ook naar het Duits en het Frans vertaald. Er staat ondertussen ook een bloemlezing met belangrijke teksten in het Pools op stapel, en er zijn plannen om ook een Nederlandstalige selectie uit te brengen.

In het decennium dat volgt op de publicatie van *Marvelous Possessions* werkt Greenblatt aan twee nieuwe projecten, waarvan de publicatie ondertussen een feit is. In 2000 verschijnt het fascinerende *Practicing New Historicism*, dat Greenblatt samen schreef met zijn Californische collega Catherine Gallagher, een specialiste negentiende-eeuwse literatuur en cultuur, met wie hij in de oorspronkelijke redactie van het tijdschrift *Representations* zat. Volgens de inleiding tot het boek is dat tijdschrift van groot belang geweest voor het ontstaan en de ontwikkeling van het *New Historicism*. Het eclecticisme van de benadering is het onmiddellijke resultaat van de vele gesprekken die de stichters van het blad (een waar interdisciplinair gezelschap van historici, literatuurwetenschappers, kunsthistorici en sociologen) voerden op de redactievergaderingen. *Practicing New Historicism* is een dialogisch boek in de ware zin van het woord: het bestaat uit zes teksten waarvan beide auteurs er drie hebben geschreven, elk een methodologisch stuk en twee casestudies. Die van Greenblatt gaan respectievelijk over een altaarstuk van Ucello waarop een verhaal is afgebeeld van een hostieschending door een joods gezin, en over Shakespeares *Hamlet*, waarin de transsubstantiatie ook centraal staat. Greenblatt gaat de esthetische implicaties na van deze in oorsprong religieuze kwestie: het geloof in de reële presentie van Christus in het symbool van de hostie is immers een geloof in de kracht van woorden om iets afwezigs aanwezig te maken. In die zin zijn beide gevalstudies thematisch verbonden met het methodologische hoofdstuk van Greenblatt waarmee *Practicing New Historicism* opent, "The Touch of the Real", waarin de auteur opnieuw (maar dit keer veel sterker dan in *Renaissance Self-Fashioning*) zijn verbondenheid uitspreekt met het werk van Clifford Geertz. Net als Geertz (en Erich Auerbach, aan wiens klassieke *Mimesis*-boek hier een aantal pagina's worden gewijd) wil Greenblatt in zijn werk aandacht schenken aan de subtiele manieren waarop teksten getuigen van de werkelijkheid waaruit ze zijn voortgekomen. Voor de historicus evenzeer als voor de antropoloog slagen teksten erin ons in contact te brengen met die werkelijkheid.

Greenblatts op een na jongste boek bouwt voorts op het Hamlet-hoofdstuk uit *Practicing New Historicism*. In *Hamlet in Purgatory* (verschenen in 2001) relateert Greenblatt Shakespeares tragedie – en vooral dan de roep van de geest van Hamlets dode vader om herinnerd te worden – aan contemporaine discussies over de plaats waar de zielen van de doden huizen in afwachting van een definitieve rustplaats. Het boek is, behalve een *tour de force* in concreet historisch leesvernuft, ook methodologisch interessant, omdat het tegelijk herinnert aan een centraal motief uit *Shakespearean Negotiations* (de idee van de literatuurgeschiedenis als een conversatie met de doden) en aan het slothoofdstuk van *Renaissance Self-Fashioning*. In die conclusie oppert Greenblatt de gedachte dat Shakespeare kan worden gezien als een meesterlijke improvisator, die de diverse en vaak onderling tegenstrijdige materialen die zijn cultuur hem aanbiedt, samenbrengt en tegen elkaar uitspeelt. In dit boek wordt de auteur van Hamlet getypeerd als een tovenaar, "who has the power to call forth or make contact through language with those things – voices, bodies, and spirits – that are absent" (*Hamlet in Purgatory*, p. 3).

Zoals de meeste grote Shakespeareanen heeft ook Greenblatt iets van de krachten die hij de Bard toeschrijft. Dat blijkt des te meer uit zijn voorlopig laatste boek: het magistrale *Will in the World* (2004), waarmee Greenblatt een gooi doet naar de titel van (voorlopig) ultieme Shakespeare-biograaf. De ondertitel van het boek – *How Shakespeare became Shakespeare* – geeft aan waar het Greenblatt in zijn levensschets van Shakespeare om te doen is: een verklaring te vinden voor de blijvende kracht van het werk van de Bard. Greenblatts poging tot verklaring steunt opnieuw op een mix van tekstuele en buitentekstuele argumenten. Het werk van Shakespeare blijft ons boeien omdat zijn teksten van een uitzonderlijke esthetische kracht getuigen en die kracht is ten dele het gevolg van de manier waarop de auteur zich tot zijn cultuur verhoudt. In zijn positiebepaling van Shakespeares culturele eigenheid houdt Greenblatt zich in zijn jongste boek aan de bevindingen die uit eerdere werken bekend zijn: dat Shakespeare ons nog steeds aanspreekt, heeft volgens Greenblatt veel te maken met de relatieve afstand die hij tot zijn eigen cultuur innam. Hij staat met beide voeten in zijn cultuur, daar niet van, maar hij bekijkt haar tegelijk als buitenstaander. Hij ontleent materiaal aan alle bedrijven uit het dagelijkse leven (de godsdienst, de economie, de politiek, ...) en doet vervolgens iets met dat materiaal. Hij transformeert het, geeft er nieuwe betekenissen aan, plaatst het in de nieuwe context van het theater en biedt de toeschouwer op die manier inzicht in de relativiteit van alles wat voordien uitermate ernstig leek. *Will in the World* is zeker niet het laatste wat we van Greenblatt zullen lezen, maar het bevestigt wat we al wisten: Stephen Greenblatt is een begenadigd verteller en schrijver die met zijn werk het historische literatuuronderzoek heeft afgestoft. We kunnen er hem niet genoeg dankbaar voor zijn.

Beknopte Bibliografie

Primaire literatuur

Three Modern Satirists: Waugh, Orwell, and Huxley. New Haven: Yale UP, 1965.

Sir Walter Ralegh: The Man and his Roles. New Haven: Yale UP, 1973.

Renaissance Self-Fashioning: From More to Shakespeare. Chicago: The University of Chicago Press, 1980.

The Forms of Power and the Power of Forms in the Renaissance. Themanummer van *Genre* (1982).

"Shakespeare and the Exorcists", in: Patricia Parker en Geoffrey Hartman (red.), *Shakespeare and the Question of Theory*. London: Methuen, 1985, pp. 163-187.

Shakespearean Negotiations: The Circulation of Social Energy in Renaissance England. Berkeley: University of California Press, 1988.

Learning to Curse: Essays in Early Modern Culture. New York: Routledge, 1990.

"Culture", in: Frank Lentricchia en Thomas McLaughlin (red.), *Critical Terms for Literary Study.* Chicago: University of Chicago Press, 1990, pp. 225-232.

Marvelous Possessions: The Wonder of the New World. Oxford: Clarendon Press, 1991.

Met Walter COHEN, Jean E. HOWARD en Katharine EISAMAN MAUS (red.). *The Norton Shakespeare. Based on the Oxford Edition.* New York: W.W. Norton Company, 1997.

Met Catherine GALLAGHER. *Practicing New Historicism.* Chicago: University of Chicago Press, 2000.

Hamlet in Purgatory. Princeton: Princeton UP, 2001.

Will in the World: How Shakespeare became Shakespeare. New York / London: W.W. Norton & Company, 2004.

Secundaire literatuur

BRANNIGAN, John. *New Historicism and Cultural Materialism.* Houndmills: MacMillan, 1998.

COLEBROOK, Claire. *New Literary Histories: New Historicism and Contemporary Criticism.* Manchester: Manchester UP, 1997.

FELPERIN, Howard. ""Cultural Poetics" versus "Cultural Materialism": The Two New Historicisms in Renaissance Studies", in: Francis Barker Peter Hulme en Margaret Iversen (red.), *Uses of History: Marxism, Postmodernism and the Renaissance.* Manchester: Manchester UP, 1991, pp. 76-100.

GLAUSER, Jürg en Annegret HEITAMNN (red.). *Verhandlungen mit dem New Historicism. Das Text-Kontext-Problem in der Literaturwissenschaft.* Würzburg: Königshausen und Neumann, 1999.

KING, Noel. "Intensifying the Surprise as Well as the School': Stephen Greenblatt interviewed by Noel King", *Textual Practice* (1993), pp. 114-127.

PAYNE, Michael. *The Greenblatt Reader.* Malden: Blackwell, 2005.

PIETERS, Jürgen, "Improvisatie en balans. Stephen Greenblatt en de open erfenis van Althusser", *Feit en Fictie. Tijdschrift voor de geschiedenis van de representatie* (1997), pp. 99-110.

— (red.). *Critical Self-Fashioning: Stephen Greenblatt and the New Historicism.* Frankfurt am Main: Peter Lang, 1999.

—. *Moments of Negotiation: The New Historicism of Stephen Greenblatt.* Amsterdam: Amsterdam UP, 2001.

HAYDEN WHITE
(1928-)

Ann Rigney

Op het eerste gezicht doet de keuze voor Hayden White als een vertegenwoordiger van de Anglo-Amerikaanse literatuurwetenschap wellicht wat vreemd aan. Het is immers moeilijk om White te beschouwen als een literatuurwetenschapper in de traditionele betekenis. Hij werd gevormd als mediëvist (hij publiceerde over Bernardus van Clairvaux en Pontius van Cluny), en gedurende vele jaren bekleedde hij de leerstoel 'History of Consciousness' aan de universiteit van California, Santa Cruz. In zijn werk heeft hij zich vooral beziggehouden met geschiedenisschrijvers en –theoretici en met intellectuele geschiedenis eerder dan met creatieve auteurs (een recent essay over Proust is de uitzondering die de regel bevestigt). Hij publiceerde, debatteerde en werd gerecenseerd in historische tijdschriften en interdisciplinaire tijdschriften over cultuur. Kortom: noch qua opleiding, noch qua institutionele affiliatie, noch qua onderzoeksinteresses lijkt Hayden White thuis te horen in deze bundel over literatuurwetenschappers. Tenminste, hij hoort er niet bij als we de traditionele disciplinaire vakjes als norm nemen.

Welnu, het is precies een van Whites verdiensten dat zijn werk de traditionele opvatting en de institutionele inbedding van disciplinaire grenzen in vraag stelt. Zijn werk dwingt ons vooral om de grens tussen geschiedenis en literatuurwetenschap te herdenken, door te wijzen op de literaire dimensies van historiografie als academische discipline en door de intersecties tussen literaire expressievormen en historisch onderzoek te verkennen. Alleen al vanwege deze hertekening van disciplinaire grenzen (naast andere verdiensten, die ik verderop zal uitwerken) verdient White een plaats in deze bundel.

In een tijdperk waarin 'interdisciplinariteit' soms als een leeg sjibbolet ingeroepen wordt, is Whites werk werkelijk discipline-overstijgend, in die zin dat het de grens tussen literatuurstudie en geschiedenis (en die tussen geschiedfilosofie en historiografie *tout court*) overschrijdt en de geesteswetenschappen, eerder dan een of andere specifieke discipline, als referentiekader hanteert. Op een ander niveau is de ontwikkeling in zijn carrière en zijn werk een voorbeeld van de feitelijke moeilijkheden die onderzoekers kunnen ondervinden wanneer ze, zoals White, een verwoede poging ondernemen om de disciplinaire grenzen te doorbreken. Om te beginnen is er de praktische moeilijkheid om op de hoogte te blijven van de meest recente debatten in een andere discipline. Nog belangrijker in Whites geval is de moeilijkheid om vanuit die vreemde discipline een gepaste taal te vinden om het thuispubliek te bereiken. De evolutie van zijn werk en zijn reputatie weerspiegelt zijn eigen volgehouden pogingen om institutioneel en polemisch te onderhandelen tussen verschillende velden. Hij is een academische *Einzelgänger*, die niet meteen past binnen bestaande disciplinaire grenzen en daardoor vele ingeburgerde opposities in vraag stelt. Zijn vermogen om grenzen te doorbreken vormde de basis van zijn succes, maar het koorddansen tussen verschillende disciplines op zoek naar een ontvankelijk publiek heeft ook de grenzen van zijn denken bepaald. Zijn oeuvre levert dus stof tot nadenken over de limieten en de mogelijkheden van interdisciplinariteit.

De moeilijke relatie tot zijn medehistorici, zijn voornaamste geïntendeerde publiek, doorkruist zijn hele oeuvre. Recent heeft hij enkele medestanders onder hen gevonden, maar hij was toch vaak het doelwit van harde kritiek (vb. Himmelfarb 1992; Harlan 1997). Zijn ideeën werden immers al te vaak karikaturaal weergegeven door schietgrage traditionalisten, die in hem de belichaming zagen van de 'postmodernist', een soort van theoretische boeman die resoluut geschiedenis wil reduceren tot literatuur en daarbij haar bestaansreden volledig wil negeren. Het moet gezegd dat White inderdaad zijn opponenten soms de pap in de mond geeft door zijn neiging tot polemische overdrijving om de literaire dimensie van de geschiedschrijving te beklemtonen.

Daartegenover staan Whites veel warmere relaties met literatuurwetenschappers, die zijn werk over het algemeen gunstig beoordeelden. Toch hebben literatuurwetenschappers zich in veel gevallen het werk van White op een nogal reductionistische wijze toegeëigend door het te verwelkomen als een bevestiging van het belang van literatuur, zonder voldoende aandacht te hebben voor de details van zijn argumentatie en voor de manier waarop die past binnen complexe, vanouds gangbare debatten tussen historici. Sommige literatuurwetenschappers zijn geneigd historici af te schilderen als naïeve positivisten die nog nauwelijks hebben nagedacht over hun eigen vak, en ze zagen dus in Whites kritiek op de traditionele geschiedschrijving een bevestiging van hun standpunt.

Deze tegengestelde reacties op Whites interdisciplinaire werk zijn leerrijk, in die zin dat ze de beperkte horizonten van beide disciplines laten zien en dat ze ons (als literatuurwetenschappers en als historici) blijven uitdagen om de draagwijdte van onze discussies te verbreden.

De historische tekst als literair artefact

Hayden Whites basisstelling kan als volgt worden samengevat: het schrijven van geschiedenis is evenzeer een literaire activiteit als een wetenschappelijke, en dat houdt niets oneervols in. In min of meer uitgebreide vorm is dit de boodschap die hij in verschillende vormen herhaald heeft in een periode van dertig jaar: in *Metahistory: The Historical Imagination in Nineteenth Century Europe* (1973), nog steeds zijn meest bekende werk, in de essaybundel *Tropics of Discourse: Essays in Cultural Criticism* (1978), in *The Content of Form: Narrative Discourse and Historical Representation* (1987) en, het meest recent, in *Figural Realism: Studies in the Mimesis Effect* (1999). Met uitzondering van dit laatste boek, dat weinig aandacht kreeg (wellicht terecht, aangezien het geen nieuw begin te zien geeft), deden Whites boeken veel stof opwaaien in de kritiek. *Metahistory* was nog steeds het onderwerp van een uitgebreide commentaar in 1993, ter gelegenheid van de twintigste verjaardag van de oorspronkelijke verschijning. Die grote belangstelling weerspiegelt het belang ervan als een mijlpaal in ons denken over geschiedenis. De essays in zijn meer recente bundels kunnen gezien worden als hernieuwde pogingen om het uitgangspunt van *Metahistory* verder te conceptualiseren en te verdedigen.

Het schrijven van geschiedenis is evenzeer een literaire als een wetenschappelijke activiteit, in die zin dat zowel romanschrijvers als historici trachten zin te geven (of nog, betekenis te produceren) door over gebeurtenissen te schrijven. Het is misschien niet helemaal fair om Whites werk voortdurend met dit ene thema te identificeren, zoals een zanger die maar één liedje kent, maar die indruk bestaat slechts zolang de uitweidingen en de revolutionaire inslag van die stelling niet vermeld worden. Het feit dat White zichzelf zo vaak heeft moeten herhalen, is op zich een teken van de complexiteit van het onderwerp en van de weerstand tegen zijn ideeën die hij ondervond van het historiografische establishment.

Whites gedachtengang begint met de vaststelling dat historici, wanneer ze over hun vak discussiëren, voor alles hun onderzoeksmethoden (hun manier om data te vinden en te beoordelen) beklemtonen en daardoor de manier van representatie, van schrijven, grotendeels verwaarlozen. Door al die nadruk op het verzamelen van gegevens, werd het schrijven van geschiedenissen beschouwd als iets secundairs, in het beste geval een toefje retorische slagroom op een goed gebakken taart. Vanaf het begin was het Whites bekommernis om aandacht te vragen voor de rol van het schrijven in het maken van geschiedenissen, en meer algemeen, voor de rol van het vertoog in het 'zin geven' aan historische gebeurtenissen. Nochtans heeft hij daarmee nooit het belang van data willen ontkennen, zoals zijn tegenstanders beweren. Hij wilde eenvoudigweg een aspect van de geschiedenis belichten dat structureel verwaarloosd was in het denken over geschiedenis in de moderne periode. Met de opkomst van de professionele historiografie in de loop van de negentiende eeuw, werd geschiedenis immers niet langer gezien als een onderdeel van de letteren, maar als een wetenschappelijke praktijk die zichzelf bevrijd had van het 'enkel maar' literatuur-zijn.

Met deze klemtoon op de rol van het vertoog had White natuurlijk meer in gedachten dan louter oppervlakkige kwesties van stijl en fraaie zinswendingen. Vertoog, zoals hij het voorstelt, is een essentieel poëticale activiteit waarbij het erom gaat, met behulp van taal, informatie om te zetten in min of meer gestructureerde verhalen. Daaraan ligt de idee ten grondslag dat gebeurtenissen op zich niet gestructureerd zijn als verhalen. Integendeel, de historische ervaring is zo multidimensioneel en zo complex dat ze het best als chaotisch omschreven kan worden. Net in het representeren van gebeurtenissen, door onze informatie te selecteren en te ordenen, maken we er verhalen van en geven we er een bepaalde structuur en betekenis aan. De verzameling gebeurtenissen bekend als de 'Franse Revolutie' bijvoorbeeld heeft op zich geen vaststaand begin en einde, maar door over die gebeurtenissen te praten, stellen we sommige momenten gelijk met het begin en andere met het einde.

Tot White ons dwong om de aard van de geschiedschrijving fundamenteel te herdenken, was het de gewoonte om historici te onderscheiden van romanschrijvers op basis van de verschillende ontologische status van de gebeurtenissen waarover ze schrijven; historici houden zich bezig met echte gebeurtenissen, die voorafgaan aan het verhaal erover, romanschrijvers met imaginaire gebeurtenissen die tot stand komen in het verhaal waarin ze voorgesteld worden. White wees integendeel op de overeenkomsten tussen deze twee vormen van schrijven. Zijn argument is dat, aangezien zowel historici en romanschrijvers taal gebruiken en aangezien ze beiden verhalen construeren uit (echte of fictieve) gebeurtenissen, ze meer gemeen hebben dan tot hiertoe werd aangenomen. Volgens White hebben historici meer gemeen met creatieve auteurs dan met sociale wetenschappers en vertegenwoordigers van andere disciplines met een gespecialiseerde taal en technische protocols. Dit punt deed natuurlijk gegarandeerd de haren ten berge rijzen van veel leden van een vakgebied dat in de twintigste eeuw vooral het model van de sociale wetenschappen volgde. Historici zijn zoals schrijvers, aldus White, omdat ook zij dingen 'uitvinden' door taal, niet in de zin dat ze gebeurtenissen en concrete details creëren, maar in de zin dat ze gebeurtenissen voorstellen en daardoor betekenisvolle patronen creëren met behulp waarvan die gebeurtenissen waargenomen worden. Vandaar zijn conclusie:

> [...] insistence on the fictive element in all historical narratives is certain to arouse the ire of historians who believe that they are doing something fundamentally different from the novelist by virtue of the fact that they deal with 'real,' while the novelist deals with 'imagined' events. But neither the form nor the explanatory power of narrative derives from the different contents it is presumed to be able to accommodate. In point of fact, history – the real world as it evolves in time – is made sense of in the same way that the poet or novelist tries to make sense of it, i.e., by endowing what originally appears as problematical and mysterious with the aspect of a recognizable, because it is a familiar, form. It does not matter whether the world is conceived to be real or only imagined, the manner of making sense of it is the same. ("The Historical Text as Literary Artifact", pp. 60-61.)

METAHISTORY

Metahistory is Whites volgehouden poging om in detail de "poetics" – in de basisbetekenis van het woord *poesis*, 'maken door taal' – van de geschiedschrijving te beschrijven. Hoe zetten historici gegevens om in verhalen, en hoe produceren ze zo interpretaties van gebeurtenissen? Door die vraag te stellen was White een pionier; vergelijkbare werken van Michel de Certeau (*L'écriture de l'histoire*, 1975) en Paul Veyne (*Comment on écrit l'histoire*, 1978) waren op dat ogenblik nog niet verschenen. Whites uitgangspunt is de gedachte dat gebeurtenissen op zich chaotisch zijn en dat het daarom een van de voornaamste taken van de historicus is om gebeurtenissen en historische details met elkaar verbinden. Volgens White is die verbinding van gebeurtenissen een fundamenteel literaire activiteit die beschreven kan worden aan de hand van tropen – metafoor, metonymie, synecdoche en ironie – die alle betrekking hebben op verschillende manieren om een ding in relatie te zien met iets anders. Elke historische compositie wordt gedomineerd door één van die tropen. Zo zal een geschiedenis op basis van een metaforische visie de concrete details met elkaar verbinden op basis van overeenkomst, terwijl een geschiedenis op basis van een synecdochische visie gegevens veeleer zal verbinden op basis van een deel-geheel-relatie. De klemtoon op tropen is gemotiveerd vanuit Whites nadrukkelijke overtuiging dat elk vertoog in zekere zin 'figuurlijk' is (dit thema keert terug in zijn recente *Figural Realism*): een 'letterlijke' representatie van de wereld, zonder minimale poëticale activiteit van de historicus, is onmogelijk omdat alle representaties, inclusief diegene die geproduceerd worden door historici, selectie, condensatie en dus indirectheid vergen.

Historici verbinden niet enkel concrete details volgens een of andere troop, ze doen dat met het oog op de productie van een samenhangend verhaal door informatie te organiseren in sequensen met een begin, midden en eind. Bij dit complexe proces vertrekken ze vanuit hun *ideologische voorkeuren* (die hun impliciete evaluaties van gebeurtenissen bepalen: "was het een positief of een negatief feit?"), vanuit verschillende *types van argumentatie* (die hun toelaten om concrete details te verbinden met hun oorzaken of met grotere gehelen, zoals stromingen en periodes: "welke grotere evolutie bepaalde dat die gebeurtenissen plaatsvonden op die welbepaalde manier?") en vanuit verschillende types van *plotmodellen* (die het mogelijk maken om concrete gebeurtenissen te verbinden tot grote sequensen met een bepaald soort afloop: "was de ontwikkeling tragisch, komisch, enz?").

In elk van die gevallen – onderliggende troop, ideologische voorkeur, manier van argumentatie, manier van plotvorming – kan een historicus, volgens White, een van de vier opties kiezen. Dit leidt tot de volgende schema's waaruit individuele auteurs kunnen kiezen terwijl ze hun materiaal trachten te gieten in een verhaal dat – letterlijk – zin geeft.

tropen	*ideologische implicatie*	*argumentatie*	*plotvorming*
metafoor	anarchie	formalistisch	romantisch
metonymie	conservatief	organisch	komisch
synecdoche	radicaal	mechanistisch	tragisch
ironie	liberaal	contextueel	satirisch

White beschrijft aan de hand van deze matrix het werk van een aantal negentiende-eeuwse auteurs, zowel historici als geschiedfilosofen, en hij definieert de stijl van elke auteur als een bepaalde combinatie van keuzes. Zo toont hij bijvoorbeeld dat Jules Michelet de geschiedenis van de Franse Revolutie vanuit een metaforisch perspectief benadert (hij beklemtoonde voor alles de eenheid van de gebeurtenissen), dat hij ze opbouwt als een romance (hij zag het als een drama van bevrijding) en ze evalueert als een anarchist (hij geloofde in de mogelijkheid van natuurlijke, dat wil zeggen, spontaan georganiseerde gemeenschappen).

Het referentiekader van *Metahistory* is eclectisch – wat samenhangt met de interdisciplinaire oorsprong – en hoofdzakelijk Anglo-Amerikaans. Zo is Whites typologie van plots ontleend aan Northrop Frye, zijn model van tropen aan Kenneth Burke. Door de nadruk op de autonomie van poëticale structuren en zijn voorkeur voor typologieën vertoont Whites werk echter merkwaardige affiniteiten met de structuralistische narratologie, die op dat moment werd ontwikkeld op het Europese continent. (Het is de moeite om te vermelden dat Roland Barthes' essay "Le discours de l'histoire" (1967), waarin gelijkaardige kwesties ter sprake worden gebracht, maar een paar jaar ouder is dan het werk van White). Een deel van de waarde van Whites model ligt in de klemtoon op de verschillende elementen die betrokken zijn bij de transformatie van historische data. Zo vermijdt hij de reductie van historische interpretatie tot een enkel schema; hij toont hoe die ontstaat uit de complexe interactie van literaire vormen, verklarende modellen, figuurlijke processen en ideologische tendensen. Zoals andere werken uit de structuralistische narratologie lijdt Whites werk een beetje aan oversystematisering en is er een zekere arbitrariteit in de categorieën die hij gebruikt. Waarom zou er altijd een keuze moeten zijn tussen vier mogelijkheden, vraagt de kritische lezer zich af, en waarom net die tropen? White heeft wellicht gelijk wanneer hij erop wijst dat historisch schrijven een complex proces is, maar waarom vier (en niet drie of vijf) niveaus van analyse?

Ondanks de verdiensten als een systematische poging om de poëtica van de historische interpretatie te beschrijven, is Whites model niet bepaald vruchtbaar gebleken voor andere wetenschappers die belangstelling hadden voor de analyse van historische teksten op basis van de algemene lijnen die hij uitzette. Ook White zelf paste zijn model niet echt in detail toe in zijn later werk (zelfs in zijn bespreking van Michelet in *Metahistory* zegt hij weinig over de gekozen argumentatievorm). Het belang van *Metahistory* ligt dan ook niet zozeer in de details van het vier-op-vier model als wel in de algemene tendens van Whites theorie, die bijzonder krachtig is gebleken; sinds *Metahistory* is de poëtica van de geschiedschrijving een kwestie gebleken die niet meer uit de belangstelling is weg te denken (zie bijvoorbeeld Orr 1990, Rigney 1990). Zoals hij zelf keer op keer heeft aangetoond, kunnen dezelfde data zich lenen tot meerdere uiteenlopende interpretaties: een interpretatie hangt uiteindelijk niet zozeer af van de betreffende gebeurtenissen (die op zich geen betekenis hebben), maar van de poëticale processen en de ideologische voorkeuren die erop worden toegepast.

Bovendien heeft White provocerend gesteld dat de overtuigingskracht van bepaalde interpretaties eerder afhangt van de bekwaamheid van auteurs om hun data om te zetten in verhalen, in een coherent vertoog, dan van de nauwkeurigheid van de concrete informatie die ze gebruiken. Hij toont aan dat de geschiedenissen die het resultaat zijn van de hierboven geschreven poëticale processen, veel meer zijn dan de som van de onderscheiden delen. Dit betekent dat het totale effect van een werk, de coherentie ervan, uiteindelijk een kwestie van esthetica is, eerder dan van de nauwkeurigheid van de details die er deel van uitmaken. De implicaties van die idee nog verder doortrekkend, suggereert hij dan ook dat geschiedenissen van eenzelfde verzameling van gebeurtenissen niet vergelijkbaar zijn. White maakt een heel duidelijk punt van die kwestie van onvergelijkbaarheid. Argumentaties over de nauwkeurigheid van welbepaalde details in welbepaalde geschiedenissen zijn mogelijk en vinden ook plaats, zo geeft hij toe, maar de geschiedenissen zelf kunnen niet vergeleken worden, omdat de overtuigingskracht van elk daarvan afhangt van hun vertoog als geheel. Het is het effect van een werk als geheel – een geheel dat niet gereduceerd kan worden tot een som van de delen – dat de beslissende factor vormt om lezers ertoe te overhalen een bepaalde visie op het verleden aan te nemen. Als geschiedenissen inderdaad niet vergelijkbaar zijn, dan wordt de notie van wederzijdse kritiek – waarop historici vertrouwen om vooroordelen en fouten te elimineren – veel problematischer.

Narrativiteit en de politiek van interpretatie

In de jaren zeventig en tachtig was White niet als enige geïnteresseerd in de rol van narrativiteit in historische teksten. Zijn beschouwingen over verhalen vielen samen met, en vormden in sommige gevallen een voorbode van, een breed gevoerde discussie over de (juiste) plaats van het verhaal binnen de geschiedenis. De theoretische discussie hierover werd treffend samengevat door Paul Ricoeur in zijn *Temps et récit* (1983-85). Centraal in deze discussie stond de kwestie van de epistemologische waarde van een verhaal; was het een aparte vorm van verklaring of 'maar' een literaire vorm? En vervolgens rees ook de vraag of historici een alternatief konden bedenken voor het verhaal.

Theoretische discussies over deze kwesties gingen hand in hand met pogingen door praktiserende historici om andere vormen van schrijven over het verleden te bedenken dan die van het traditionele verhaal, vormen die minder zouden steunen op beschrijvingen dan op statistieken. In *Metahistory* was White, zoals we hebben gezien, van oordeel dat 'verhalen vertellen' zowel een aparte vorm van verklaring als een essentieel literaire activiteit is. (Het was de combinatie van die twee, traditioneel incompatibele noties, die zijn werk zo controversieel maakte.) Daarenboven argumenteerde hij dat de literaire modellen die gebruikt werden om betekenis te geven aan gebeurtenissen autonoom waren ten opzichte van de historische gegevens. Dit punt werkte hij verder uit in *The Content of Form* (1987): als een 'verhaal' onafhankelijk van historische data bestaat, dan is het niet onvermijdelijk in historische teksten, maar veeleer een kwestie van keuze? En wat zijn dan de implicaties van die keuze?

Die vraag is de inzet van zijn belangrijkste essay, "The Value of Narrativity in the Representation of Reality" (oorspronkelijk gepubliceerd in *Critical Inquiry* in 1981, en opnieuw opgenomen in *The Content of Form*). In dat essay vertrekt White van het bekende onderscheid tussen annalen, kronieken en 'echte verhalen' als basis voor een bespreking van de evolutie in geschiedschrijving ('echte verhalen' werden traditioneel beschouwd als het teken van het ontstaan van de moderne geschiedschrijving, tegenover de middeleeuwse voorlopers ervan). Hij relateert deze genreverschuiving aan politieke veranderingen, meer bepaald aan de opkomst van de moderne rechtstaat. Vanuit het standpunt dat verhalen in essentie gaan over conflicten en de oplossing daarvan, stelt hij dat historische verhalen gaan over het conflict tussen de wet en de ambities van bepaalde sociale groepen, en over de oplossing van dat conflict. Door de wereld voor te stellen als een verhaal kennen historici er een begin-, midden- en eindstructuur aan toe die niet uit zichzelf daarin aanwezig is, maar waarvan we wel zouden willen dat ze er is. Met andere woorden, het verhaal kent aan gebeurtenissen die op zich chaotisch en verwarrend zijn, orde en geslotenheid toe:

> What I have sought to suggest is that this value attached to narrativity in the representation of real events arises out of a desire to have real events display the coherence, integrity, fullness, and closure of an image of life that is and can only be imaginary. The notion that sequences of real events possess the formal attributes of the stories we tell about imaginary events could only have its origin in wishes, daydreams, reveries. (*The Content of Form*, p. 24).

In een begeleidend essay uit dezelfde bundel, "The Politics of Historical Interpretation: Discipline and De-sublimation", werkt White die idee van een imaginaire orde en haar geruststellende kracht verder uit. Zo introduceert hij opnieuw een centraal thema in de theoretische debatten: de kwestie van het historische sublieme (hoewel die gedachte onafhankelijk ontwikkeld werd en specifiek betrekking heeft op de historiografie, komt Whites positie in de buurt van Jean-François Lyotards discussies van hetzelfde onderwerp vanaf de late jaren zeventig). Zoals we hebben gezien, gaat White ervan uit dat historische gebeurtenissen op zich chaotisch en betekenisloos zijn. Ze zijn 'subliem', in die zin dat ze ons bevattingsvermogen te boven gaan. De hele tendens van de moderne historiografie is er echter op gericht om die chaos te reduceren door betekenisvolle verhalen te produceren, door een imaginaire structuur met een begin-midden-eind te realiseren. Zoals de ondertitel van het essay suggereert, ging het ontstaan van de historiografie als academische discipline gepaard met de overtuiging dat de missie van historici erin bestaat om gebeurtenissen te 'de-sublimeren' door ze in verhalen te gieten.

'De-sublimeren' is evenwel een slechte zaak, niet zozeer omdat het resultaat een vorm van literatuur is (er is niets mis met literatuur, zou White zeggen), maar omdat het leidt tot een vals gevoel van veiligheid door de geordendheid van de wereld. De keuze van het verhaal als vorm heeft dus naast epistemologische, ook ethische implicaties. Zoals de titel van de bundel suggereert: de vorm heeft een 'inhoud' op zich. Vanuit de vaststelling dat de inhoud van de narratieve vorm bepaalde illusies in stand houdt, gaat White op zoek naar ethisch superieure alternatieven. Als de lezers van geschiedenissen niet gerustgesteld worden dat gebeurtenissen geordend zijn en als ze meer bewust worden gemaakt van de vele perspectieven van waaruit dezelfde gebeurtenissen beschouwd kunnen worden, zullen ze zich ook meer bewust zijn van hun eigen contingentie en hun eigen vrijheid. Op die manier roept White historici op om zich niet enkel te bezinnen over de manier waarop ze hun interpretaties produceren, maar ook om na te denken over alternatieven voor de traditionele 'gedisciplineerde' geschiedenis. Hijzelf schrijft geen bepaalde vorm voor, maar duidt enkel aan dat het belangrijk is dat historici op zoek gaan naar manieren om de 'sublimiteit' van het verleden te bewaren, eerder dan al hun energie te steken in het reduceren ervan tot verteerbare en daardoor geruststellende verhalen.

Op een aantal belangrijke manieren betekent Whites latere werk over de 'inhoud van de vorm' een breuk met de structuralistische analyses uit *Metahistory*. Waar het eerdere werk ervan uitging dat historici onvermijdelijk werken binnen het referentiekader van een vaststaand repertoire van mogelijkheden (het vier-op-vier model dat hij toepast op de negentiende-eeuwse historiografie en waarvan hij aanneemt dat het vandaag de dag nog steeds toepasbaar is), benadrukt hij in zijn latere werk integendeel de keuzemogelijkheid om dergelijke modellen *niet* te volgen, of op zijn minst de mogelijkheid om te breken met de plotstructuur en het 'zin geven' in het algemeen. In deze omslag van structuur naar anti-structuur in de loop van de jaren tachtig volgde White opnieuw een onafhankelijke koers, die evenwel kaderde binnen de wijdverbreide overgang binnen de menswetenschappen van structuralisme naar poststructuralisme.

Op het eerste gezicht kan het lijken alsof White in zijn latere werk een nieuwe start neemt. Nochtans delen de structuralist White en de latere White een gemeenschappelijke bekommernis: de idee dat geschiedenissen het product zijn van keuzes die gemaakt worden door historici terwijl ze streven naar coherente verhalen, of anderzijds, naar het sublieme. Deze klemtoon op keuze kan achteraf gezien worden als de voorbode van nog een ander debat – zoniet fundamenteler – in de theoretische geschiedenis: om welke reden verkiest men überhaupt geschiedenis te schrijven? Zoals reeds aangegeven wordt door de titel van een werk als Keith Jenkins' *Why History?* (1999), waarin een sectie gewijd wordt aan White, is dit sindsdien één van de sleutelvragen in de theoretische debatten geworden.

Gebeurtenissen vechten terug?

Niet voor niets werd White gezien als de initiator van de *linguistic turn* in de historiografie. Zoals deze uiteenzetting van zijn werk heeft aangetoond, is hij een nominalist die, om strategische en principiële redenen, meer bekommerd is om de rol van het vertoog van de historici in de productie van geschiedenis dan om de gebeurtenissen die ze trachtten te beschrijven. Hoewel hij regelmatig heeft herhaald dat hij historisch onderzoek belangrijk vindt en dat het verzamelen van informatie essentieel is in het werk van de historicus, laat hij in de praktijk dat onderzoek compleet buiten beschouwing (hij toont bijvoorbeeld opvallend weinig interesse voor de tekstualiteit van bronnen). Door de poëticale processen te beklemtonen die een rol spelen in de opbouw van historische teksten, wekt hij de indruk dat het ruwe materiaal van de historicus compleet kneedbaar is: of een geschiedenis subliem dan wel coherent wordt, is een beslissing van de historicus. Deze nadruk op de keuzes vooronderstelt dat historici de vrijheid hebben om de ene handelwijze te verkiezen boven de andere en dat, eens ze een bepaalde vorm gekozen hebben, niets hun nog in de weg staat. Kort gezegd, White volgt de *linguistic turn* in die mate dat hij niet alleen lijkt te suggereren dat de gebeurtenissen niet de vorm bepalen die de geschiedenis aanneemt, maar dat ze helemaal geen rol meer spelen. Om zijn zaak te verdedigen lijkt White ze tegelijk te sterk te stellen.

Nog buiten beschouwing gelaten of deze overdrijving een kwestie is van polemiek, feit blijft dat er een aantal problemen zijn met Whites nominalisme. Om te beginnen kan hem ten laste gelegd worden dat de relatie tussen onderzoek en schrijven theoretisch onderbelicht blijft. Zoals we hebben gezien, is zijn werk erop gericht om 'geschiedschrijving' op de agenda te zetten, naast of als gelijkwaardige partner van historisch onderzoek. Maar aan het eind van de rit krijgen we de vraag naar de relatie tussen enerzijds de 'gebeurtenissen' (in de mate dat die bekend zijn vanuit historisch onderzoek) en anderzijds het vertoog dat die gebeurtenissen op een betekenisvolle manier weer-geeft. White heeft weinig te zeggen over deze relatie – zijn prioriteit was om, tegen de aanzienlijke weerstand in, het vertoog op de agenda te zetten –, maar zijn falen om de kwestie aan te pakken, verzwakt uiteindelijk wel zijn theorie.

Als we White volgen dat gebeurtenissen 'subliem' zijn doordat ze buiten het bereik van ons begripsvermogen vallen, lijkt het ook moeilijk om zijn idee aan te nemen dat we ze gemakkelijk kunnen reduceren – enkel omdat we dat graag zouden willen – tot de gedesublimeerde vorm van de verteerbare verhalen. Is het niet meer plausibel om aan te nemen dat geschiedschrijvers, gezien hun ambitie het verleden op één of andere manier te representeren, chronische moeilijkheden ondervinden om het verlangen naar een doorwrocht verhaal of een andere discursieve vorm te verzoenen met de chaotische sublimiteit van het materiaal waarmee ze werken? Is bovendien het niet even plausibel om aan te nemen dat historici die een nieuwe interpretatie van bepaalde elementen naar voren willen schuiven, ook op een of andere manier willen rekening houden met wat anderen eerder over dezelfde feiten hebben gezegd? Geschiedenis gaat ten slotte niet enkel over echte gebeurtenissen op zich, maar houdt ook een verwerking in van gebeurtenissen van collectief belang. Daardoor is de geschiedenis het voorwerp van discussie en debat, van interpretatie en herinterpretatie, op een manier waarop romans dat normaal gezien niet zijn. Er zijn dus argumenten om aan te nemen dat het vertoog, hoe belangrijk het ook mag zijn, niet zo almachtig is als White lijkt te suggereren. Door te proberen 'zin te geven' ervaart de historicus weerstand vanuit de gebeurtenissen zelf en, daaraan gekoppeld, weerstand van rivaliserende interpretaties.

White zelf lijkt niet bereid om deze vormen van weerstand te erkennen. Integendeel, zijn denken over de relatie tussen het vertoog van historici en de gebeurtenissen waarmee ze omgaan, blijft ongemakkelijk, zelfs inconsistent. Dit werd pijnlijk duidelijk in zijn bijdrage aan de prestigieuze conferentie over representaties van de Holocaust in 1990, waarvan de acten gepubliceerd werden onder de redactie van Saul Friedlander met als titel *Probing the Limits of Representation: Nazism and the "Final Solution"* (1992). Zoals de titel reeds aangeeft, draaide de discussie op die conferentie rond de vraag op welke manier de Holocaust gerepresenteerd kan worden en wat ethisch acceptabele manieren waren om dat te doen.

Op verschillende manieren bevestigt de Holocaust Whites idee van het historisch sublieme, omdat die gebeurtenis er een is die weerstand lijkt te bieden – zowel vanuit intellectuele als vanuit ethische overwegingen – tegen elke poging om ze voor te stellen in een verteerbaar verhaal. Cruciaal is echter dat sublimiteit in dit geval iets is dat opgelegd lijkt door de gebeurtenissen zelf, eerder dan het product van keuzes van de historicus. Gezien het onderwerp van de conferentie had White de gelegenheid kunnen aangrijpen om zijn idee van het historische sublieme verder uit te werken en misschien meer in detail te gaan op de verhouding tussen 'onrepresenteerbare' (of nog, sublieme) gebeurtenissen en 'voorstelbaarheid' (ons verlangen om er op concrete manieren over te praten). Maar White faalde jammerlijk om dit hangijzer te benaderen in zijn lezing over "Emplotment and the Problem of Truth" (pp. 37-53).

Het essay begint met een herhaling van het ondertussen bekende idee dat gebeurtenissen niet voorschrijven hoe we erover praten. In theorie zou de Holocaust dus geplot kunnen worden als een romance of een komedie, afhankelijk van het standpunt van de historicus.

Door dit te zeggen negeert White het feit dat een 'komische' interpretatie veel kans zou hebben om verworpen te worden als een verdraaiing van de feiten; het hoeft dan ook niet te verbazen dat zijn lezing een storm van protest veroorzaakte onder de andere deelnemers. Whites hoofddoel bij deze gelegenheid lijkt erin te bestaan om nog maar eens de opvatting tegen te spreken die door een van de andere deelnemers naar voren werd gebracht, dat gebeurtenissen op een of andere manier voor zichzelf zouden kunnen spreken. Neen, zo beklemtoonde White, gebeurtenissen doet men praten volgens de manieren waarop ze voorgesteld worden in verschillende media en volgens verschillende esthetische modellen. En die esthetica's kunnen veranderen: waar de traditionele historici zichzelf modelleerden volgens de grote realisten van de negentiende eeuw, zouden historici nu alternatieven moeten overwegen. In het bijzonder de moeite van het overwegen waard in verband met de Holocaust waren de fragmentarische collagetechnieken van het modernisme. Die technieken werden ontwikkeld, aldus White, als antwoord op het specifieke karakter van de twintigste-eeuwse geschiedenis en dit maakte hen inderdaad meer 'realistisch' – dat wil zeggen, meer in overstemming met hun twintigste-eeuwse onderwerpen – dan de negentiende-eeuwse modellen.

Door dit laatste argument blijft White trouw aan zijn basisstelling dat stijlen van geschiedschrijving niet voor eens en voor altijd vastliggen, en dat ze veranderen met de tijden en met de houding van de historicus. Maar door te suggereren dat ze veranderen om hun tijd te weerspiegelen, lijkt hij op glad ijs te zijn terechtgekomen. Als modernistische technieken meer aangepast zijn voor modernistische gebeurtenissen, volgt daar dan niet uit dat gebeurtenissen toch op een of andere manier de wijze bepalen waarop we erover praten, en dat de historicus uiteindelijk toch niet zomaar vrij is om gebeurtenissen in een verhaal te gieten zoals hij of zij zich dat voorstelt? Door op die manier de bruikbaarheid van bepaalde representatiestijlen te relateren aan hun 'compatibiliteit met de gebeurtenissen' lijkt White zijn eerder punt over de mogelijkheid om verschillende plots te kiezen en, meer algemeen, zijn eigen nominalistische principes tegen te spreken (zoals Wulf Kansteiner opmerkt).

Deze schijnbare contradictie lijkt toch te wijzen op een fundamenteel gebrek aan helderheid in Whites denken over de grenzen van het vertoog van de historicus. Terwijl hij aantoonde dat het vertoog van de historicus belangrijk en machtig is, is hij veel minder duidelijk over de restricties ervan. De verwardheid van zijn bijdrage aan dit publieke debat was symptomatisch voor een onderliggende zwakheid in zijn theorie die, door de strijd met wat wordt gezien als een diepgeworteld positivisme, nogal onbehaaglijk heen en weer pendelt tussen een radicaal nominalisme en een soort van naïef reflectionisme.

De erfenis van White

Het lijdt geen twijfel dat *Metahistory* de compositie van historiografische teksten en hun retorische kracht op de agenda van geschiedenistheoretici heeft geplaatst. Sinds de publicatie ervan is geschiedschrijving niet langer meer louter een kwestie van stijl, van het vertalen van gegevens in duidelijk geformuleerde zinnen, maar iets veel complexer en veel uitdagender ten opzichte van de traditionele noties van het werk van de historicus. 'Hayden White' is binnen de Engelstalige wereld synoniem geworden met de literaire dimensie van historiografie (*Metahistory* werd vertaald naar het Duits in 1991; een Franse vertaling is nog steeds hangende). Zijn werk van de jaren zeventig en tachtig getuigt van een bijzonder vermogen om kwesties te belichten die sindsdien hete hangijzers werden onder geschiedenistheoretici.

Rest nog Whites betekenis voor de literatuurwetenschap. Naar mijn mening situeert die zich vooral op twee terreinen. Vooreerst heeft zijn werk de aanzet gegeven tot de reflectie over de verschillende manieren waarop geschiedenis kan worden geschreven en over de keuzes die historici (ook literatuurhistorici) kunnen maken. In de toekomst zal dit ongetwijfeld onze benadering van het schrijven van literatuurgeschiedenis beïnvloeden. Al te lang heeft de reflectie over literatuurgeschiedenis, als ze al gebeurde, onafhankelijk van de debatten onder 'echte' historici plaatsgevonden. Whites werk heeft helpen bemiddelen tussen die twee velden van onderzoek. Ten tweede, en meest belangrijk, heeft Whites werk een opening gecreeerd voor de literaire analyse van historiografische teksten en andere vormen van historisch schrijven. Zo werd een nieuw domein van onderzoek gecreëerd voor literatuuronderzoekers die geïnteresseerd zijn in vormen van discursieve representatie. Zijn eigen werk mag dan al soms geleden hebben onder zijn positie tussen disciplines in, het heeft in elk geval mee het pad geëffend voor nieuwe vruchtbare ontmoetingen tussen literatuurwetenschappers en historici.

Vertaling: Anneleen MASSCHELEIN

BEKNOPTE BIBLIOGRAFIE

Primaire bibliografie

Metahistory: The Historical Imagination in Nineteenth-Century Europe. Baltimore: Johns Hopkins UP, 1973.

"The Historical Text as Literary Artifact", *Clio* (1974), pp. 55-76.

"The Fictions of Factual Representation", in: *The Literature of Fact*. red. Angus Fletcher, New York: Columbia UP, 1976, pp. 21-44.

Tropics of Discourse: Essays in Cultural Criticism. Baltimore: Johns Hopkins UP, 1978.

The Content of Form: Narrative Discourse and Historical Representation. Baltimore: Johns Hopkins UP, 1987.

"Waarheid en verdichting in de menswetenschappen", *Feit en Fictie* (1993), pp. 9-13 (vertaling Wessel. E. Krul)

Figural Realism: Studies in the Mimesis Effect. Baltimore: Johns Hopkins UP, 1999.

Secundaire literatuur

Hayden White's Metahistory Twenty Years After. Themanummer van *Storia della storiografia* (1993).

Hayden White: Twenty-Five Years On. Themanummer van *History and Theory* (1998).

JENKINS, Keith. *On 'What is History?': From Carr and Elton to Rorty and White*. London: Routledge, 1995, pp. 134-179.

—. *Why History?: Ethics and Postmodernity*. London: Routledge, 1999, pp. 89-158.

HARLAN, David. "The Return of the Moral Imagination", *The Degradation of American History*. Chicago: Chicago UP, 1997, pp. 105-26.

HIMMELFARB, Gertrude. "Telling It as You Like It: Post-modernist History and the Flight from Fact", *Times Literary Supplement*, 16 October 1992, pp. 12-15.

KANSTEINER, Wulf. "Hayden White's Critique of the Writing of History", *History and Theory* (1993), pp. 273-95.

KRAMER, Lloyd. "Literature, Criticism, and Historical Imagination: The Literary Challenge of Hayden White and Dominick LaCapra", *The New Cultural History*. red. Lynn Hunt, Berkeley: University of California Press, 1989, pp. 7-128.

ORR, Linda. *Headless History: Nineteenth-Century French Historiography of the Revolution*. Ithaca: Cornell UP, 1990.

RIGNEY, Ann. *The Rhetoric of Historical Representation: Three Narrative Histories of the French Revolution*. Cambridge, Cambridge UP, 1990.

—. *Imperfect Histories: The Elusive Past and the Legacy of Romantic Historicism*. Ithaca: Cornell UP, 2001.

SUSAN SONTAG
(1933-2004)

Steven HUMBLET
Eveline VANFRAUSSEN

Ondanks een veelbelovende academische voorgeschiedenis – ze studeerde aan de meest prestigieuze universiteiten van de Verenigde Staten, Frankrijk en Groot-Brittannië – koos de Amerikaanse schrijfster en essayiste Susan Sontag uiteindelijk voor een onafhankelijke carrière in de marge van het academische bedrijf. Haar intellectuele excursies verschenen voortaan in literair-culturele tijdschriften als *Partisan Review*, *The New York Review of Books*, *Book Week* en *The New Yorker* en in lifestylemagzines als *Vogue*, *Harper's Bazaar*, *Mademoiselle* en *Vanity Fair*. Bovendien beperkte ze zich niet tot (voor een ruimer publiek bestemde) essays; ze publiceerde ook verhalenbundels, romans, filmscripts en een theaterstuk. Ze opteerde voor een leven buiten de muren van de universiteit, niet zozeer omdat ze een afkeer zou voelen voor de intellectuele sclerose van de toenmalige academische wereld – die kreeg vanaf begin jaren zestig van de twintigste eeuw dankzij vele ambitieuze nieuwkomers een nieuwe impuls –, maar wel omdat ze ernaar verlangde beweeglijk en alert te blijven, omdat ze de onzekerheden van een wereldstad als New York verkoos boven de rust en de veiligheid van een campus. Sontag, voor wie de schrijver de plicht heeft zich voor de hele werkelijkheid open te stellen, is er immers van overtuigd dat enkel een zwervend bestaan, met zijn continue stroom van prikkels en uitdagingen, het kritische bewustzijn verscherpt. In haar essays gaat ze dan ook de confrontatie aan met de meest uiteenlopende aspecten van het leven, met literaire en wetenschappelijke teksten, met theater- en dansvoorstellingen, films, performances, politieke gebeurtenissen en aandoeningen zoals kanker en aids. Ook haar verschillende buitenlandse verblijven in Cuba, Vietnam, China en Bosnië dragen bij tot deze intens nagestreefde bewustzijnsverruiming. Met dit ideaal van onafhankelijk en nomadisch denker staat ze lang niet alleen. Verschillende Europese modernisten en notoire *Einzelgänger* zoals Walter Benjamin, Elias Canetti, E.M. Cioran en Roland Barthes gingen haar hierin voor. Verder vond ze inspiratie bij een groep naoorlogse New Yorkse intellectuelen rond de *Partisan Review*. Deze auteurs leerden haar trouwens ook het belang inzien van de brede culturele context voor het onderzoek naar literatuur en kunst.

Tekst als bewustzijn

Aan deze constructie van de vrije, ambulante intellectueel gaat een cruciaal aspect van de moderniteitservaring vooraf: de ervaring van de eigen tijd als historisch, als een breuk in het weefsel van de tijd. Door het individu los te weken uit traditionele verbanden en gemeenschappen plaatst de moderniteit het voor een verpletterende verantwoordelijkheid. Het moderne individu is niet zomaar het brandpunt waar alle mogelijke ontwortelende krachten samenkomen, het zet zelf die verandering in gang. Bij Sontag uit dit gevoel van verantwoordelijkheid zich in een uitgesproken politieke en maatschappelijke betrokkenheid. Ze engageerde zich in de strijd tegen de oorlog in Vietnam, stond vrienden bij in het door oorlog geteisterde Sarajevo en neemt vanaf de jaren 1980 deel aan bijeenkomsten van schrijvers die zich buigen over internationale kwesties als mensenrechten en vrijheid van meningsuiting.

Het door de moderniteit autonoom verklaarde individu geeft echter niet alleen vorm aan de moderne tijd, het creëert daarbij ook zichzelf. Het is dit geloof in het actieve, scheppende individu dat Sontag ertoe brengt om haar eigen 'zelf' op een uitdagende wijze naar voren te schuiven: niet alleen zoekt ze bewust de openbaarheid op – ze staat lange interviews toe en haar foto stond op de voorpagina van *Vanity Fair*, *Harper's Bazaar* en *The New York Times Magazine* –, ook in haar schrijven stelt ze voornamelijk scherp op haar eigen gevoeligheden. Voor een doordacht theoretisch raamwerk of een overkoepelende theorie over de avant-garde moet je bij Sontag niet zijn. Je leest Susan Sontag omdat je geïnteresseerd bent in de persoon, niet omdat je op zoek bent naar 'wereldschokkende' theoretische inzichten. Je wordt geraakt door een persoonlijk verslag en niet door een betonnen argumentatie;

je wordt binnengevoerd in een denkwereld. Hierin ligt meteen de sterkte en de zwakte van Sontags schrijven: sterkte omdat ze met een zekere ijver ("evangelical zeal" noemt ze het zelf) over de door haar bewonderde schrijvers/kunstenaars schrijft, zwakte omdat dit schrijven zich nooit tot een volwaardige theorie zal ontpoppen en dus in de ogen van velen te vaag blijft. Uiteindelijk zijn haar essays niets anders dan een poging om aan de hand van observaties over andere auteurs haar eigen bewustzijn af te lijnen.

Sontags essays brengen vooral het innerlijk van de schrijfster zelf in kaart. De portretten die ze van de door haar bewonderde schrijvers/kunstenaars maakt, kunnen gelezen worden als telkens nieuwe pogingen om haar eigen portret te schetsen. Haar essays drijven op een wil tot identificatie: "There's a part of me that identifies with most of the people I write about; it's almost as if I'd invented them, as if they were fantasy projections of part of myself" (*Conversations*, p. 184). Die vereenzelviging mondt in haar schrijven uit in een radicale toe-eigening, waarbij het niet langer duidelijk is wie nu aan het woord is: zijzelf of het door haar gecreëerde fantoom. Sontag behandelt de door haar besproken teksten in eerste instantie als de neerslag van een uniek bewustzijn. Deze methode beperkt ze niet tot de egodocumenten, waar zo een bewustzijn zich het makkelijkst laat verschalken, maar ze breidt ze uit naar alle mogelijke teksten van een auteur. Lévi-Strauss' *Tristes Tropiques* bijvoorbeeld, een antropologische studie, omschrijft ze evengoed als "an intellectual autobiography, an exemplary history in which a whole view of the human situation, an entire sensibility, is elaborated" (*Against Interpretation*, p. 72). Ook werk dat niet meteen persoonlijke gebeurtenissen of levenservaringen behandelt, leest ze als een manifestatie van een wijze van denken, van zijn. Toch herneemt ze met deze visie niet eenvoudigweg een romantische kunstopvatting die in kunstwerken steeds de emanatie van de persoonlijkheid van de kunstenaar herkent: "The choices these writers are making as literary performers – I don't mean that they are expressing themselves; I mean that this is how temperament takes some kind of linguistic form in the making of these structures – these choices reflect certain kinds of energies or certain kinds of distance or intimacy with experience [...]" (*Conversations*, p. 254). In haar essays worden leven en werk niet simpelweg op elkaar betrokken, maar fungeren teksten als bewijsstukken die een specifieke innerlijke wereld, een psychische constitutie moeten onthullen. Zowel het onderwerp, de thema's en de motieven, als de woordkeuze, het gebruik van stijlfiguren en beeldspraak, de zinsbouw, de compositie, de vorm, de tonaliteit van een tekst worden tot tekens die verwijzen naar de verlangens, neigingen, hartstochten en angsten van de kunstenaar. Deze typische verhoudingen tot de eigen persoon en de werkelijkheid blijven echter nooit volledig idiosyncratisch, want ze worden steeds teruggevoerd tot een algemeen patroon. De analyses van zijn teksten en gedragingen brengen de schrijver steeds onder in een algemenere categorie: hij behoort tot een bepaald type (de melancholicus, de estheet, de moralist), bezit een bepaald temperament (een formalistisch temperament) of vertoont een bepaalde sensibiliteit (een romantische en post-romantische sensibiliteit, het modernisme).

Met behulp van deze algemene categorieën wordt het voor Sontag mogelijk zich in te schrijven in het leven en werk van de door haar behandelde schrijvers. Door de trekken en kenmerken waarmee ze haar auteurs begiftigt te ontdoen van hun uniciteit, kunnen ze haar van dienst zijn bij het ontwerp van haar eigen profiel. Bepalingen van een temperament of sensibiliteit gaan immers moeiteloos over in algemene uitspraken die ook de schrijfster zelf impliceren. Ook Sontag is melancholicus, moralist en estheet. Zij verklaart zich solidair met de (modernistische) preoccupaties van haar onderwerpen. Met haar moderne helden deelt zij de neiging tot spatialisering van de tijd, tot materialisering van het ongrijpbare, koestert ze een voorliefde voor het obscure onderzoeksobject en de afwijkende betekenis, verlangt ze naar eenzaamheid en kent ze de noodzakelijke behoefte tegen te spreken en in vraag te stellen.

Hoezeer ze doorheen de jaren ook de kunstenaar blijft opvoeren als een incarnatie van de donkere zijde van de bourgeoismaatschappij, wie de essays over auteurs uit de jaren zestig met die van de jaren daarna vergelijkt, moet vaststellen dat de aard van haar relatie tot dit soevereine bewustzijn ingrijpend wijzigt. In haar vroege essays installeert ze nog een sterke overeenkomst tussen de tijdsgeest, haar eigen geest en de geest van de kunstenaar. Zo laat ze in haar korte tekst uit 1963 over Simone Weil het eigen 'ik' onproblematisch opgaan in een gemeenschappelijk 'wij'. Tien jaar later echter is het voor haar enkel nog mogelijk om in haar eentje een relatie aan te gaan met de door haar uitgekozen auteur. Een culturele gemeenschap waarmee zij zich één voelt en die aan een wereld buiten haar essays refereert, is er niet meer; van een 'wij' kan geen sprake meer zijn. Zo wordt 'modern' naast een periodeaanduiding ook een term die verwijst naar een levenshouding en een schriftuur die niet langer gebonden zijn aan een specifiek tijdsgewricht. Het 'moderne' duidt tegelijkertijd een realiteit en een norm aan, die echter niet meer samenvallen. Sontag figureert vanaf dan in haar interviews en geschriften als schatbewaarder van voorbijgestreefde, moderne culturele aspiraties, die door de accaparatie door een door de consumptielogica beheerste, postmoderne samenleving onschadelijk zijn gemaakt. Met een melancholicus als Benjamin bewoont Sontag voortaan "[a] world whose past has become (by definition) obsolete, and whose present churns out instant antiques" (*Under the Sign of Saturn*, p. 120).

Aangezien het temperament grotendeels vorm is, vertoont ook haar schrijfwijze overeenkomsten met die van haar modernistische voorbeelden. Net als Walter Benjamin, Elias Canetti en Roland Barthes houdt ze bijzonder veel van korte vormen van literatuur: ook zij schrijft essays volgestouwd met aforismen. De teksten van Sontag kunnen dan ook moeiteloos opgebroken worden in kleinere, zelfstandige eenheden: paragrafen of zelfs zinnen. Enkel de titel kan dit conglomeraat als een overkoepelend label, als een titelwoord in een woordenboek of encyclopedie, samenhouden. Hij dient enkel het fenomeen te benoemen dat door opsomming van kenmerken en bijzonderheden omschreven zal worden. Titels als "Bergman's *Persona*", "Godard", "DQ" gaan niet verder dan het onderwerp aan te duiden. Eenzelfde openheid behouden titels als "On Style" of "On Bellocq", met dit belangrijke verschil dat de totalitaire suggestie die uitgaat van het trefwoord heeft plaatsgemaakt voor de belofte van omzichtigheid. Afgrenzing en ontgrenzing, bekrachtiging en ontkrachting blijken voortdurend samen te gaan in Sontags schrijfstijl. Ook haar essays zelf, met hun witregels en/of cijfers die de tekst segmenteren, lijken vaak op een woordenboekartikel. Sontag schrijft episodes, fragmenten zelfs, die niet langer in een logische volgorde zijn opgenomen – sommige van haar teksten noemt ze in de titel "notes" of "reflections", voorlopige en vluchtige waarnemingen die makkelijk van plaats kunnen verschuiven. Ze brengt haar welomlijnde ideeën, samen met talloze citaten, onder in lijsten: ze inventariseert haar gedachtegoed. Verbanden worden nauwelijks gelegd. Ze heeft een opmerkelijke voorkeur voor de nevenschikking van gelijkwaardige zinnen. Tot op zinsniveau toe blijft ze stapelen: ze houdt ervan om gelijksoortige woorden enkel door een komma gescheiden naast elkaar te plaatsen. Zo heeft ze het bijvoorbeeld over Nietzsches "exulting, berating, coaxing, prodding, taunting, inviting complexity" (*Where the Stress Falls*, p. 71). Met elke nieuwe bepaling stelt ze het beeld lichtjes bij. Diezelfde opschorting van de ultieme betekenis zet zich door in de opeenhoping van zinnen. Ook al krijgen vele zinnen door het gebruik van het werkwoord 'zijn' en door de dubbele punt de allure van echte definities, doordat Sontag steeds weer een nieuwe bepaling voorstelt, blijft een definitieve betekenis uit. Deze schrijfster creëert een ervaring van verwarring zonder misschien zelf ook maar even in het kluwen van haar draden verward te raken. Nooit lijkt ze om een antwoord verlegen te zitten, ook al overschrijft ze het voortdurend met een ander. Toch kan je je als lezer moeilijk van de indruk ontdoen dat zij – precies door het excessieve gebruik van haar begrips- en onderscheidingsvermogen, dat elk verschijnsel in opposities klem zet maar ook, en dit is niet onbelangrijk, in spanning houdt – de hoop koestert zichzelf samen met haar onderwerp te verliezen.

De tekst als lichaam

De afwezigheid van een uitgewerkte theorie of methode wil echter niet zeggen dat Sontag blind opereert of zonder kompas op de oceaan van haar denken navigeert. Haar eerste essays, waarvan "Against Interpretation" (1964) en "On Style" (1965) de meest bekende (en tevens meest expliciete) zijn, kunnen immers ook gelezen worden als een poging om een aantal coördinaten van haar denken uit te zetten. Ondanks de theoretische inzet van deze essays wordt ook hier haar spreken nooit echt abstract. Sontag bouwt haar theoretische beginselen immers op aan de hand van een virulente dialoog met de toenmalige literaire en culturele kritiek. In deze felle discussie met de contemporaine kritiek komt Sontag tot de conclusie dat deze laatste nog altijd niet heeft afgerekend met het spookbeeld van de romantische dichotomie tussen vorm en inhoud (en de daarop geënte dichotomie tussen lichaam en geest, tussen zinnelijkheid en intellect).

In “Against Interpretation” stelt Sontag dat de activiteit van het interpreteren, waarbij het kunstwerk steevast tot een inhoud wordt gereduceerd, niets anders is dan een poging om het kunstwerk elke vorm van radicaliteit te ontzeggen. De interpretatie, die een louter verstandelijke benadering is, dwingt het kunstwerk in een verhouding van afhankelijkheid en ondergeschiktheid. Ze kan niet toelaten dat het kunstwerk zichzelf zou blijven; ze wil het zo snel mogelijk volgzaam en manipuleerbaar maken door het te vertalen, door het in een intellectuele vorm te gieten. Tegenover deze gemedieerde benadering plaatst Sontag een rechtstreekse en openhartige toenadering. Zij pleit voor een kritiek die zich ten dienste stelt van het kunstwerk, die in het kunstwerk haar meester erkent en er hulde aan bewijst. Aangezien de exclusieve aandacht voor de inhoud en de boodschap van het werk onherroepelijk leidt tot een aanmatigende verklarende praktijk, hoeft het niet te verwonderen dat zij eerder kiest voor een uitgebreide en gedetailleerde beschrijving van de vorm. De zintuiglijke beleving van het kunstwerk moet centraal staan in de kritische benadering ervan: “The function of criticism should be to show *how it is what it is*, even *that it is what it is*, rather than to show *what it means*” (*Against Interpretation*, p. 14). In een excessieve, moderne cultuur, die de zintuiglijke vermogens afstompt, betekent dit dat de eerste taak van de criticus erin bestaat het gezicht, het gehoor en het gevoel van zijn lezers opnieuw te verfijnen. In deze context acht Sontag het noodzakelijk de hermeneutiek van de verklarende kritiek in te ruilen voor een erotiek van de sensibele kritiek. Alleen wie zich laat verleiden door de vorm of door het zinnelijke oppervlak van een kunstwerk, is in staat zijn verlangen naar intellectueel meesterschap over het werk op te geven.

In het essay “On Style” onderzoekt Sontag het gebruik van de notie ‘stijl’ in de kritische praktijk. Na een beknopte analyse van een aantal beelden die de toenmalige critici voor dit fenomeen hanteren, moet ze vaststellen dat stijl nog altijd gezien wordt als een oppervlakkig bijverschijnsel, als een decoratieve verfraaiing die aan de inhoud wordt toegevoegd. Stijl is de korst van het kunstwerk, terwijl de inhoud de eigenlijke kern vormt. Voor Sontag behoort stijl echter tot het wezen van het kunstwerk: “The matter, the subject, is on the outside, the style is on the inside” (*Against Interpretation*, p. 17). Met deze omkering verwerpt Sontag expliciet de visie op het kunstwerk als “a statement”, als “the answer to a question” (*Against Interpretation*,

p. 22). Kunstwerken zijn voor haar integendeel "living, autonomous models of conciousness" (*Against Interpretation*, p. 27), op zichzelf staande levende organismen die beschikken over "energy, vitality, expressiveness" (*Against Interpretation*, p. 22). Zo begrepen dwingen ze een heel andere benadering af. Eenmaal hun individualiteit en contingentie is erkend, laten ze geen veralgemeningen meer toe, maken ze elk moreel of conceptueel oordeel onmogelijk. Ze verdragen slechts begrip en zinnelijkheid. De reductie van kunstwerken tot incarnaties van algemeenheden houdt net de weigering in zich te laten overrompelen door het uitzonderlijke dat zich in ieder kunstwerk manifesteert.

Alhoewel Sontag in een eerste beweging een einde stelt aan de onderworpenheid van het kunstwerk aan de wereld en het in zijn zelfstandigheid herstelt – "Art is not only about something; it is something. A work of art is a thing in the world, not just a text or a commentary on the world" (*Against Interpretation*, p. 21) –, weigert ze toch mee te gaan in het radicaal modernistische project van het autonome kunstwerk. Aan de zinnelijke ervaring van het kunstwerk koppelt zij immers een morele betekenis. Opnieuw is haar betoog erop gericht een tegenstelling op te heffen, in dit geval die tussen het ethische en het esthetische, en eens te meer tracht ze dit doel te bereiken door de substitutie van inhoud door vorm. Kunst en moraal zouden immers enkel in conflict met elkaar komen omdat beide doorgaans in termen van een specifieke en daarom meteen beperkte inhoud worden bepaald. Binnen een dergelijke optiek kan kunst alleen ethisch zijn wanneer ze handelingen correct moreel beoordeelt, wanneer ze zich met andere woorden hult in het gewaad van een morele parabel. Sontag pleit er daarentegen voor zowel de kunstbeleving als de ethiek te definiëren als een vorm van bewustzijn, net zoals ze dat eerder deed voor het kunstwerk zelf. Als vorm van bewustzijn kan het kunstwerk het bewustzijn van de beschouwer verrijken met "an experience of the form or style of knowing something" (*Against Interpretation*, p. 22). Op die manier draagt het kunstwerk bij tot "the nourishment of consciousness" en "the enlivening of our sensibility and consciousness" (*Against Interpretation*, p. 25). Het is in deze uitbreiding van het oordeelsvermogen dat het kunstwerk uiteindelijk zijn morele betekenis vindt.

Doordat Sontag het effect van het kunstwerk op het bewustzijn van de beschouwer beschrijft met behulp van termen als "gratification", "nourishment" en "enlivened" vermijdt ze de belasting van het bewustzijn met een concrete zedenles. Kunst blijkt het bewustzijn enkel aan te wakkeren, van energie te voorzien, het oordeelvermogen aan te scherpen en op die manier de beschouwer tot keuzes, beslissingen, en handelingen in staat te stellen. Zo komt zij tot een dynamisering van de statische en sterk determinerende, klassieke, van de katholiek geïnspireerde zorg om waarheid en moraal bezeten visie op kunst. Toch blijven het kunstobject, de esthetische ervaring en het ethisch antwoord op het leven niet zonder enige invulling, maar in plaats van een morele inhoud te presenteren, leveren ze een conglomeraat van houdingen en toestanden aan die Sontag onontbeerlijk acht om zich zinvol te verhouden tot het leven. Precies omdat de belangeloze omgang met het kunstwerk, een onaantastbaar organisme met "grace, intelligence, expressiveness, energy, sensousness", eigenschappen als "disinterestedness, contemplativeness, attentiveness, the awakening of the feelings" (*Against Interpretation*, p. 25) genereert bij de beschouwer, doet het zijn moreel bewustzijn toenemen. De morele ambities van kunst reiken bijgevolg veel verder dan de beschouwer een lijst met specifieke gedragslijnen, standpunten, gevoelens en feiten aan te bieden; via een ingrijpende uitbreiding van zijn vermogens beoogt ze uiteindelijk een radicale transformatie van de gehele mens. Deze diepgaande verandering kan hij echter slechts ondergaan na onthechting van de wereld in een volledige absorptie door het kunstwerk. Deze beschouwende (maar zeker niet passieve) houding wordt aan de toeschouwer in eerste instantie ontlokt door de formele kwaliteiten van het kunstwerk. Het zijn deze formele eigenschappen die de opdringerige inhoud van het kunstwerk wegdrukken en zo de weg vrijmaken voor een meer zinnelijke ontmoeting met het ontwrichtende kunstwerk.

De esthetica die Sontag in haar voornamelijk programmatische teksten bepleit, is niet het gevolg van een abstracte denkoefening, maar wordt gevoed door een kritische uiteenzetting met de eigentijdse kunstpraktijk. De essays zijn, met andere woorden, geen manifest voor een kunst die nog moet komen, maar de reactie op een revolutionaire beweging die al volop bezig is. Niet alle kunstvormen hebben nochtans voor haar deze wending naar een nieuwe, formele taal genomen. Vooral de literatuur blijft enigszins verweesd achter, zeker in vergelijking met de plastische kunsten of de film. De Amerikaanse romans en theaterteksten uit de jaren zestig stellen haar ronduit teleur: door zich te gedragen als journalisten, psychologen en sociologen geven deze auteurs nog steeds de voorrang aan inhoud en bevestigen zo de interpretatieve koers van de literaire kritiek. De anti-retorische stijl van de Europese (voornamelijk Franse) literatuur kan Sontag dan weer wel bekoren: "by making works of art whose surface is so unified and clean, whose momentum is so rapid, whose address is so direct that the work can be [...] just what it is" (*Against Interpretation*, p. 41) slagen deze schrijvers er blijkbaar wel in aan het immer dreigende gevaar van een interpretatie te ontsnappen. Wil ook de Amerikaanse roman dit doel bereiken, dan zal hij in navolging van de muziek, de poëzie en de plastische kunsten de geloofsartikelen van het negentiendeeeuwse realisme moeten afzweren. Waardevolle aanwijzingen voor zo een anti-realistische queeste treft Sontag aan in het kritische werk van Franse schrijvers als Maurice Blanchot, Roland Barthes, Emile Michel Cioran en Michel Foucault. Vooral in Alain Robbe-Grillets essay *Pour un nouveau roman* vindt ze een medestander in haar strijd tegen de inhoud-vorm-dichotomie. Deze schrijver zou, volgens Sontag, de stelling verdedigen dat een roman geen inhoud of onderwerp behoeft.

Hoezeer Sontag ook onder de indruk is van dit ambitieuze pleidooi voor een anti-retorische stijl, ze moet helaas vaststellen dat de romans die volgens dit procédé geproduceerd worden haar niet volledig weten te overtuigen. De hooggestemde idealen van de *nouveau roman* ziet ze daarentegen wel gerealiseerd in de film. Film (en dan vooral de Franse en Italiaanse cinema) is voor haar "the most alive, the most exciting, the most important of all art forms right now" (*Against Interpretation*, p. 11). Het is in het werk van cineasten als Jean-Luc Godard, Robert Bresson, Michelangelo Antonioni en Jean-Pierre Melville dat de overgang van een realistische benadering naar een meer formalistische zich voltrokken heeft. Door gretig gebruik te maken van herhalingen, ontdubbelingen, versnellingen of vertragingen, maken deze cineasten de kijker bewust van de cinematografische vorm van hun films. Centraal in deze formele benadering staat een Brechtiaans vervreemdingeffect: Bresson, door Sontag de meester van de reflexieve cinema genoemd, gebruikt allerlei formele ingrepen om de toeschouwer op een afstand te houden. Door de dialoog in te wisselen voor een vertelling in de eerste persoon, waardoor de actie op het scherm verdubbeld wordt in de woorden van de acteur, door de acteur niet langer te laten samenvallen met zijn rol en door deze louter citerend te laten acteren, voorkomt Bresson elke identificatie van het publiek met het personage. Een helder en duidelijk omlijnd personage, dat wordt voortgedreven door inzichtelijke motieven, vervangt hij door een ondoorgrondelijk subject. Het menselijk handelen blijft duister: Bresson toont een leven, hij weigert het uit te leggen. Het filmpersonage wordt niet langer opgesloten in zijn idiosyncratische bewustzijnsverschijnselen, in een eigen unieke individualiteit, maar bevindt zich in een staat van genade, of nog, van "spiritual lightness" (*Against Interpretation*, p. 191). Ook nu stelt Sontag de transformatieve eigenschappen van de moderne kunst centraal: de formele ingrepen van deze cineasten geven uitzicht op een heel nieuw mensbeeld, een mens die de benauwende grenzen van het 'ik' weet te overstijgen. Eens te meer geeft een specifieke esthetiek uitzicht op een alternatief mensbeeld: een andere benadering van het vorm-inhoud paar opent perspectieven voor een meer geïnspireerde relatie tot lichaam en geest.

De ambivalentie van de moderniteit

Verplaatsing en verandering is het dubbele motto waaronder de moderniteit haar heerschappij over de wereld voortdurend uitbreidt. Toch blijken er ook grenzen te zijn aan deze door de moderniteit afgedwongen metamorfoses. Zo wordt in het essay dat de bundel *Styles of Radical Will* afsluit, "Trip to Hanoi", de fysieke verplaatsing in de Vietnamese cultuur de aanleiding tot een antropologische beschouwing over de verschillen tussen de westerse en oosterse mens. De ervaring van thuisloosheid die in en door deze confrontatie ontstaat, heeft een reeks onverwachte consequenties. Tot haar eigen verrassing moet Sontag vaststellen dat het moderne subject niet het vrije en ongebonden individu is dat het proclameert te zijn, maar wel degelijk tot een bepaalde traditie behoort: in Hanoi herkent Sontag zichzelf als lid van een specifieke cultuur, opgegroeid in een particuliere traditie (ook al is ze het radicaal oneens met de Amerikaanse politiek inzake Vietnam, moreel en intellectueel behoort ze overduidelijk tot een Amerikaanse traditie). Haar antwoord op de kloof die zich openbaart, is van een ontstellende eerlijkheid: in het eerste deel van het essay schrikt ze er niet voor terug uitvoerig in te gaan op haar frustraties met betrekking tot de politieke naïviteit van haar Noord-Vietnamese gesprekspartners. Hun anti-oorlogsdiscours lijkt eerder gedragen te worden door holle slogans en loze retoriek dan door verfijnde, krachtige argumenten. Sontag moet nederig erkennen dat haar begripsvermogen hier op een absolute grens stuit: de expansieve koers van het moderne subject, dat meende alles in zich te kunnen opnemen, wordt hier geconfronteerd met een onverteerbare ervaring. Dat de schrijfster zich veroordeeld ziet tot de positie van buitenstaander betekent echter niet dat ze elke hoop op begrip moet opgeven, alleen beseft ze dat dit moeizaam verworven inzicht noodgedwongen abstract en descriptief moet blijven. Het tweede deel van haar essay is dan ook een uitvoerige beschrijving van de mentale en culturele context waarbinnen het Noord-Vietnamese individu zijn moderne revolutie ervaart en uitvoert. Net zoals in haar essays over kunst en literatuur volgt Sontag hier een omcirkelend denken dat zich eerder inlaat met de oppervlakteverschijnselen dan wel met de 'diepere' inhoud. Haar ervaringen leren dat het moderne 'ik' geen kameleon is die zich ongelimiteerd kan veranderen, en dat er bijgevolg aan de moderniteit geen universele zeggingskracht kan worden toegekend. De modernisering produceert bij uitstek lokale moderniteiten. In die zin belichaamt dit essay een uitermate belangrijk sleutelmoment in het denken van Susan Sontag. Na haar avontuur in Hanoi krijgt ze nog meer oog voor de dubbelzinnigheid van de moderniteit.

Vooral de voortdurende oproep tot verandering en vernieuwing, die een gevolg is van de modernistische breuk met de traditie, ervaart ze als problematisch. De ongelimiteerde toegeving aan deze aansporing dreigt immers uit te monden in cultureel relativisme. Terwijl ze de ironische en oppositionele zienswijze in de jaren zestig nog als een bevrijding ervaart, herziet ze in de jaren tachtig grondig haar mening. Beducht voor de nivellering van waarden die een doorgeschoten moderniteit met zich meebrengt, ziet ze zich (totaal onverwacht) geplaatst voor de taak een waarde als 'ernst' te verdedigen. Wil Sontag nog wel een aantal verworvenheden van het postmodernisme verdedigen, zoals het verzet tegen alle autoritaire praktijken van een cultuur en tegen de uitsluiting van niet-Europese culturen en van vrouwen, de slechting van elke hiërarchie kan allerminst haar goedkeuring wegdragen. Ze wil blijven vasthouden aan een rangorde van waarden, zowel op ethisch als op esthetisch vlak. Voor haar is het ondenkbaar dat het niet langer wenselijk zou zijn "to be a more profound person, or a more feeling person, or a more compassionate person, or a more sensitive person" (*Conversations*, p. 243). Een descriptieve benadering wordt bij Sontag dan ook altijd gevolgd door een normatieve evaluatie. Ook haar analyse van het begrip moderniteit in haar Huizinga-lezing van 1989 met de titel "Tradities van het nieuwe of Moeten wij modern zijn?" is met kritische uitspraken doorweven.

In deze lezing vertrekt Sontag van de specifieke tijdservaring die met de komst van de moderniteit is ontstaan. Het moderne subject ervaart de tijd waarin het leeft als een breuk. Het acute zelfbesef dat de moderniteit op die manier introduceert, uit zich in het opduiken van een reeks nieuwe tijdsaanduidingen. Zo begint men op het einde van de achttiende eeuw voor het eerst in eeuwen te denken, waarbij de overgang van de ene eeuw naar de andere als een scherpe breuklijn in de geschiedenis wordt ervaren. Naarmate de twintigste eeuw nadert, worden de tijdsaanduidingen allengs korter: wordt in het begin van de twintigste eeuw de tijdseenheid van de generatie geïntroduceerd, vanaf de tweede helft van de eeuw begint men al te denken in termen van een decennium. De breuklijnen stapelen zich op. In het vervolg van de tekst onderzoekt Sontag aan de hand van verschillende teksten de genealogie (geboorte, groei en afsterven) en de betekenisimplicaties van deze nieuwe tijdsaanduidingen. Al snel blijkt dat ze meer zijn dan louter kwantitatieve eenheden: de overgang van de ene eeuw in de andere, van de ene generatie in de volgende wordt steevast begrepen als een verandering ten goede. Deze tijdseenheden leiden niet tot een louter chronologische opsomming; ze zijn ideologisch gekleurd door een optimistisch vooruitgangsdenken.

Het is met de analyse van het begrip decennium dat haar descriptieve benadering omslaat in een normatieve: met het denken in decennia heeft het moderne subject een grens overschreden. In plaats van de motor van de geschiedenis wordt het nu de speelbal ervan: "Waar het om gaat is de vraag hoe mensen zichzelf zien als handelende personen en als getuigen van hun eigen leven dat, modern als het is, geldt als een leven van gevaar en schoksgewijze (en gedwongen) verandering. Het generatieconcept impliceert de fictie van *activiteit*. Het koppelt identiteit aan een indrukwekkende ervaring waaraan men deel heeft gehad. Het begrip decennium, daarentegen, impliceert *passiviteit*. De suggestie is dat men wordt gevormd door, of lijdt aan, dat wat gaande is, of liever, hetgeen de bewustzijnsindustrie aanmerkt als dat wat gaande is: trends, tendenties, modes, illusies – kortom, stijlen" (*Tradities van het nieuwe*, p. 42). Terwijl het generatiebewustzijn een 'subject' voortbrengt, dat actief ingrijpt, produceert het decenniumdenken een 'object', dat willoos is overgeleverd aan de stormen van een modebewuste tijd. De verandering van het ene decennium in het andere wordt ook niet langer als noodzakelijk ervaren, maar als louter arbitrair, als een modegril. Het decenniumdenken brengt een "gratuit, nihilistisch eclectisme dat het leven maakt tot een keus uit levensstijlen" (*Tradities van het nieuwe*, p. 29). Dit postmoderne eclectisme wordt door Sontag begrepen als "een constructie met als doel de mens volmacht te verschaffen om te doen wat hij maar wil – zonder de dwang van oudere ("elitair", exclusief, serieus genoemde) standaards. Echter, wij kunnen niet doen wat wij maar willen, en dat is een les die wij moeten leren" (*Tradities van het nieuwe*, p. 48). Het ethisch project van het modernisme zoals dat door Sontag wordt verdedigd, bestaat erin het oordeelsvermogen aan te scherpen, en niet het brutaal te vernietigen. Modern moeten of willen zijn, betekent ook zich gebonden weten door bepaalde waarden; het betekent groeien in menselijkheid.

Ook op een ander domein ziet Sontag de complexe en vaak tegenstrijdige bewegingen van de moderniteit aan het werk. Zo onderkent ze in de triomfantelijke opgang van de fotografie een perfecte illustratie van de paradoxale natuur van de moderniteit. Het ontstellende gemak waarmee de fotografie zich in alle beeldtradities heeft genesteld, kan niet verhelen dat er met de komst van deze nieuwe beeldvorm zowel op esthetisch als epistemologisch gebied een ware revolutie werd ontketend. De uitvinding van de fotografie betekende immers niet alleen dat er een nieuwe beeldsoort en beeldtechniek geïntroduceerd werd, maar ook een nieuwe verhouding tot beelden en tot de werkelijkheid. Vragen over de wijze waarop beelden functioneren, over de relatie tussen het beeld en zijn maker en tussen beeld en werkelijkheid, staan dan ook centraal in Sontags essay *On Photography*. Volgens Sontag hangen veel van die problemen samen met het fundamenteel dubbelzinnige statuut van het fotografische beeld: naast een vehikel voor persoonlijke expressie is fotografie immers ook (en vooral) de leverancier van een realistische replica. Fotografie is zowel een middel om de wereld te verbeelden als om haar op te slaan. Deze wendbaarheid is echter geen zegen voor de esthetische aspiraties van de fotografie. Niet alleen is het aandeel van de kunstfotografie in de totale productie van fotografische beelden uitermate klein – fotografie is eerder ingebed in sociale rites en bureaucratische procedures dan wel in artistieke praktijken –, bij nader toezien lijkt het zelfs onmogelijk om beide toepassingen op een strikte manier van elkaar te scheiden. Het esthetische programma dat de fotografische blik stuurt, wordt immers voor een groot deel bepaald door een modernistische esthetica die zich afzet tegen conventionele vormen van schoonheid. Het gevolg hiervan is dat een onaanzienlijke foto door een amateur-fotograaf genomen formeel even intrigerend kan zijn als een foto van een doorwinterde kunstfotograaf. Fotografie is voor Sontag dan ook een machine die alles – van het meest banale tot het meest verheven – op eenzelfde schaal van schoonheid plaatst. Met de fotografie is er als het ware een democratische standaard van het Schone in de wereld gekomen. Het hoeft dan ook niet te verwonderen dat elke poging om in deze chaos een canon af te lijnen bij voorbaat gedoemd is om te mislukken. De artistieke pretenties van de fotografie botsen dan ook voortdurend op deze onmogelijkheid om dwingende criteria te ontwikkelen voor een esthetisch gebruik van de fotocamera.

Omdat men niet alleen naar beelden kijkt om zich te vermaken maar ook om te leren, heeft de onstuitbare opmars van de fotografie ook belangrijke kentheoretische consequenties. Door de verhouding tussen beeld en realiteit op een nieuwe leest te schoeien – het fotografische beeld is een machinale reproductie van de realiteit, niet een door mensenhanden gestuurde reconstructie –, herdefinieert fotografie op een radicale manier de cognitieve verwachtingen met betrekking tot beelden. Met fotografie lijkt eindelijk een onbemiddelde toegang tot de realiteit mogelijk. Bij nader inzien moet Sontag echter vaststellen dat de kennis die met behulp van de fotografie vergaard kan worden relatief onbeduidend is: "Photography implies that we know about the world if we accept it as the camera records it. But this is the opposite of understanding, which starts from *not* accepting the world as it looks. All possibility of understanding is rooted in the ability to say no" (*On Photography*, p. 23). Het noodgedwongen affirmatieve fotografische beeld – een foto, hoe onherkenbaar ook, is altijd een beeld van iets – is niet in staat werkelijke kennis te geven, dat wil zeggen kennis die een politieke of ethische verhouding tot de werkelijkheid mogelijk maakt: "The knowledge gained through still photography will always be some kind of sentimentalism, whether cynical or humanist. It will be a knowledge at bargain prices – a semblance of knowing, a semblance of wisdom" (*On Photography*, p. 24). Met de machtsgreep van de fotografie lijkt de door Sontag zo moeizaam verdedigde band tussen ethiek en esthetiek definitief gebroken. Beide termen gaan roemloos ten onder in het hete magma van de fotografische verbeelding.

In haar laatste boek, *Regarding the Pain of Others*, neemt Sontag echter afstand van enkele van die kritische opvattingen die ze formuleerde in *On Photography*. Vooral de overtuiging dat een continue blootstelling aan foto's van verschrikkelijke wreedheden en misdaden wel moet leiden tot de afstomping van de emotionele en morele sensibiliteit stelt ze nu openlijk in vraag. Meer zelfs, vandaag ontpopt Sontag zich tot vurig pleitbezorgster van een fotografie die gruwelijke beelden publiek maakt. Foto's die een onverdraaglijk lijden tonen, mogen de rijke, bevoorrechte mens niet met rust laten: "Let the atrocious images haunt us" (*Regarding the Pain of Others*, p. 115). Wie het geluk heeft van oorlog gespaard te blijven, heeft desondanks als morele plicht zich uiteen te zetten met beelden die de pijn van anderen tonen. Alhoewel Sontag nog steeds een beperkte epistemologische waarde toekent aan fotografie – ze blijft van mening dat foto's de complexiteit van de werkelijkheid tekort doen, versluieren –, ziet ze toch een nieuwe taak weggelegd voor oorlogsfoto's. Hun taak is nu gelegen in het doorprikken van de westerse zelfgenoegzaamheid. Eerder dan met een concreet en specifiek soort lijden, confronteren ze de niet-betrokken buitenstaander met de duistere achterzijde van het menselijk bestaan. Het inzicht dat uit de confrontatie met die beelden gepuurd kan worden, hoe abstract ook, is voor Sontag cruciaal. Deze gruwelijke beelden moeten worden bekeken, zo zegt Sontag, omdat niet vergeten mag worden tot welke gruweldaden de mens in staat is. In de voortdurende afstemming van ethiek, esthetiek en wereld op elkaar krijgen nu ook foto's voor het eerst een belangrijke plaats toegewezen: ze vertegenwoordigen niet langer het eindpunt van elk moreel denken, maar juist het vertrekpunt ervan.

BEKNOPTE BIBLIOGRAFIE

Primaire literatuur

The Benefactor. New York: Picador, 2002; 1963. (*De weldoener*. Utrecht: Bruna, 1968.)

Against Interpretation and Other Essays. New York: Picador, 2001; 1966. (*Tegen interpretatie*. Utrecht: Bruna, 1969.)

Death Kit. New York: Picador, 2002, 1967.

Styles of Radical Will. New York: Picador, 2002; 1969. (Laatste essay uit deze bundel verschenen als *Reis naar Hanoi*. Utrecht: Bruna, 1969.)

On Photography. New York: Picador, 2001; 1977. (*Over fotografie*. Baarn: Diogenes, 1994.)

Illness as Metaphor and AIDS and Its Metaphors. New York: Picador USA, 2001; 1978 en 1989. (*Ziekte als metafoor*. Baarn: Anthos, 1993 en *Aids en zijn beeldspraken*. Baarn: Anthos, 1989.)

I, etcetera. New York: Picador, 2002; 1979. (*Ik, etcetera*. Weesp: Agathon, 1985.)

Under the Sign of Saturn. New York: Picador, 2002; 1980.

A Susan Sontag Reader. New York: Farrar, Straus and Giroux, 1982.

Tradities van het nieuwe, of Moeten wij modern zijn? Amsterdam: Bert Bakker, 1990.

The Way We Live Now. London: Jonathan Cape, 1991.

The Volcano Lover: A Romance. New York: Farrar, Straus and Giroux, 1992. (*De vulkaanminnaar: een romance*. Baarn: Anthos, 1994.)

Alice in Bed: A Play in Eight Scenes. New York: Farrar, Straus and Giroux, 1993.

In America: A Novel. New York: Farrar, Straus and Giroux, 2000. (*In Amerika*. Amsterdam: De Bezige Bij, 2001.)

Where the Stress Falls. New York: Farrar, Straus and Giroux, 2001. (*Waar de nadruk ligt*. Amsterdam: De Bezige Bij, 2002.)

Regarding the Pain of Others. New York: Farrar, Straus and Giroux, 2003. (*Kijken naar de pijn van anderen*. Amsterdam: De Bezige Bij, 2003.)

Secundaire literatuur

DUBRAVKA, Ugresic. "Het komt allemaal door Susan Sontag", *Raster* (1994), pp. 24-30.

KENNEDY, Liam. *Susan Sontag: Mind as passion*. Manchester: Manchester UP, 1995.

NELSON, Cary. "Soliciting Self-Knowledge: The Rethoric of Susan Sontag's Criticism", *Critical Inquiry* (1980), pp. 707-726.

POAGUE, Leland (red.). *Conversations with Susan Sontag*. Jackson: University Press of Mississippi, 1995.

— en Kathy A. PARSONS. *Susan Sontag: An Annotated Bibliography, 1948-1992*. New York: Garland, 2000.

ROLLYSON, Carl en Lisa PADDOCK. *Susan Sontag: The Making of an Icon*. New York: W.W. Norton, 2000.

—. *Reading Susan Sontag: A Critical Introduction to her Work*. Chicago: Ivan R. Dee, 2001.

SAYRES, Sohnya. *Susan Sontag: The Elegaic Modernist*. New York: Routledge, 1990.

STANLEY FISH
(1938-)

Michael BOYDEN

HET ACADEMISCH EQUIVALENT VAN EEN ROTTWEILER

Het werk van Stanley Fish lezen is, zoals één van zijn critici (Samuels) het formuleert, op wandel gaan met een rottweiler: je kan zoveel en zo hard aan de leiband trekken als je wil, de richting ligt bij voorbaat vast. Fish staat inderdaad bekend als een behendig en soms brutaal redenaar (hierover lijkt hij zelf trouwens geen scrupules te hebben). Hij wordt soms omschreven als een modern sofist, soms als een nieuw pragmaticus. Voor velen geldt hij als het prototype van de moderne intellectueel, zoals die zo ludiek wordt beschreven in de campusromans van David Lodge. Die moderne intellectueel zou gevangen zitten in een paradox. Enerzijds ervaart hij een voorheen ongekende vrijheid. Dankzij de moderne transport- en communicatiemiddelen kan hij in contact treden met vakgenoten over de hele wereld. Anderzijds lijkt die toegenomen vrijheid steeds minder zeggenschap toe te laten buiten die professionele gemeenschap. Zelfs binnen het vakgebied leidt de onderlinge concurrentie tot vervreemding van de oorspronkelijke invulling van het 'waardenvrije' onderzoek. *Small World*, de dubbelzinnige titel van een van Lodges romans, vat die paradox goed samen: de academische wereld wordt steeds professioneler, maar ook enggeestiger, zo lijkt het wel. Op de kaft van de Penguinuitgave haasten twee academici zich naar een vliegtuig, elk in een andere richting, op naar het volgende congres over een of ander petieterig specialisme.

Het stereotype van de moderne academicus lijkt Fish op het lijf geschreven. In 1999 verscheen een eerste *Stanley Fish Reader*, wat zijn canonieke (maar niet onbesproken) status als academische 'superstar' bevestigt. Dit alles verhult misschien het feit dat Fish allerminst een 'geboren' academicus is en een lange weg heeft moeten afleggen om de positie te bereiken die hij nu bekleedt. Hij was de eerste uit zijn familie die hogere studies aanvatte. Literatuur was vanuit die optiek geen vanzelfsprekend gegeven, en zijn specialisatie in zeventiende-eeuwse christelijke poëzie was dat nog veel minder, gezien zijn joodse achtergrond. Hij promoveerde in 1962 in Yale met een proefschrift over John Skelton. Daarna werd hij professor in de Engelse literatuur aan respectievelijk Berkeley en Johns Hopkins University. In 1985 nam hij een hoogleraarschap waar in zowel Engels als recht aan Duke University, en in 1999 werd hij decaan van het College of Liberal Arts and Sciences aan de universiteit van Illinois, een positie die hij tot op heden bekleedt. In *Professional Correctness* (1995) herinnert Fish zich hoe hij zich tijdens zijn periode in Berkeley volgende bedenking maakte over de samenstelling van zijn departement: "'My God, all the Christian humanists are Jews'" (p. 94), en hij verklaart dit gegeven als een grotendeels onbewust verlangen bij joodse intellectuelen naar assimilatie met de officiële cultuur.

Voor Fish doen echter de al dan niet bewuste motieven die iemand ertoe brengen een bepaald carrièrepad in te slaan weinig terzake, eens die keuze definitief is. De literatuurstudie bezit, zo zegt hij in *Professional Correctness*, een interne dynamiek die in grote mate losstaat van de persoonlijke geschiedenis van haar beoefenaars. Fish' persoonlijke geschiedenis kan dan misschien wel ten dele verklaren hoe hij tot de literatuurstudie gekomen is, in een wetenschappelijke discussie over Milton zouden het vooral de interpretaties van andere specialisten binnen hetzelfde veld zijn die bepalen wat acceptabel is en wat niet. Dit wil voor Fish niet zeggen dat politieke motieven in de literatuurstudie geen rol van betekenis spelen. De standaarden die binnen een professionele context gangbaar zijn, weerspiegelen wel degelijk bepaalde politieke belangen, maar het gaat hier niettemin om professionele eerder dan persoonlijke belangen. Anders geformuleerd, die professionele belangen zijn niet totaal 'waardenvrij', maar ze zijn evenmin totaal willekeurig. De implicaties van die stellingname worden in wat volgt nog nader omschreven. Hier wil ik enkel wijzen op het ironische feit dat het stereotype van de moderne intellectueel waarmee men de persoon van Fish zo gretig verbindt, niet enkel misleidend is, maar tevens door zijn eigen werk gerelativeerd en zelfs ontmanteld wordt.

In het oeuvre van Stanley Fish kunnen twee fasen onderscheiden worden. De eerste fase omvat Fish' bekende werk op het vlak van de literaire interpretatie tijdens de zeventiger jaren. Fish vestigde zijn faam met baanbrekende analyses binnen de *Milton Studies*. Als het belangrijkste wapenfeit uit die eerste periode geldt evenwel *Is There A Text in This Class?* (1980), een boek waarin Fish reflecteert op zijn eigen activiteit als literatuurcriticus. Dit werk is meteen ook een overgang naar de tweede fase, waarin een duidelijke verruiming van het onderzoeksstandpunt valt waar te nemen. De aandacht verschuift steeds meer van de interpretatie naar de literatuursociologie. Bovendien snijdt Fish nu de meest uiteenlopende onderwerpen aan zoals het recht, het liberalisme, de literatuurtheorie... Die verschuiving is duidelijk merkbaar in Fish' volgende bundel, *Doing What Comes Naturally* (1989). Die tweede fase in Fish' oeuvre vormt zowel een voortzetting van als een breuk met de eerste: een voortzetting, omdat de visie die Fish ontwikkelt met betrekking tot literaire instituties in menig opzicht voortvloeit uit zijn interpretatieleer; een breuk, omdat die verbreding van het perspectief de literaire interpretatie zoals ze gewoonlijk begrepen wordt tegelijk sterk problematiseert.

INTERPRETATIEVE GEMEENSCHAPPEN

Is There a Text in This Class? is een chronologische reeks van artikelen die Fish schreef in de loop van de jaren zeventig. De titel van de bundel en het gelijknamige artikel verwijst naar een vraag waarmee een collega van Fish aan Johns Hopkins University bij het begin van een nieuw semester naar eigen zeggen door een studente werd misleid. Blijkbaar had die laatste net een les van Fish gevolgd, want met haar vraag doelde zij niet, zoals de collega veronderstelde, op het banale feit of er al dan niet een handboek gebruikt werd in het college, maar of men er algemeen wel van kan uitgaan dat er zoiets bestaat als een 'tekst' als de oorsprong van stabiele betekenissen. Indien de collega de vraag zo begrepen had en zich bovendien met de visie van Fish had kunnen vereenzelvigen (voor Fish volgt het éne noodzakelijkerwijs uit het andere), had hij zowel ontkennend als bevestigend op die vraag kunnen antwoorden. Zijn antwoord zou ontkennend geweest zijn, omdat de tekst als objectief gegeven waarin betekenissen voor eens en voor altijd besloten liggen, in Fish' visie niet bestaat. Maar het antwoord zou bevestigend geweest zijn als hij onder 'tekst' een structuur van betekenissen had verstaan die weliswaar min of meer stabiel zijn, maar dit enkel binnen een specifieke context waarin op die manier met teksten wordt omgegaan.

Men zou hier kunnen opwerpen dat het begrip 'tekst' in de tweede betekenis in feite 'oneigenlijk' gebruikt wordt. 'Tekst' verwijst hier namelijk niet in 'letterlijke' zin naar tekens op papier, maar naar de wijze waarop een lezer zich daartoe verhoudt. Het gaat dan niet om een reeks woorden en zinnen waarmee specifieke betekenissen verbonden zijn, maar om de manier waarop die betekenissen bij de lectuur geïnterpreteerd worden. In die hoedanigheid verliest de tekst inderdaad zijn stabiele karakter, want interpretaties verschillen bijna per definitie van elkaar. Precies dit onderscheid tussen tekst en lezer stelt Fish evenwel in vraag. Voor Fish bestaan zuiver figuurlijke betekenissen namelijk net zo min als zuiver letterlijke, vermits betekenissen steeds binnen en door een bepaalde context tot stand komen. Het voorval met de collega illustreert dit duidelijk. Die veronderstelde immers dat de studente met haar vraag doelde op de eerste, 'letterlijke' betekenis van het tekstbegrip, wat in die situatie ook heel aannemelijk was. De context was dus bepalend voor de manier waarop hij de vraag begreep. In een andere context, bijvoorbeeld in een discussie over de geldigheid van interpretaties, zou hij de tweede, 'figuurlijke' betekenis allicht aannemelijker gevonden hebben.

Wat heeft deze anekdote te maken met Fish' interpretatieleer? Als betekenissen steeds contextueel bepaald zijn en zelfs door die context 'geproduceerd' worden, dan kan men niet langer uitgaan van de tekst om de geldigheid van een interpretatie te toetsen. Die zal er namelijk telkens anders uitzien, afhankelijk van de vragen waarmee men hem benadert, en die vragen zullen op hun beurt variëren naargelang de institutionele setting waarin men zich op dat moment bevindt. Voor Fish betekent een literair werk daarom niet zomaar, zoals zijn talrijke tegenstanders soms veronderstellen, om het even wat voor om het even wie. Het speelt wel degelijk een rol wie de tekst interpreteert; precies om die reden kan een lezer er niet zonder meer een willekeurige betekenis aan toekennen. De oorsprong van betekenissen ligt veeleer bij wat Fish omschrijft als een interpretatieve gemeenschap ("interpretive community"). Die beroemde notie moet men niet naïef begrijpen, als een verzameling van individuele lezers en hun interpretaties. Het gaat eerder om grotendeels impliciete spelregels die bepalen wat in een situatie voor een geldige interpretatie doorgaat en wat niet. Individuele interpretaties worden door die spelregels gevormd en zijn vanuit die optiek wat Fish in het titelessay enigszins smalend "community property" noemt (*Is There a Text in This Class?*, p. 321). Zo kon de student uit de anekdote Fish' collega misleiden omdat ze in aanraking was gekomen met een interpretatieve gemeenschap die de vanzelfsprekende autoriteit van de tekst in vraag stelt.

Fish heeft echter een lange weg afgelegd om tot dit standpunt te komen; de essays in *Is There a Text in This Class?* leggen hiervan getuigenis af. Het eerste essay in de bundel is getiteld "Literature in the Reader: Affective Stylistics" en verscheen reeds in 1970. Fish had de zomer van dat jaar doorgebracht in Parijs, waar hij het baanbrekende werk van Barthes en Todorov had leren kennen dat hem, naar eigen zeggen, ertoe had aangezet zijn opvattingen over de rol van de lezer in het literaire werk te radicaliseren. Die opvattingen had hij verwoord in *Surprised by Sin: The Reader in Paradise Lost* (1967), een werk waarin hij, zoals de titel aangeeft, de lezer opvat als een personage in Miltons epos. Fish had namelijk ontdekt dat in het werk bepaalde structuren aanwezig zijn die de lezer als het ware op het verkeerde been zetten en hem zo als het ware medeplichtig maken aan de zonde. De 'foutieve' lecturen die daaruit resulteren, gaan volgens Fish echter niet vooraf aan, maar maken integendeel deel uit van de globale betekenis van *Paradise Lost*. Om werkelijke loutering te kennen moet men eerst uit het paradijs worden gezet. Met deze hoogst originele lectuur had Fish zich echter bezondigd aan de zogenaamde *affective fallacy* (Wimsatt en Beardsley), die het gevolg is van verwarring tussen de (objectieve) betekenis van de tekst en de (subjectieve) respons van de lezer. Volgens de New Critics, die op dat moment het dominante paradigma binnen de literatuurkritiek uitmaakten, leidt die verwarring noodzakelijkerwijs tot willekeur vermits dan niets nog toelaat om een persoonlijke lectuur te veralgemenen.

In "Literature in the Reader" verheft Fish die *affective fallacy* tot een alternatieve leesmethode, die hij verder zal uitwerken in *Self-Consuming Artifacts* (1972) en *The Living Temple* (1978). Hij is nu namelijk van mening dat niet enkel *Paradise Lost*, maar elke tekst – zelfs het onderscheid tussen literaire en andere teksten is volgens Fish conventioneel – op die manier gelezen kan worden. De structuren die hij in Miltons tekst terugvindt, zijn namelijk structuren die hij er in de eerste plaats zelf in legt. Ze behoren dus tot de leeservaring, die een 'gebeuren' is eerder dan een statisch object. De objectiviteit van de tekst, die de formalisten aangrijpen om de betekenis ervan voor eens en voor altijd vast te leggen, is bijgevolg illusoir. Lezen is een cumulatieve ervaring waarvan de verschillende stadia die de lezer doorloopt bepalend zijn, niet enkel voor zijn interpretatie van de tekst, maar ook voor de betekenis ervan. Omwille van de centrale plaats die hij toekent aan de lezer, wordt Fish' werk van de jaren zeventig vaak geklasseerd onder de zogenaamde *reader-response* kritiek. Dit is misleidend in die zin dat hij weinig gemeen heeft met de psychoanalytische tak van dit paradigma, zoals die vertegenwoordigd wordt door Norman Holland en anderen. Dit komt reeds tot uiting in "Literature in the Reader". Om zich te wapenen tegen de kritiek van de New Critics dat een lectuur die zich baseert op de respons van de lezer sowieso in willekeur vervalt, beroept Fish zich hier op een notie uit de linguïstiek – de transformationele grammatica was toen het nieuwe succesverhaal –, de "informed reader", die hij beschrijft als "neither an abstraction nor an actual living reader" (*Is There a Text in this Class?*, p. 49). Die definitie wijst erop dat Fish de gebruikelijke tegenstelling tussen subject en object toen al onproductief vond.

Het begrip "informed reader" illustreert evenwel ook de ietwat halfslachtige positie die Fish op dat moment in het debat bekleedt. Enerzijds wijst het adjectief "informed" in de richting van een institutionele benadering van de leesact. Anderzijds duidt het substantief "reader" aan dat Fish toch nog verveeld zit met de kritiek van de formalisten. In latere publicaties gaat hij die echter steeds minder pertinent achten. Die evolutie wordt samengevat in "Interpreting the *Variorum*", dat voor het eerst verscheen in 1976. In *Is There a Text in This Class?* neemt het artikel niet toevallig letterlijk een centrale plaats in. In tegenstelling tot wat men misschien zou verwachten, is het geen gewone literaire interpretatie, maar een commentaar op een naslagwerk over Milton (*A Variorum Commentary on the Poems of John Milton*). Het volgende essay in de bundel is trouwens "Interpreting 'Interpreting the *Variorium*'", waarin Fish een aantal kritieken op het vorige artikel incorporeert. Dit illustreert de toenemende zelfreflexiviteit die

Fish aan de dag legt en die hem uiteindelijk ertoe zal brengen zijn initiële positie volledig te herzien (al zal hij zelf natuurlijk beweren dat zelfreflexiviteit onmogelijk is).

Reeds in "Interpreting the *Variorum*" herbekijkt Fish voortdurend zijn eigen standpunt. Het artikel bevat drie delen, waarvan het eerste al in 1973 werd geschreven. In dat eerste deel betoogt Fish dat de polemieken in de *Variorum* in zekere zin deel uitmaken van Miltons oeuvre. Die conflicten tussen interpretatoren, zo stelt hij, moeten niet opgelost worden in het voordeel van de ene of de andere positie, maar moeten 'ervaren' worden als inherent aan de interpretatie. Hiermee ijvert hij opnieuw voor een ervaringsgerichte leesmethode die de kritische geschiedenis van het werk betrekt in zijn nooit volledig stabiele betekenis. In het tweede deel zaagt hij echter meteen de poten onder de eigen stoel weg:

> To construct the profile of the informed or at-home reader is at the same time to characterize the author's intention and vice versa, because to do either is to specify the *contemporary* conditions of utterance, to identify, by becoming a member of, a community made up of those who share interpretative strategies. (*Is There a Text in This Class?*, p. 161)

Fish beseft hier dat hij, door de geïnformeerde lezer te verkiezen boven de tekst als ultieme bron van betekenis, de status van de tekst in feite intact heeft gelaten. Door positie te kiezen in de strijd tussen tekst- en lezergerichte interpretatiemodellen heeft hij de autonomie van zowel tekst als lezer verondersteld. Fish onderkent hier dat zijn eigen methode geen grotere geldigheid bezit dan een andere, en precies die knieval maakt zijn positie consequenter dan die van zijn opponenten. Zelfs het taalsysteem is niet universeel, maar historisch en onderhevig aan paradigmawisselingen.

In het derde deel van het artikel expliciteert Fish tenslotte de notie van "interpretive community" zoals ik die boven beschreven heb. Het besluit is dat auteur, tekst en lezer 'gemaakt' worden door interpretaties in plaats van andersom. Fish stelt het apodictisch: "you will agree with me (that is understand) only if you already agree with me" (*Is There a Text in This Class?*, p. 173). Men kan hier opwerpen dat Fish vervalt in een andersoortig objectivisme, niet dat van de tekst maar dat van de literaire institutie. Hij maakt met dergelijke opmerkingen immers iedere rechtstreekse kritiek op zijn model bij voorbaat onschadelijk. Maar Fish is een briljant stilist, en hij beklemtoont retorisch afwisselend de absolute en conventionele aspecten van interpretatieve gemeenschappen. Dit leidt soms de aandacht af van de durf van zijn theoretische stellingname. Die ontsnapt zowel aan het objectivisme van de tekstgerichte als aan het subjectivisme van de lezergerichte interpretatieleer, door beide terug te voeren op de praktijk van het interpreteren als zodanig.

In de inleiding tot *Is There a Text in This Class?* interpreteert Fish nogmaals zijn eigen ontwikkeling vanuit die nieuwe inzichten. Het stuk is ironisch getiteld "Introduction, or How I Stopped Worrying and Learned To Love Interpretation" en brengt duidelijk de gelaagdheid van Fish' visie tot uiting. Fish heeft, naar eigen zeggen, niet langer schrik van interpretaties, omdat het er niet zozeer op aankomt een onwankelbare betekenis te achterhalen, maar de ander van de eigen positie te overtuigen. Dit impliceert geen willekeur, want iedere stellingname zet zich af tegen voorgaande. Volgens Fish verwijst theorie niet naar een onveranderlijk onderzoeksveld dat specifieke vraagstukken oproept; het zijn precies de vragen die men stelt en kan stellen vanuit een specifiek institutioneel kader, die bepalen hoe het veld er zal uitzien. Fish' positie wordt daarom wel eens omschreven als "theory minimalism". Theorie is een praktijk als een andere, die beoefend wordt binnen een historische maar onontkoombare sociale formatie. Of, zoals Fish het zelf formuleert: "like it or not, interpretation is the only game in town" (*Is There a Text in This Class?*, p. 355).

Professioneel correct

Het lijkt daarom verwonderlijk dat Fish in *Doing What Comes Naturally* het terrein van de literaire interpretatie haast volledig achter zich laat. In latere publicaties – zoals *There's No Such Thing As Free Speech* (1994) en *The Trouble With Principle* (1999) – gaat hij verder op dit elan en zal hij de meest diverse maatschappelijke thema's bespreken. Zoals de titel al aangeeft, is de centrale stelling van *Doing What Comes Naturally* dat iedere activiteit (recht, literatuurtheorie, psychoanalyse,...) onvermijdelijk bedreven wordt vanuit een specifieke context die niet natuurlijk is, maar wel als zodanig verondersteld moet worden. In zekere zin vloeit dit standpunt logisch voort uit Fish' interpretatieleer. Ik zal trachten dat aan te tonen door nader in te gaan op zijn literatuursociologische opvattingen. Die komen vooral tot uiting in de tweede sectie van het boek over "professionalism", een reeks van zes reeds elders gepubliceerde artikelen, waarin Fish de klaarblijkelijke drang van de literatuurstudie en de *cultural studies* tracht te verklaren om de eigen institutionele verankering te ontkennen.

Fish spreekt in die zin van "anti-professionalism" of "any attitude or argument that enforces a distinction between professional labors on the one hand and the identification and promotion of what is true and valuable on the other" (*Doing What Comes Naturally*, p. 215). Vanuit die definitie ontvouwt hij een dubbele redenering. Enerzijds beweert hij dat de antiprofessionele houding altijd onverdedigbaar is, of ze nu uitgaat van een conservatief of een progressief standpunt. Ze is onverdedigbaar vanuit een conservatief standpunt, omdat zij dan voortbouwt op de idee dat 'echte' waarden ("what is true and valuable") onafhankelijk van institutionele restricties kunnen bestaan. Ze is evenéens onverdedigbaar vanuit een progressief standpunt, omdat de historische bepaaldheid van alle waarden hier weliswaar verondersteld wordt, maar niet wordt toegepast op het eigen standpunt. De progressieve kritiek op professionaliteit identificeert geïnstitutionaliseerde waarden immers als schijnwaarden en veronderstelt zo, net als de conservatieve kritiek, het bestaan van 'echte', extra-institutionele waarden. Zowel de conservatieve als de progressieve kritiek gaan, volgens Fish, dus uit van een onhoudbare oppositie tussen professionele schijnwaarden enerzijds en echte waarden anderzijds. Dit blijkt al uit het feit dat progressieven en conservatieven een geheel andere invulling geven aan wat zij als 'echte' waarden omschrijven.

Anderzijds lijkt Fish echter precies het omgekeerde te zeggen. Waar hij zojuist beweerde dat antiprofessionele kritiek sowieso fout is omdat ze uitgaat van een onverdedigbaar standpunt van buitenaf, omschrijft hij die nu als de puurste vorm van professioneel gedrag: "the ideology of anti-professionalism – of essential and independent values chosen freely by an independent self – is nothing more than the ideology of professionalism taking itself seriously" (*Doing What Comes Naturally*, p. 245). Wat Fish hier in feite stelt, is dat het onjuist is om professionele waarden bij voorbaat als schijnwaarden te omschrijven. De vaststelling dat waarden historisch bepaald zijn, impliceert immers niet dat wij daarom niet geloven in de waarden die op een gegeven moment bepalend zijn voor hoe wij de wereld interpreteren. Precies om die reden wordt antiprofessionele kritiek steeds geuit in naam van een hoger ideaal (een betere vorm van professionalisering); dat ideaal heeft op dat moment absolute geldingskracht. De eerste en de tweede bewering zijn in die zin dus niet contradictorisch. Antiprofessionele kritiek is onaanvaardbaar omdat ze ervan uitgaat dat 'echte' waarden losstaan van geïnstitutionaliseerde praktijken. Maar ze is aanvaardbaar vanuit de praktijk die voor de criticus natuurlijk overkomt en noodzakelijk buiten bevraging staat (of het moest zijn dat hij zichzelf niet 'serieus' neemt, maar dit komt zo dadelijk aan bod). In tegenstelling tot wat vele van zijn tegenstanders beweren, tracht Fish met zijn visie op antiprofessionele kritiek dus niet de eigen privileges te verdedigen. Antiprofessionele kritiek is vanuit Fish' model steeds mogelijk, zelfs onvermijdelijk, maar enkel vanuit de context (in dit geval, de academische wereld) die ze tegelijkertijd moet ontkennen.

Het verband tussen Fish' interpretatieleer en zijn visie op professionaliteit komt duidelijk naar voren in het artikel "No Bias, No Merit: The Case Against Blind Submission". Net als in "Interpreting the *Variorum*" zoekt Fish hier naar de gemeenschappelijke aanname die aan de basis ligt van een professioneel debat, ditmaal tussen voor- en tegenstanders van "blind submission" (een procedure waarbij de auteur van een bijdrage die ter publicatie wordt aangeboden aan een vaktijdschrift, ter wille van de objectiviteit van de beoordeling, niet wordt bekendgemaakt aan de redacteurs). Volgens Fish gaan beide partijen hier uit van een vals onderscheid tussen de intrinsieke waarde van een bijdrage en de externe omstandigheden (in casu, de faam van de auteur) die die waarde zouden verduisteren. Volgens Fish is selectie echter nooit volledig blind, want ze is altijd een interpretatie die voortbouwt op voorgaande elementen. Beide partijen kunnen daarom geldige argumenten aanvoeren, maar die gaan niet terug op een 'objectieve' standaard die institutionele factoren zou overstijgen. Ook Fish' eigen standpunt is noodzakelijk politiek gemotiveerd. "As things stand now [...] I am against blind submission because the fact that my name is attached to an article greatly increases its chances of getting accepted" (*Doing What Comes Naturally*, p. 175).

Fish schreef dit in al 1979, maar herhaalt zijn kritiek in 1988. Op dat ogenblik heeft het New Historicism het formalisme definitief verdrongen als het dominante paradigma binnen de literatuurstudie. Volgens Fish brengt het nieuwe model echter weinig nieuws onder de zon. Waar de New Critics 'puur' intellectuele en esthetische waarden verdedigden, tegen een overgepolitiseerde academische wereld, identificeren de New Historicists die wereld met een zelfbestendigend systeem dat de 'ware' historische en politieke verhoudingen ontkent. De tegengestelde modellen maken dus gebruik van een gemeenschappelijke woordenschat van transcendentie (puurheid, waarheid). In beide gevallen worden professionele bekommernissen als vals of onecht geïdentificeerd. Fish wijst er echter op dat die professionele bekommernissen niet enkel onontkoombaar zijn, maar bovendien ten grondslag liggen aan iedere kritiek die ertegen gericht is.

Fish' visie op wetenschappelijke beoordeling in *Doing What Comes Naturally* wordt in een nieuw licht geplaatst als in 1996 de fameuze Sokal-affaire uitbarst. Het vuur wordt aan de lont gestoken door de fysicus Alan Sokal, die aan het toonaangevende vaktijdschrift *Social Text* een artikel aanbiedt over de politieke implicaties van de quantummechanica. Na de publicatie maakt Sokal in een ander blad publiekelijk dat het artikel in feite een grap is; het zou bol staan van klinkklare onzin en feitelijke fouten, die zelfs een leek moet opmerken. Niettemin zou Sokal met 'serieuze' bedoelingen gehandeld hebben. Hij geeft een dubbele legitimatie aan zijn daad. Enerzijds wil hij op die manier zijn ongenoegen uiten over de verloedering van de intellectuele standaarden binnen de humane wetenschappen. Anderzijds is zijn artikel een reactie tegen de toenemende makheid van politiek links. De oorzaak van beide tendensen zou liggen bij het succes van een epistemologisch relativisme dat iedere kritiek van buitenaf naast zich neerlegt. Na Sokals onthulling ontstaat een hevige polemiek in de pers waaraan ook Fish deelneemt. In de opiniepagina's van de *New York Times* zegt Fish dat Sokal ten onrechte twee foutieve opvattingen aan de humane wetenschappen toeschrijft. Enerzijds houdt de aanname dat onze perceptie van de realiteit een sociale constructie is, niet in dat die constructie daarom niet reëel is; er is dus helemaal geen sprake van willekeur, zoals Sokal beweert. Anderzijds vergist Sokal zich als hij ervan uitgaat dat de humane wetenschappen de exacte wetenschappen beconcurreren. Iedere discipline ontwikkelt haar eigen objecten en methodes, die enkel van binnenuit bekritiseerd kunnen worden. Zo is het bijvoorbeeld verkeerd om van de wetenschapssociologie te verwachten dat zij zou bijdragen aan het aids-onderzoek, want dit is eenvoudigweg niet haar taak.

Hierop antwoordt Sokal in een open brief dat zijn kritiek niet gericht is tegen wetenschapssociologie als zodanig, maar tegen 'slechte' wetenschapssociologie, waarvan zijn eigen artikel in *Social Text* een uitgelezen voorbeeld is. Bovendien zou Fish niet voor al zijn collega's binnen de humane wetenschappen spreken als hij beweert dat enkel onze perceptie van de realiteit en niet de realiteit zelf een sociale constructie genoemd kan worden: "I'm angered by a shoddy 'scholarship' that claims to be left wing but in fact, through its sophistry and obscurantism, undermines the prospects for progressive social 'critique'". Dit citaat illustreert, ironisch genoeg, goed wat Fish onder antiprofessionele kritiek verstaat. Met de aanhalingstekens versmalt Sokal namelijk enerzijds de categorie van "scholarship" tot de particuliere variant die hij viseert (de 'slechte' wetenschapssociologie), en geeft hij anderzijds aan dat het hier geen 'ware' wetenschap betreft. De impliciete gevolgtrekking is dat 'ware' wetenschap niet ingeperkt wordt door institutionele factoren die 'echte' kritiek onmogelijk maken. Hoewel Sokal stelt dat hij niets heeft tegen wetenschapssociologie als zodanig, legt hij de oorzaak van het groeiende relativisme binnen de humane wetenschappen niettemin bij een zelfbestendigend wetenschapssysteem dat zich door jargon en inhoudsloze politieke statements afsluit van werkelijk politiek engagement. Vanuit Fish' optiek is werkelijk politiek engagement zoals Sokal het begrijpt echter een fictie, omdat iedere vorm van engagement per definitie gepolitiseerd is. Sokals aanklacht tegen het toenemende relativisme onder linkse intellectuelen is in die zin onterecht, want werkelijk engagement (of althans zoals Sokal dat ziet) is geen werkelijke optie.

Blijft natuurlijk het punt dat *Social Text* een artikel aanvaardt dat aan alle professionele normen voldoet (alle noten verwijzen naar bestaande bronnen), maar dat volgens de auteur 'intrinsiek' klinkklare onzin is. Is zijn oordeel hierin wel zo belangrijk? En waar staat Fish zelf in deze zaak? Toont zijn reactie niet aan dat hij, als directeur van Duke University Press, de uitgever van *Social Text*, persoonlijke belangen te verdedigen heeft? Fish zal dit niet ontkennen (al is het in zijn persoonlijk belang dit ten stelligste tegen te spreken), maar dit houdt in zijn ogen geen willekeur in, omdat de belangen die hij verdedigt in eerste instantie gedicteerd worden door de professionele gemeenschap waarin hij werkt. Puur egoïsme bestaat niet, het is altijd ingebed in gedeelde verwachtingen. Fish veroordeelt Sokals grap, niet omdat hij akkoord zou gaan met 'slechte' wetenschap, maar omdat de manier waarop die kritiek wordt geuit de belangen van zijn onderzoeksgemeenschap schaadt. Sokal weigert immers de spelregels te respecteren van een historisch gesitueerde praktijk die onderling vertrouwen tussen de leden veronderstelt. In *Professional Correctness* noemt Fish zichzelf 'professioneel correct', omdat hij de imperatieven die in de literatuurstudie ingebouwd zijn niet ontkent (zoals de 'politiek correcte' intellectueel placht te doen) maar juist bevestigt. De literatuurstudie kan en moet de wereld niet veranderen. Het is de taak van de literatuurstudie, zo stelt Fish bewust tautologisch, om de betekenis van literaire werken te achterhalen.

Antiformalistisch formalisme

Samenvattend kunnen wij stellen dat Stanley Fish' oeuvre tegelijk een bevraging én een affirmatie van het literatuurbegrip van de New Critics inhoudt. Fish bekritiseert het formalistische literatuurbegrip door het te benaderen als het product van een specifiek paradigma binnen de literatuurstudie, dat over zijn hoogtepunt lijkt te zijn. Die historisering van de literaire 'tekst' verklaart de geleidelijke verschuiving van het zwaartepunt binnen zijn denken naar de literatuursociologie, al zullen tegenstanders die verbreding van het perspectief veeleer toeschrijven aan zijn 'professioneel' opportunisme. Het is echter fout te beweren dat Fish met zijn verwerping van het formalistische tekstbegrip zou toegeven aan een tendentieuze retoriek binnen de literatuurstudie die de mogelijkheid om objectieve interpretatiecriteria te ontwikkelen radicaal verwerpt. Uit Fish' werk spreekt immers eveneens een duidelijke voorkeur voor de formalistische literatuuropvatting, of althans de methode van de *close reading* die er nauw mee samenhangt. Het is volgens Fish precies de nauwgezette analyse van literaire teksten, zoals hij die zelf op magistrale wijze in zijn boeken bedrijft, die de literatuurstudie afbakent van andere disciplines. Op die manier schrijft hij zich in in het paradigma dat hij zo heftig bekritiseert.

Die dubbelzinnigheid in Fish' oeuvre mag overigens niet verbazen, want ze is in overeenstemming met zijn visie op de literaire institutie als "interpretive community". Elke kritiek moet zich vanuit die visie immers noodzakelijk binnen een bestaand paradigma manifesteren, en dit volgens de geplogenheden die in dat kader absolute geldingskracht bezitten. Fish' inzichten met betrekking tot de literaire interpretatie hebben zich dus enkel in relatie tot het New Criticism kunnen ontwikkelen. Nieuwe interpretaties gaan noodzakelijk terug op voorgaande interpretaties, en Fish schrikt er niet voor terug om dat inzicht ook op zichzelf toe te passen. Met zijn recentste publicatie, *How Milton Works* (2001), keert hij terug naar zijn eerste liefde. Het boek is een soort summa van zijn omgang met Miltons werk over een periode van meer dan dertig jaar. Volledig in overeenstemming met Fish' controversiële status werd er ondertussen al een oorzakelijk verband vastgesteld tussen de aanslagen van 11 september en zijn visie op Miltons weergave van de afslachting van de filistijnen (Carey). Fish zal dit soort aanvallen met plezier pareren, en in die gretigheid ligt voor hem precies de zin van zijn vak besloten. De relevantie van de literatuurstudie moet niet in een ruimere culturele of politieke verklaringsgrond gezocht worden. Zij kan enkel van binnenuit gerechtvaardigd worden, door de polemieken tussen specialisten binnen een zelfde onderzoeksgemeenschap. De literatuurstudie is weliswaar – net als alle andere praktijken – politiek gekleurd, maar dit betekent niet dat ze daarom kan worden gelijkgeschakeld met het politieke bedrijf als zodanig.

Ondanks zijn nogal strakke visie op disciplinevorming kan Fish een 'publieke' intellectueel genoemd worden, op wie het stereotype van de moderne vakidioot niet van toepassing is. Dit blijkt vooreerst uit zijn vrij unieke positie als professor in Engels en recht. Sommige lezers zullen dit feit misschien zien als een bewijs van een, voor de Europeaan typisch Amerikaanse, pragmatische omgang met waarden en wetten. Voor Fish constitueert het rechtssysteem echter, net als de literatuurstudie, een interpretatieve gemeenschap, die enerzijds geen objectieve geldingskracht bezit maar anderzijds het individuele geval toch overstijgt vanuit de interne logica van de discipline. Fish is vanuit die optiek geen waardenrelativist. Zijn terugkerende kritiek op het modewoord interdisciplinariteit kan trouwens enkel in dat licht begrepen worden. Fish keert zich niet tegen interdisciplinair werk, maar tegen een vertoog dat onder het mom daarvan de eigen disciplinaire inbedding tracht te verdoezelen. Daarnaast geniet Fish ook buiten het academische milieu een stevige reputatie. Hij is dan ook niet bevreesd om in allerlei populaire media zijn standpunt te ventileren over recente politieke en sociale omwentelingen. En bijna traditiegewijs maakt hij ook in die context haast even vaak wrevel als lof los.

BEKNOPTE BIBLIOGRAFIE

Primaire literatuur

John Skelton's Poetry. New Haven: Yale UP, 1965.

Surprised by Sin: The Reader in "Paradise Lost". London: St. Martin's Press, 1967.

Self-Consuming Artifacts: The Experience of Seventeenth-Century Literature. Berkeley: University of California Press, 1972.

The Living Temple: George Herbert and Catechizing. Berkeley: University of California Press, 1978.

Is There a Text in This Class? The Authority of Interpretive Communities. Cambridge: Harvard UP, 1980.

Doing What Comes Naturally: Change, Rhetoric, and the Practice of Theory in Literary and Legal Studies. Durham: Duke UP, 1989.

There's No Such Thing as Free Speech and It's a Good Thing, Too. Oxford: Oxford UP, 1994.

Professional Correctness: Literary Studies and Political Change. New York: Clarendon, 1995.

The Trouble with Principle. Cambridge: Harvard UP, 1999.

How Milton Works. Cambridge: Harvard UP, 2001.

Secundaire Literatuur

CAREY, John. "A Work in Praise of Terrorism? September 11 and Samson Agonites", *Times Literary Supplement*, 6 september 2002, pp. 15-16.

SAMUELS, Peggy. "Milton in the Belly of the Fish", *Stanley Fish Resources Center*, 24 juli 2002, University of Helsinki, 16 oktober 2002, <http://www.mv.helsinki.fi/home/kniemela/fish.htm>.

De discussies over de Sokal-affaire zijn raadpleegbaar op:

Alan Sokal Articles on the "Social Text" Affair. Alan D. Sokal (red.). 9 september 2002, University of New York, 16 oktober 2002, <http://www.physics.nyu.edu/faculty/sokal/#papers>.

VEESER, Aram H. (red.). *The Stanley Fish Reader*. Malden: Blackwell, 1999.

REGISTER

PRINTED ON PERMANENT PAPER • IMPRIME SUR PAPIER PERMANENT • GEDRUKT OP DUURZAAM PAPIER - ISO 9706
N.V. PEETERS S.A., WAROTSTRAAT 50, B-3020 HERENT